Gestión de personal. Nóminas

Alicia Jiménez García

ic editorial

Gestión de personal. Nóminas
© Alicia Jiménez García

1ª Edición

© IC Editorial, 2025

Editado por: IC Editorial
c/ Cueva de Viera, 2, Local 3
Centro Negocios CADI
29200 Antequera (Málaga)
Teléfono: 952 70 60 04
Fax: 952 84 55 03
Correo electrónico: iceditorial@iceditorial.com
Internet: www.iceditorial.com

ISBN: 979-13-7027-049-0
Depósito Legal: MA 1582-2025

Impresión: PODiPrint
Impreso en Andalucía – España

Nota de la editorial: IC Editorial pertenece a Innovación y Cualificación S. L.

Esta edición de Gestión de personal nóminas se encuentra actualizada a julio de 2025, quedando por tanto excluidas las posteriores modificaciones que se introduzcan en las materias abordadas en este manual.

Índice

Unidad Didáctica 1
La empresa y los trabajadores

Contenido

1. Introducción

En toda actividad empresarial, una adecuada gestión de los recursos humanos es imprescindible para garantizar su éxito, de ahí la existencia en la empresa de un área específica para ello. La principal función del departamento de RR. HH. es la gestión del capital humano de la empresa, tanto de las personas que la componen como de aquellas que pretenden formar parte de ella. La relación laboral entre empresa y personal está basada en preceptos legales recogidos en distintas normas.

Las principales normas legales que proporcionan toda la información relevante en el ámbito laboral son el Estatuto de los Trabajadores (incluido el del Trabajo Autónomo) y la Ley General de la Seguridad Social. Además existen otras normas complementarias, tales como, la Constitución Española, la Ley de Prevención de Riesgos Laborales y la Ley reguladora de la jurisdicción social.

2. El departamento de recursos humanos

Cuando una empresa contrata a un trabajador tiene que llevar a cabo una serie de tareas administrativas y laborales. El desarrollo de esas tareas es el origen del área de personal o, en sentido más amplio, de recursos humanos.

Con el crecimiento de las empresas y la aplicación a su gestión de disciplinas como la psicología o la sociología, que dan importancia al factor humano, se hace necesario crear una estructura organizativa que gestione convenientemente los recursos humanos de que dispone la empresa, desde la selección de personal hasta la resolución de problemas laborales.

Se puede definir al **área de personal** o de **recursos humanos** como la **estructura organizativa que se encarga** de lo relativo a **la organización, gestión y administración del personal** al servicio **de la empresa.**

El desarrollo de la política de personal exige una serie de funciones, pero este manual se centrará en las tareas de gestión que son las propias del puesto de trabajo del administrativo de personal.

Funciones del Departamento de Personal

- Planificación de la plantilla
- Selección y formación
- Valoración del puesto y retribución
- Gestión de personal
  - Elaboración de contratos
  - Relaciones con los organismos públicos
  - Confección de nóminas
  - Gestión de seguros sociales
  - Tramitación de despidos
- Servicios sociales
- Relaciones laborales
- Evaluación y control del desempeño

Las características, la situación y las funciones del departamento de personal dependerán del tamaño y la actividad de la empresa. Así, en las empresas pequeñas o con muy poco trabajadores no suele existir departamento de personal, ya que se contrata el servicio de empresas especializadas, y en las empresas de gran tamaño existen departamentos de recursos muy complejos.

3. Características de la relación laboral

La relación laboral debe desarrollarse en un marco temporal concreto donde el trabajador presta sus servicios al empresario a cambio de una retribución económica. A continuación se verán las características que debe tener.

3.1. La jornada laboral

Al tiempo diario, semanal o anual que el trabajador dedica a la ejecución de su actividad laboral se le llama **jornada laboral.**

La **duración máxima** de la jornada ordinaria de trabajo es de **40 h semanales** de trabajo efectivo en cómputo anual, es decir:

$$\frac{\text{Número de horas al año}}{\text{Número de semanas laborales}} \leq 40 \text{ horas}$$

El Estatuto de los Trabajadores establece que el **número de horas ordinarias** de trabajo efectivo **no puede ser superior a 9 diarias,** salvo que por convenio colectivo o, en su defecto, por acuerdo entre la empresa y los representantes de los trabajadores, se establezca la distribución irregular de la jornada a lo largo del año. En defecto de pacto, la empresa podrá distribuir de manera irregular a lo largo del año el **10 %** de la jornada de trabajo. Distribución que debe respetar los mínimos de descanso diario entre el final de una jornada y la siguiente, y el descanso semanal.

 Sabía que...

La diferencia entre la jornada realizada y la duración máxima de la jornada ordinaria de trabajo legal o pactada, ya sea por exceso o por defecto, se deberá compensar según:

▎ Lo acordado en convenio colectivo o, a falta de previsión al respecto, por acuerdo entre la empresa y los representantes de los trabajadores.
▎ En defecto de pacto, dichas diferencias deberán quedar compensadas en el plazo de doce meses desde que se produzcan.

El tiempo de trabajo se computa de forma que, tanto al comienzo como al final de la jornada diaria, el trabajador se encuentre en su puesto de trabajo. Por ejemplo, en este tiempo efectivo de trabajo no se incluye el dedicado a desplazamientos, cambio de ropa, etc.

Los trabajadores **menores de 18 años** no pueden realizar más de **8 h diarias** de trabajo efectivo, incluyendo, en este caso, el tiempo dedicado a la formación, **ni trabajos nocturnos.** Por ejemplo, un menor de 18 años que asiste a un curso 2 h diarias, no puede permanecer en su puesto de trabajo más de 6.

El empresario que recurra regularmente a la realización de trabajo nocturno lo deberá comunicar a la autoridad laboral. Las características de esta jornada de trabajo son las siguientes:

CARACTERÍSTICAS DE LA JORNADA NOCTURNA			
Horario nocturno	Trabajador nocturno	Período máximo	Retribución
De 10 de la noche a 6 de la mañana.	El que realiza: - 3 h diarias en horario nocturno. - 1/3 de la jornada anual en horario nocturno.	8 h diarias de promedio en 15 días. No pueden realizar horas extraordinarias.	Retribución específica según convenio, salvo: - Que el salario se establezca atendiendo a que el trabajo sea nocturno por su propia naturaleza. - Compensación por descansos.

El empresario está obligado a tener un registro de la jornada de trabajo de todos los empleados de la empresa, independientemente de su categoría o grupo empresarial, tamaño o sector de actividad. Este registro debe ser diario e incluir el inicio y la finalización de la jornada de cada trabajador. Debe conservarse por un período de cuatro años y estar a disposición de los trabajadores, representantes y de la Inspección de trabajo.

 **Normativa**

Art. 34 y 36 del ET.

3.2. Periodos de descanso

La Ley establece los diferentes períodos de descanso:

a. **Descanso diario:** debe respetarse un período mínimo de 12 h, entre el final de una jornada y el comienzo de la siguiente.

b. **Descanso semanal:** el trabajador tiene derecho a un descanso mínimo de un día y medio ininterrumpido, como regla general comprende la tarde del sábado o la mañana del lunes, y el día entero del domingo.

El descanso semanal puede acumularse por períodos de 14 días, de esta manera se trabajan 11 días consecutivos y se descansan 3 días seguidos.

La duración del descanso semanal de los menores de 18 años es, como mínimo, de 2 días ininterrumpidos.

c. **Descanso por jornada continuada:** cuando la jornada diaria excede de 6 h el período de descanso no puede ser inferior a 15 min.

En el caso de los trabajadores menores de 18 años, cuando la jornada diaria continuada exceda de 4 h y 30 min, el descanso durante la misma es de 30 min.

Este descanso se considera tiempo de trabajo efectivo cuando lo establezca el contrato de trabajo o el convenio colectivo.

En cuanto a las **vacaciones,** todos los trabajadores tienen derecho a un período de vacaciones anuales retribuidas, no sustituibles por compensación económica. Existen dos excepciones, en cuyo caso el trabajador percibirá una compensación económica por la parte proporcional de año que ha trabajado y cotizará por ese período:

- Cuando el trabajador cesa en la empresa sin haber disfrutado de las vacaciones.
- Cuando el trabajador contratado por períodos inferiores a un año no ha podido disfrutar las vacaciones.

Las vacaciones se caracterizan por:

- Su duración mínima es de 30 días naturales, es decir, se computan los domingos y festivos que están dentro del período de disfrute.

- Las fechas se fijan de mutuo acuerdo entre el empresario y el trabajador, de conformidad con el Convenio colectivo. En caso de desacuerdo es la jurisdicción competente la que fija la fecha y su decisión es irrecurrible.
- El trabajador tiene derecho a conocer el período de disfrute con, al menos, 2 meses de antelación antes del comienzo del mismo.
- Cuando el tiempo trabajado es inferior a un año, los días de vacaciones se calculan proporcionalmente al período trabajado.

 Normativa

Art. 34.4, 37.1 y 38 del ET.

3.3. Horas extraordinarias

Se considera hora extraordinaria cada hora de trabajo efectivo que se realice sobrepasando la duración máxima de la jornada ordinaria de trabajo. El número **máximo de horas extraordinarias** que se pueden realizar es de **80 al año,** excepto las realizadas para prevención o reparación de siniestros y otros daños extraordinarios y urgentes. La realización de las horas extraordinarias es voluntaria, aunque puede pactarse en el convenio colectivo o en el contrato individual.

La retribución de las horas extraordinarias es pactada en los Convenios colectivos o en los contratos de trabajo y el trabajador puede optar entre:

- **Retribución,** que no puede ser inferior al valor de la hora ordinaria. Si, por ejemplo, un trabajador percibe 10 €/h en su puesto de trabajo, el valor de la hora extraordinaria en el mismo puesto siempre es superior a 10 €.
- **Compensación** por el tiempo equivalente de descanso retribuido.

En ausencia de pacto, las horas extraordinarias realizadas deben ser compensadas mediante descanso dentro de los 4 meses siguientes a su realización.

 **Normativa**

Art. 35 del ET.

3.4. Permisos

El Estatuto de los Trabajadores establece que el trabajador, previo aviso y justificación posterior, puede ausentarse del trabajo con derecho a retribución, por los motivos y el tiempo que se cita a continuación.

PERMISOS RETRIBUIDOS	
Circunstancias	Tiempo de permiso
Matrimonio o registro de pareja de hecho	15 días naturales
Fallecimiento del cónyuge, pareja de hecho o pariente hasta el segundo grado por consanguinidad o afinidad	2 días y 2 días más por desplazamiento
Accidente o enfermedad graves, hospitalización o intervención quirúrgica sin hospitalización pero con reposo domiciliario del cónyuge, pareja de hecho o parientes hasta el segundo grado por consanguineidad o afinidad (incluido el familiar de la pareja de hecho), o cualquier conviviente con el trabajador que necesite cuidados efectivos	5 días
Traslado de domicilio habitual	1 día.
Funciones sindicales	El tiempo establecido en la ley o en convenio colectivo.
Cumplimiento de un deber de carácter público o personal (votar, asistir a un juicio...)	El tiempo indispensable.

Continúa en página siguiente >>

<< Viene de página anterior

PERMISOS RETRIBUIDOS	
Circunstancias	**Tiempo de permiso**
Por lactancia de un menor hasta los 9 o 12 meses (Este permiso puede ser disfrutado indistintamente por los progenitores, adoptantes, guardadores o acogedores del menor)	- 1 h diaria, que se puede dividir en dos períodos. - Voluntariamente se puede sustituir por una reducción de la jornada en media hora o acumularlo en jornadas completas.
Preparación al parto La realización de controles médicos prenatales y técnicas de preparación al parto, así como para la asistencia a sesiones y realización de informes en los casos de adopción, guarda con fines de adopción o acogimiento, que deban realizarse dentro de la jornada de trabajo.	El tiempo indispensable
Nacimiento de hijo prematuro o que deba permanecer hospitalizado después del parto	1 h. diaria
Fuerza mayor por motivos familiares urgentes o inesperados, en el caso de enfermedad o accidente que requiera la presencia inmediata de la persona trabajadora	Las horas de ausencia se retribuirán en equivalencia a cuatro días al año
Permiso parental para el cuidado de hijo/a o acogimiento, de menor de 8 años	8 semanas continuas o discontinuas, ya sea en jornada completa o parcial
Por imposibilidad de acceso al puesto de trabajo o de circular por las vías para llegar al mismo, atendiendo a las limitaciones o prohibiciones de la autoridad competente, o cuando exista una situación de riesgo grave, incluidos fenómenos meteorológicos adversos	4 días, con posibilidad de prórroga hasta que no exista el riesgo que provocó la situación
Por actos preparatorios para la donación de órganos o tejidos, si se deben realizar en la jornada laboral	Por el tiempo indispensable.

El trabajador tiene derecho a una **reducción de su jornada de trabajo diaria,** con la disminución proporcional del salario, en las siguientes situaciones:

- Para el cuidado de un menor de 12 años o una persona con discapacidad que no trabaje, cuando tenga la guarda legal: entre un octavo y la mitad de la duración de la jornada.

- Para el cuidado directo del cónyuge, pareja de hecho o familiar hasta el segundo grado de consanguinidad y afinidad (incluido el de la pareja de hecho), que por edad, accidente o enfermedad no tenga autonomía y no trabaje: entre un octavo y la mitad de la duración de la jornada.

- Por el nacimiento prematuro de un hijo o por seguir hospitalizado tras el parto: 2 horas como máximo.

- Por lactancia de un hijo menor de 9 meses (esta reducción es voluntaria y sustitutiva del permiso): media hora al día o de forma acumulada en jornadas completas.

- Para el cuidado de un menor de 18 años, a su cargo, afectado por cáncer u otra enfermedad grave que necesite hospitalización por un periodo largo de tiempo y cuidados directos, continuos y permanentes: la mitad de la duración de la jornada de trabajo. Ampliable, según requisitos, a los 23 y 26 años.

- Para la protección o asistencia social integral de las víctimas de violencia de género o víctimas de terrorismo: periodo de reducción o reordenación del tiempo de trabajo (horario flexible o adaptación horaria).

 **Normativa**

Art. 37.3 y siguientes apartados del ET.

3.5. El calendario laboral

Las empresas deben elaborar un **calendario laboral,** de los días inhábiles a efectos laborales, retribuidos y no recuperables, que debe estar de acuerdo con la regulación anual del ministerio, así como con lo establecido por las comunidades autónomas y los ayuntamientos.

Este calendario debe ser expuesto en lugar visible en cada centro de trabajo, ha de comprender las horas de trabajo al día y al año, los domingos y días de descanso a la semana, las fiestas que coincidan con jornada laborable, las vacaciones anuales y las fechas de su disfrute, el horario de trabajo, los turnos, la distribución de la jornada según las estaciones del año, las pausas, etc.

Cada año las empresas elaboran un **calendario laboral,** exponiéndolo en cada centro de trabajo. Para la elaboración de este calendario se consulta a los representantes de los trabajadores.

Las **fiestas laborales** son fiestas retribuidas y no recuperables, es decir, se devenga el derecho a salario sin posibilidad de recuperar las horas que se han dejado de trabajar. Su máximo es de 14 al año.

- **Nacionales.** Son las que se disfrutan en todo el territorio nacional. Estas festividades son: 1 y 6 de enero, viernes santo, 1 de mayo, 15 de agosto, 12 de octubre, 1 de noviembre, 6 y 25 de diciembre.
- **Autonómicas.** Fiestas de las comunidades autónomas, y aquellas cedidas por el ministerio.
- **Locales.** Fiesta de cada localidad, como máximo 2 al año.

 Normativa

Art. 37.2 del ET.

4. Normativa laboral aplicable

El Derecho Laboral regula los derechos y las obligaciones que rigen la relación laboral entre la empresa y las personas trabajadoras. Las **fuentes** de este derecho pueden ser **externas**, como los reglamentos y directivas europeas;

internas, como las leyes orgánicas y ordinarias, órdenes ministeriales y reales decretos; **profesionales**, como los convenios colectivos y los contratos laborales.

La correcta aplicación del derecho laboral se basa en la jerarquía de las normas y en los **principios laborales** como son: principio pro operario, de la norma más favorable, de norma mínima y de irrenunciabilidad de derechos.

En el conjunto de la legislación española se encuentran las normas por las que se regula el desarrollo de las relaciones laborales. Entre ellas están:

- **Constitución Española.** Recoge algunos de los derechos laborales fundamentales de las personas trabajadoras y de las empresas (derecho a la libertad sindical, a la huelga, al trabajo, a la negociación colectiva y a la libertad de empresa) y los principios rectores de la política económica y social.
- **Estatuto de los Trabajadores.** Es la norma laboral más importante y regula la relación laboral, tanto individual como colectiva, en un sentido amplio. La norma que lo contiene es el Real Decreto Legislativo 2/2015, de 23 de octubre.
- **Estatuto del Trabajo Autónomo.** La Ley 20/2007, de 11 de julio, es la norma que regula el trabajo de las personas físicas que realicen de forma habitual, personal, directa, por cuenta propia y fuera del ámbito de dirección y organización de otra persona, una actividad económica o profesional a título lucrativo, den o no ocupación a personas trabajadoras por cuenta ajena.
- **Ley General de la Seguridad Social.** Regula las relaciones de las personas trabajadoras y la empresa con la Seguridad Social, además de las prestaciones sociales a las que las personas trabajadoras tienen derecho. Esta ley es parte fundamental de la normativa laboral y está recogida en el Real Decreto Legislativo 8/2015, de 30 de octubre.
- **Ley reguladora de la Jurisdicción Social.** Regula los procesos y procedimientos que han de respetar los tribunales de lo social en la resolución de conflictos laborales. Con ella se dotan a los órganos judiciales de instrumentos para agilizar los procesos de resolución de litigios, evitar abusos, proteger más eficazmente a las personas trabajadoras y proporcionar mayor seguridad jurídica al mercado laboral. Esta norma está recogida en la Ley 36/2011, de 10 de octubre.

■ **Ley de Prevención de Riesgos Laborales.** Regula los derechos y deberes de las personas trabajadoras y de la empresa en la prevención de los riesgos laborales. Es una norma importante ya que desarrolla uno de los derechos proclamados por la Constitución, la seguridad y la protección de la salud en el trabajo. Se trata de la Ley 31/1995, de 8 de noviembre.

 Nota

En la legislación española existen normas que, aun no siendo específicas del ámbito laboral, recogen preceptos aplicables en él. Entre ellas están la Ley Orgánica 3/2018, de 5 de diciembre, de Protección de Datos Personales y garantía de los derechos digitales, el Real Decreto 902/2020, de 13 de octubre, de igualdad retributiva entre mujeres y hombres, Ley Orgánica 3/2007, de 22 de marzo, para la igualdad efectiva de mujeres y hombres, etc.

Las relaciones laborales que se establecen entre las personas trabajadoras y la empresa se regulan por medio de la **negociación colectiva** entre los representantes de ambas partes, que debe tender a establecer convenios que regulen las condiciones de trabajo. La naturaleza colectiva de la relación laboral debe propiciar que sus representantes colectivos lleguen a acuerdos que impliquen a la totalidad de las partes. Estos acuerdos son la base de los **convenios colectivos.**

 Definición

Convenio colectivo
Son acuerdos suscritos por los representantes de las personas trabajadoras y de las empresas para fijar las condiciones de trabajo y productividad en un ámbito determinado, consiguiendo así la paz laboral mediante el cumplimiento de las obligaciones que se pacten.

Los **ámbitos** en los que se deben llegar a acuerdos son: personal, a quién afecta; funcional, a qué sector o actividad se aplica; geográfico, a qué nivel es aplicable (estatal, autonómico o local); y temporal, a qué periodo de tiempo afecta.

La duración del convenio colectivo es la pactada por las partes y su **prórroga** es de **un año,** en el caso de que no sea denunciado por ninguna de las partes. Una vez denunciado y finalizada la duración establecida, la vigencia del convenio es la regulada en su propio contenido.

5. Resumen

El área de personal es la estructura organizativa que se encarga de la organización, gestión y administración del personal al servicio de la empresa. Entre sus funciones están planificación de la plantilla, selección y formación, valoración del puesto y retribución, etc.

La relación laboral entre el personal trabajador y la empresa se desarrolla en base a una serie de **características:**

- En general, la duración máxima de la jornada es de 40 h. semanales.
- La ley concreta unos periodos de descanso obligatorios con carácter diario, semanal y en jornada continuada, para el personal.
- La jornada nocturna es aquella que se realiza entre las 22:00 h y las 6:00 h.; el trabajador tiene que realizar como mínimo 3 horas diarias en este turno; el periodo máximo es de 8 h. diarias de promedio en 15 días; y su retribución según convenio.
- Como máximo se puede realizar 80 horas extraordinarias al año.
- Entre los permisos retribuidos recogidos en la normativa están matrimonio, fallecimiento, accidente o enfermedad grave de un familiar, lactancia de un hijo, vacaciones, etc.

Las empresas elaboran el **calendario laboral** que incluye los días de trabajo al año, los festivos, los turnos de trabajo, la distribución de la jornada al año, etc.

El Derecho Laboral regula los derechos y las obligaciones que rigen la relación laboral entre la empresa y las personas trabajadoras. Sus fuentes pueden ser externas, internas o profesionales.

Para la correcta aplicación de la legislación hay que tener en cuenta la jerarquía legal de cada norma y los principios laborales. Las **relaciones laborales** están reguladas por una serie de preceptos legales:

- Constitución Española de 1978.
- Real Decreto Legislativo 2/2015, de 23 de octubre, Estatuto de los Trabajadores.
- Ley 20/2007, de 11 de Julio, Estatuto del Trabajo Autónomo.
- Real Decreto Legislativo 8/2015, de 30 de octubre, Ley General de la Seguridad Social.
- Ley 36/2011, de 10 de octubre, reguladora de la jurisdicción social.
- Ley 31/1995, de 08 de noviembre, de prevención de riesgos laborales.

Las relaciones laborales se regulan por medio de la **negociación colectiva** entre los representantes de ambas partes, a través de los **convenios colectivos.**

Ejercicios de repaso y autoevaluación

1. Explica por qué algunas empresas no tienen departamento de personal.

2. Defina hora extraordinaria.

3. Explica las diferencias (si existen) en la jornada laboral de un trabajador menor de 18 años.

4. ¿Cómo se denomina la jornada que se realiza entre las 10 de la noche y las 6 de la mañana?

5. Enumera al menos 2 casos (de los establecidos por el Estatuto de los Trabajadores) de permisos retribuidos.

6. Un trabajador firma voluntariamente una cláusula en su contrato que le impide ir a la huelga. ¿Es válida?

_____

_____

7. En el calendario laboral, ¿cuántos días de fiesta hay como máximo? ¿Cuáles son las fiestas nacionales?

_____

_____

8. Indique qué regulan las siguientes normas:

    a. Constitución Española. _____

    b. Estatuto de los Trabajadores. _____

    c. Estatuto del Trabajo Autónomo. _____

    d. Ley General de la Seguridad Social. _____

    e. Ley Reguladora de la Jurisdicción Social. _____

    f. Ley de Prevención de Riesgos Laborales. _____

El contrato de trabajo

Contenido

1. Introducción

Además de las fuentes normativas que regulan y delimitan las relaciones laborales con carácter general, se regula de manera específica el nexo entre el trabajador y el empresario, materializándose este mediante el contrato de trabajo.

El análisis de todos los términos del contrato (partes, formas, validez, duración), así como el conocimiento de las distintas modalidades existentes en el panorama laboral es una tarea que todo gestor laboral debe abordar.

2. Sujetos y elementos del contrato de trabajo

Como todo contrato, se trata de un acuerdo en el que las partes firmantes concretan sus derechos y sus obligaciones sobre una determinada materia o hecho.

En el contrato de trabajo se fijan las características de la prestación: actividad laboral que debe desarrollarse, jornada, horario, salario, duración de la relación laboral...

El contrato de trabajo es el acuerdo entre 2 personas, por el que una de ellas, **el trabajador, se compromete a prestar determinados servicios bajo la dirección de otra, el empresario, recibiendo a cambio una remuneración** garantizada, esto es, ajena a los riesgos de la empresa.

2.1. Elementos del contrato de trabajo

En todos los contratos existen 3 elementos esenciales, sin los cuales no sería válido: **consentimiento, objeto** y **causa.** Las características de estos elementos distinguen al contrato de trabajo de otros contratos.

Elementos esenciales	Concepto y características
Consentimiento	Manifestación de la voluntad de las partes de celebrar un acuerdo o contrato. Es nulo el consentimiento prestado con violencia, intimidación o dolo, o si lo prestan personas sin la capacidad legal para darlo (menores de edad, personas con discapacidades...). El consentimiento puede darse de forma verbal o por escrito.
Objeto	Es el trabajo prestado en ciertas condiciones (personal, voluntario, dependiente y por cuenta ajena) a cambio de un salario. El objeto ha de ser posible, y determinado.
Causa	La razón por la cual se concierta el contrato. En el de trabajo consiste en la voluntad de intercambiar trabajo por salario.

2.2. Personas que intervienen en el contrato de trabajo

Las partes que intervienen en un contrato de trabajo son:

- El **trabajador** es la persona física o natural que desarrolla el trabajo.
- El **empresario** es la persona física, jurídica o comunidad de bienes que recibe los servicios a cambio de entregar un salario.

Ambas partes deben tener capacidad para llevar a cabo un contrato de trabajo válido.

La capacidad para contratar viene delimitada por la edad, la titulación, la ausencia de enfermedades o discapacidades de carácter físico o psíquico que incapaciten para contratar o para trabajar, y la nacionalidad.

		Limitaciones para contratar y trabajar
Trabajador	Edad	- A partir de los 18 años puede ser contratado libremente. - Con 16 y 17 años requiere autorización de los padres o tutor legal, o estar emancipado. - No pueden trabajar los menores de 16 años, salvo casos excepcionales de espectáculos públicos que tengan autorización escrita de la autoridad laboral y no revista peligrosidad para la salud del menor ni influya en su formación.
	Titulación	Se requiere la posesión de la adecuada titulación para el ejercicio de ciertas profesiones (médicos, arquitectos,...).

Continúa en página siguiente >>

<< Viene de página anterior

Limitaciones para contratar y trabajar		
Trabajador	Incapacidad	Cuando por sentencia judicial se dictamina la incapacidad para trabajar.
	Nacionalidad	- Extranjeros no comunitarios. Requieren un permiso de trabajo, expedido por el ministerio correspondiente. - Extranjeros comunitarios. Gozan del derecho de libre circulación en la Unión Europea.

Empresario	Edad	- Pueden contratar libremente:
		  - A partir de los 18 años.
		  - Los mayores de 16 años emancipados o que hubieran obtenido el beneficio de la mayoría de edad concedido por el juez.
		- Los menores no emancipados pueden contratar representados por su padre, madre o, en su caso, tutor.

	Incapacidad	Las personas con discapacidad serán asistidas por su representante legal, según determine la sentencia.

 Aplicación práctica

Solera, S. L., contrata a Carmen Díaz como auxiliar administrativo por un sueldo de 1.300 €/mes. ¿Cuáles son los elementos esenciales del contrato?

SOLUCIÓN

Los elementos esenciales de todo contrato son consentimiento, objeto y causa, en este caso:

- Consentimiento: lo conforman las partes del contrato (Carmen Díaz y Solera, S. L.).
- Objeto: las tareas que se deben realizar correspondientes al puesto de auxiliar administrativo a cambio de 1.300 €/mes.
- Causa: corresponde al intercambio de salario por trabajo.

Aplicación práctica

El restaurante "El Mesón" quiere contratar a José Fernández, que tiene 16 años y no está emancipado ¿Puede contratarlo?

SOLUCIÓN

Puede contratarlo, pero necesita la autorización del padre, madre o tutor legal.

Una vez iniciada la relación laboral, José Fernández podrá romperla sin necesidad de autorización de sus padres.

 Normativa

Art. 6 y 7 del ET.

2.3. Otros elementos del contrato

Además de los elementos esenciales, se deben tener en cuenta otros que permitirán identificar los diferentes contratos de trabajo.

La forma

El contrato puede celebrarse por escrito o de palabra.

Los contratos deben constar por escrito cuando así lo exige una disposición legal, y en su caso, los formativos, los contratos a tiempo parcial, fijos-discontinuos y de relevo, los de los pescadores, los de los trabajadores que trabajen a distancia, los contratados en España al servicio de empresas españolas en el extranjero y los contratos de duración determinada (por circunstancias de la producción) cuya duración sea superior a 4 semanas.

Los contratos que incumplan con esta obligación, se presumirá celebrado por tiempo indefinido y a jornada completa.

No obstante, cualquiera de las partes podrá exigir que el contrato se formalice por escrito, incluso durante el transcurso de la relación laboral.

Aquellos contratos de trabajo formalizados por escrito, con una duración superior a 4 semanas, y que no recojan los elementos esenciales del contrato y/o las principales condiciones de ejecución de la prestación laboral, el empresario deberá informar al trabajador por escrito en los términos y plazos que se establezcan reglamentariamente.

 **Normativa**

Art. 8 del ET.

El contenido del contrato

En la elaboración del contrato de trabajo se deberán reflejar los siguientes datos:

- Identificación de la empresa, su domicilio social o, en su caso, el domicilio del empresario y el centro de trabajo donde el trabajador preste sus servicios habitualmente. Si el trabajador prestara sus servicios de forma habitual en diferentes centros de trabajo o en centros de trabajo móviles o itinerantes, se hará constar estas circunstancias.
- Identificación del trabajador.
- Puesto de trabajo, grupo profesional a que pertenezca el trabajador, así como las funciones que desempeñará y dirección del centro del trabajo.

- La duración y la distribución de la jornada ordinaria de trabajo.
- La fecha de comienzo de la relación laboral y, si se trata de una relación temporal, su duración previsible.
- La cuantía del salario base inicial y de los complementos salariales, así como la periodicidad de su pago.
- La duración de las vacaciones y, en su caso, de qué modo se atribuyen y se determinan dichas vacaciones.
- El convenio colectivo aplicable a la relación laboral, precisando los datos concretos que permitan su identificación.
- Oficina de registro del contrato.
- Cláusulas adicionales.
- Firmas de las partes contratantes.

Los datos del contrato se estructuran en datos generales de la empresa y del trabajador, cláusulas generales sobre el puesto de trabajo (su duración, jornada, retribución, etc.), y cláusulas específicas que irán en función del contrato de trabajo a celebrar.

Actualmente, el sistema de contratos de trabajo está integrado por cuatro modalidades principales: indefinidos, de duración determinada, formativos y fijos-discontinuos.

En la página web del SEPE, en su apartado **Empresas,** está disponible una sección dedicada a los contratos de trabajo. En ella se facilita información diversa sobre sus características. La apariencia que presenta ese apartado es la que se muestra a continuación.

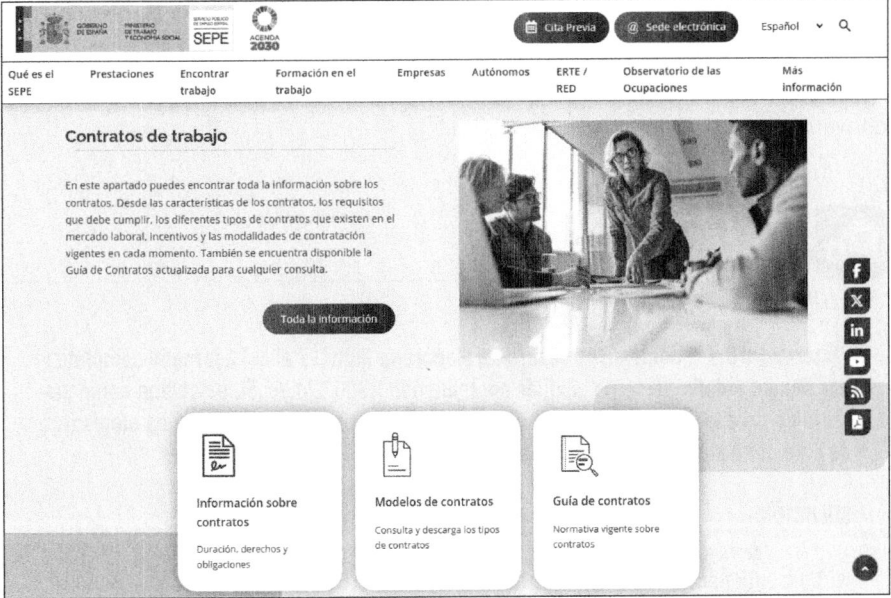

2.4. El período de prueba

Es el período de tiempo durante el cual cualquiera de las partes (trabajador o empresario) puede dar por terminada la relación laboral, sin necesidad de preaviso ni derecho a indemnización.

Características del período de prueba

Forma. El período de prueba debe constar por escrito en el contrato.

Duración máxima. Su duración máxima será la establecida en el Convenido colectivo aplicable. Si no se establece en dicho convenio colectivo, la duración no podrá exceder de lo indicado en el Estatuto de los Trabajadores:

a. Técnicos titulados (para el ejercicio de su profesión se requiere disponer de titulación universitaria): 6 meses.

b. Resto de los trabajadores:

- 3 meses, en empresas con menos de 25 trabajadores.
- 2 meses, en empresas con 25 o más trabajadores.

En los contratos temporales de duración determinada concertados por períodos menores de seis meses (regulados por el artículo 15 del ET), el periodo de prueba no podrá exceder de un mes, excepto que se disponga otra cosa en convenio colectivo de aplicación.

 Aplicación práctica

"Intermetal S. L." contrata por escrito a Macarena Ruiz (17 años) a jornada completa y por tiempo indefinido como auxiliar contable por 1.300 €/mes. Se establece como periodo de prueba el habitual en el sector. Identifique, enumere y analice los elementos de este contrato. La empresa dispone de una plantilla de 14 trabajadores.

SOLUCIÓN

I **Consentimiento.** Lo prestan las partes del contrato ("Intermetal S. L." y Macarena Ruiz). Al tener 17 años, también debe consentir su padre, madre o tutor legal.
I **Objeto.** Las tareas propias de los auxiliares administrativos a cambio de 1.300 €/mes.
I **Causa.** La razón por la que se suscribe el contrato es concertar un intercambio de trabajo por salario.
I **Forma.** El contrato es escrito, a jornada completa y por tiempo indefinido. En el contrato deben figurar los elementos esenciales y los contenidos de la prestación.
I **Periodo de prueba.** "Intermetal S. L." cuenta con una plantilla de menos de 25 trabajadores por lo tanto el periodo de prueba será de 3 meses.

 Normativa

Art. 14 del ET.

3. Modalidades de contratación

Con el objeto de conseguir una adaptación máxima entre las necesidades de la empresa y el trabajador existen diferentes modalidades de contrato que se presentarán a continuación.

Según la **duración del contrato** puede ser:

- **Indefinido o fijo:** cuando no existe fecha de finalización de la relación laboral.
- **De duración determinada o temporal:** cuando existe fecha de finalización.

Según la **jornada:**

- **A tiempo completo:** se trabajan las horas habituales en la actividad de que se trate.
- **A tiempo parcial:** el número de horas de trabajo es inferior al de la jornada a tiempo completo.

 Sabía que...

Según el art. 12.4 del ET, se prohíbe la realización de horas extraordinarias para los contratos a tiempo parcial excepto para prevenir o reparar siniestros y otros daños extraordinarios y urgentes. Pero sí podrán realizar horas complementarias (tanto pactadas como voluntarias), teniéndose en cuenta que la suma de las horas ordinarias y las complementarias no podrá exceder del límite legal del trabajo a tiempo parcial.

A continuación se muestra un esquema con los distintos tipos de contratos que se tratarán en la unidad didáctica.

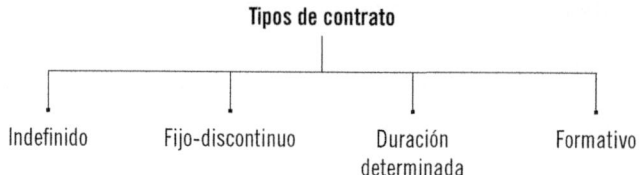

Tipos de contrato

Indefinido	Fijo-discontinuo	Duración determinada	Formativo

3.1. Contrato indefinido y contrato fijo discontinuo

Con carácter general, todo contrato de trabajo se considera celebrado por **tiempo indefinido según dicta el art. 15 del ET.** Así mismo, la norma establece que adquieren la condición de indefinidos o prorrogados por tiempo indefinido, aquellos contratos en los que concurran algunas de las siguientes causas:

- Los contratos formativos concertados en fraude de ley o en los que exista incumplimiento de las obligaciones formativas.
- El incumplimiento de la forma escrita en el contrato cuando esta sea exigible.
- La continuidad de la prestación laboral cuando haya finalizado el tiempo convenido en el contrato, sin que haya denuncia previa.
- El incumplimiento de las normas por las que se rigen los contratos de duración determinada.
- La falta de cumplimiento con el alta en la Seguridad Social de las personas trabajadoras temporales una vez transcurrido el período de prueba.

Los contratos indefinidos se pueden celebrar tanto a jornada completa como a jornada parcial y se formalizarán, en su mayoría, por escrito.

 Nota

Aunque prevalece el contrato de duración indefinida, las empresas pueden concertar contratos de duración determinada cuando la justificación para ello esté motivada en circunstancias de la producción o por sustitución de una persona trabajadora.

La contratación indefinida cuenta con determinados incentivos y/o bonificaciones para fomentar su celebración.

Contrato fijo-discontinuo

La celebración del contrato fijo-discontinuo está supeditada a la realización de determinadas **actividades consistentes en:**

- Trabajos de carácter estacional.
- Trabajos relacionados con actividades productivas de temporada.
- Trabajos que sin tener el carácter de los anteriores, se desarrollan de forma esporádica y cierta en períodos, ya sean definidos o indefinidos.
- La prestación de servicios llevados a cabo para ejecutar contratas mercantiles o administrativas incluidas en la actividad propia de la empresa.

 Importante

Las empresas de trabajo temporal (ETT) pueden concertar contratos fijos-discontinuos con empresas usuarias que necesitan cubrir necesidades temporales mediante contratos de puesta a disposición (Art. 10.3 Ley 14/1994, de 1 de junio).

Esta modalidad de contratación se ha de formalizar **por escrito** y su contenido incluye, entre otros términos, la duración del período, la jornada laboral y el horario.

El **llamamiento a la persona trabajadora** se realiza según se establezca en convenio colectivo o acuerdo de empresa. No obstante, este debe ser por escrito o por cualquier otro medio que permita justificar la notificación, a la persona interesada, de las condiciones de ingreso, en un plazo adecuado. La empresa tiene la obligación de facilitar a la representación legal de las personas trabajadoras (RLT) un calendario con los llamamientos previsibles del año o del semestre, e información sobre las altas efectivas.

Los **derechos** que tienen las personas trabajadoras fijas-discontinuas según el Estatuto de los Trabajadores son:

- Ejercer actuaciones pertinentes en caso de incumplimiento en algunos de los términos legales del llamamiento.
- Determinar su antigüedad en función de la duración total de la relación laboral y no según el período efectivo de prestación.
- Ser informadas, junto a la representación legal de las personas trabajadoras, de las vacantes existentes en puestos de trabajo fijos, para así poder solicitar su conversión voluntaria.
- Acceder, como colectivo prioritario, durante los períodos de inactividad a la formación del sistema de formación profesional para el empleo.

Los **convenios colectivos sectoriales** pueden regular preceptos relacionados con los contratos fijos-discontinuos, tales como:

- La creación de una bolsa de trabajo sectorial en la que se puedan registrar las personas trabajadoras fijas-discontinuas durante los periodos de inactividad, para fomentar su empleo y su formación continua.
- La celebración de este tipo de contratos a tiempo parcial, siempre que las características de la actividad de la empresa lo evidencien.
- La obligación de la empresa de contar con un censo anual de las personas trabajadoras fijas-discontinuas.
- El tiempo mínimo de llamamiento durante el año.
- El importe que la empresa ha de pagar en caso de finalización de la actividad sin que se haya producido el llamamiento a la persona trabajadora fija-discontinua.

 Normativa

Art. 16 del ET.

3.2. Contrato de duración determinada

Para poder celebrar este tipo de contrato es necesario que concurra la causa objetiva, sus circunstancias concretas y la relación de estas con la duración, todo ello específicamente previsto como justificación de la temporalidad del contrato. Así, ya no es suficiente con la voluntad de las partes a someter el contrato a una de sus modalidades temporales.

Los supuestos en que pueden celebrarse estos contratos son:

- Por circunstancias de la producción, ocasionadas:

    - Por aumento eventual e imprevisible de la actividad.
    - Por situaciones eventuales, probables y de duración limitada.

- Por sustitución de una persona trabajadora.

Los contratos de duración determinada, cualquiera que sea su modalidad, se pueden concertar a tiempo parcial.

La celebración del **contrato de duración determinada por circunstancias de la producción** puede obedecer al aumento eventual e imprevisible de la actividad de la empresa y sus fluctuaciones, que aun siendo propias de la actividad, provocan desajustes entre el empleo fijo disponible y el que se necesita en ese período. Este tipo de contratos no se pueden celebrar si la actividad es estacional o de temporada.

 Sabía que...

Entre las fluctuaciones que argumentan la celebración de este tipo de contrato se incluyen las originadas por las vacaciones anuales de las personas trabajadoras.

Con carácter general, su duración máxima es de seis meses; sin embargo, el convenio colectivo sectorial puede ampliarlo a un año. En el supuesto de que la empresa haya celebrado este contrato por un período inferior al legal, solo está permitida una prórroga, sin que se supere la duración máxima.

También se permite la celebración de este tipo de contratos cuando la empresa deba **ocuparse de situaciones eventuales, probables y con una duración reducida y delimitada** (incluidas campañas agrarias y agroalimentarias) sin que se tenga en cuenta el número de personas trabajadoras requeridas para ello. No se considera causa para la celebración de este tipo de contrato, los trabajos desarrollados en cumplimiento de contratas, subcontratas o concesiones administrativas que sean el objeto principal de la empresa. Sin embargo, sí se pueden celebrar para la realización de una o varias campañas agrícolas, ganaderas, forestales o sus industrias asociadas, cuando sean de corta duración y con el límite de 120 jornadas reales al año.

Las características de este tipo de contrato son:

- Solo se puede utilizar como máximo durante 90 días al año, o 120 días para las empresas del sector agrario y agroalimentario, y no de forma continuada.
- En su contenido, como elemento esencial, se deben incluir expresamente las situaciones que han motivado su celebración.
- La empresa está obligada a facilitar a la representación legal de las personas trabajadoras, en el último trimestre del año, una previsión anual de utilización de este contrato.

El **contrato de duración determinada por sustitución de una persona trabajadora** se puede concertar para:

- Sustituir a una persona trabajadora que tenga derecho a la reserva de su puesto de trabajo. En este supuesto es requisito indispensable incluir en el contenido del contrato el nombre de la persona sustituida y la causa de la sustitución. La norma permite que coincidan en el puesto de trabajo la persona sustituida y la persona sustituta, durante el menor tiempo posible para asegurar el correcto desarrollo del trabajo y como máximo, por quince días.

- Completar la jornada laboral de una persona trabajadora que tenga reducción de jornada, siempre que esté justificada en algunas de las causas legalmente establecidas y se especifique en el contrato el nombre de la persona sustituida y la causa de la sustitución.
- Cubrir de forma temporal un puesto de trabajo durante el proceso de selección o promoción. La duración máxima de este contrato es de tres meses u otro plazo inferior establecido por convenio colectivo. Una vez superado el tiempo máximo no se puede volver a celebrar un contrato nuevo con el mismo objeto.

Ejemplo

El departamento de recursos humanos de la empresa Finde va a contratar personal de forma temporal para cubrir unas situaciones ocasionadas durante este año.

El tipo de contrato de duración determinada que le corresponde a cada situación es:

- Permiso de Alberto por nacimiento de un hijo.
  El contrato es por sustitución de una persona trabajadora, al ser este un caso de sustitución de una persona con derecho a la reserva de su puesto de trabajo.
- Baja por accidente laboral grave de María.
  El tipo de contrato a celebrar es el mismo que el apartado anterior, ya que la incapacidad temporal es otro de los supuestos con derecho a la reserva de su puesto de trabajo.
- Incremento de la producción ocasionado por un excedente de materias primas.
  El contrato es por circunstancias de la producción al considerarse un hecho ocasional e imprevisible que provoca desajustes en la plantilla de la empresa.
- Proceso de selección del nuevo personal bilingüe para el departamento comercial.
  El tipo de contrato es por sustitución de la persona trabajadora al querer cubrir con este el tiempo que dura el proceso de selección del nuevo personal comercial.
- *Black Friday online* habitual en la empresa el día 8 de septiembre.
  Para atender adecuadamente al cliente en ese día el contrato que se puede celebrar es por circunstancias de la producción por situación eventual, probable y de duración limitada, con independencia del número de personas a contratar.
- Reducción de jornada que empieza a disfrutar Joaquín para atender a sus padres mayores.
  De igual forma, el tipo de contrato que se concertará será de duración determinada para sustituir a una persona trabajadora que tiene reducción de jornada por una de las causas legalmente establecidas en el art. 37.6 del ET.

Las personas trabajadoras que estén contratadas por cualquiera de las modalidades de contratos de duración determinada, tienen los mismos derechos que las contratadas con contratos indefinidos, incluido el derecho a ser informadas por la empresa de los puestos de trabajo vacantes.

 **Normativa**

Art. 15.2, 3, 6 y 7 del ET.

Encadenamiento de contratos temporales

Como medida para reducir la temporalidad en el empleo, se incorporó a la normativa laboral una regla que prohibía el encadenamiento sucesivo de contratos temporales en un plazo de tiempo determinado. De esta forma, adquiere la **condición de persona trabajadora fija,** quien se encuentre en alguno de los siguientes casos:

- Quien en un período de 24 meses haya estado contratado más de 18 meses con dos o más contratos por circunstancias de la producción.
- Quién ocupe un puesto de trabajo que haya estado ocupado más de 18 meses en un período de 24 meses con contratos por circunstancias de la producción.

En ambos casos se ha de tener en cuenta que la contratación haya sido:

- Para el mismo o diferente puesto de trabajo.
- Con la misma empresa o grupo de empresas.
- Directamente con la empresa o mediante ETT.

 **Normativa**

Art. 15.5 ET.

3.3. Contrato formativo

La empresa tiene disponible para su uso dos modalidades de contratación formativa, en alternancia con el trabajo y, para la obtención de la práctica profesional. Aunque cada una tiene sus características propias, estas cuentan con un conjunto de reglas comunes:

- Las personas contratadas bajo este tipo de contrato tienen cubiertas las contingencias comunes y profesionales de la Seguridad Social, así como desempleo y FOGASA.
- Las causas por las que se puede interrumpir la duración del contrato son IT, nacimiento, adopción, guarda con fines de adopción, acogimiento, riesgo durante el embarazo y la lactancia y violencia de género.
- El contrato se ha de formalizar por escrito e incluir necesariamente el plan formativo individual (contenido de las prácticas o formación y las tutorías).
- Los límites de edad y de duración máxima del contrato no se aplican cuando se celebren con personas con discapacidad o de colectivos en situación de exclusión social. En este caso el contrato tiene que estar concertado con una empresa de inserción cualificada y registrada.
- Los puestos de trabajo, las actividades, los niveles o los grupos profesionales susceptibles de desarrollarse bajo un contrato formativo pueden estar regulados en convenio colectivo.
- No está permitido que la empresa celebre este tipo de contratos para cubrir los puestos de personas trabajadoras afectadas por medidas de flexibilidad interna (reducción o suspensión de jornada del art. 47 y 47 bis).
- Las personas trabajadoras que continúan en la empresa una vez finalizado el contrato formativo, no requieren período de prueba y la duración de aquel se computa como antigüedad.

■ Mediante desarrollo reglamentario se definirán el número de contratos según el tamaño de la empresa, las personas en formación por tutor/a o los requisitos sobre la estabilidad de la plantilla.

La empresa que celebre contratos formativos está obligada a informar a la representación legal de las personas trabajadoras sobre los términos en los que se desarrollan, en concreto, los planes o programas formativos individuales, los requisitos y las condiciones de tutorización.

 **Normativa**

Art. 11.4 y 5 ET.

Contrato de formación en alternancia

Este tipo de contrato persigue compaginar el trabajo retribuido por cuenta ajena con la formación, ya sea formación profesional, estudios universitarios o derivada del Catálogo de especialidades formativas del Sistema Nacional de Empleo.

Este contrato se puede celebrar con personas que no tengan la cualificación profesional, reconocida por títulos universitarios, de grado medio o superior, especialista, máster profesional, de enseñanzas artísticas o deportivas o certificados del sistema de formación profesional (Ley Orgánica 3/2022, de 31 de marzo).

 **Nota**

Como excepción, la norma permite que se celebren contratos de formación en alternancia relacionados con estudios de formación profesional o universitaria, cuando la persona cumpla los siguientes requisitos: estar en posesión de otra titulación y no haber sido contratado anteriormente con un contrato formativo por una formación de igual nivel y en el mismo sector.

El ET establece un límite de edad de hasta treinta años, en el caso de celebrar el contrato según un certificado profesional de nivel 1 y 2, y de programas de formación en alternancia que pertenezcan al Catálogo de especialidades formativas del Sistema Nacional.

La tutorización que se requiere en esta modalidad contractual se debe llevar a cabo por dos personas, una designada por el centro de formación y otra por la empresa, con la adecuada formación o experiencia. Asimismo, el centro de formación en colaboración con la empresa ha de elaborar los planes formativos individuales, en los que se deben incluir el contenido de la formación, el calendario, las actividades y las tutorías.

La actividad realizada en la empresa por la persona contratada y la formación objeto del contrato formativo deben estar directamente relacionadas.

El contrato de formación en alternancia se caracteriza por las siguientes cuestiones:

- Su duración no puede ser inferior a tres meses ni superior a dos años. Además, se puede realizar en un solo contrato de forma no continuada a lo largo de varios años.
- Se incluye como elemento esencial, la formación teórica impartida por el centro o por la empresa, en su caso, y la formación práctica recibida por ambos.

■ No se permite celebrar más de un contrato por cada formación completa (ciclo, titulación, certificado o itinerario). Sin embargo, sí está permitido que varias empresas celebren este tipo de contratación para una misma formación.

■ El tiempo de trabajo efectivo de la persona contratada no puede ser superior al 65 % o 85 % de la jornada máxima, en el primer o segundo año respectivamente.

■ No se pueden realizar horas extraordinarias (excepto en el caso de siniestros y otros daños extraordinarios y urgentes), horas complementarias, trabajos nocturnos ni trabajos a turnos.

■ No existe período de prueba en este tipo contractual.

■ La retribución es la prevista en el convenio colectivo de aplicación. En su defecto, esta no puede ser inferior al 60 % ni 75 % en el primer y segundo año respectivamente, según la establecida para el grupo profesional correspondiente; ni inferior al SMI.

 **Sabía que...**

No se pueden celebrar contratos de formación en alternancia cuando el puesto de trabajo, objeto de dicho contrato, ya hubiera estado cubierto en la empresa por la misma persona trabajadora con otro tipo de contrato durante más de seis meses.

Contrato de formación para la obtención de práctica profesional

Esta modalidad tiene por objeto conseguir la práctica profesional adecuada al nivel de estudios obtenido, el cual se requiere que sea un título universitario, de grado medio o superior, especialista, master profesional, de enseñanzas artísticas o deportivas, o certificado del sistema de formación profesional.

La contratación ha de realizarse durante los tres años (cinco años para las personas con discapacidad) siguientes a la finalización de dichos estudios. No se puede celebrar si la persona ya tiene experiencia profesional o ha realizado actividades formativas en la empresa durante más de tres meses.

El puesto de trabajo debe ser el adecuado para conseguir la práctica profesional relacionada con la formación objeto del contrato. Le corresponde a la empresa la elaboración del plan formativo individual, al igual que la designación de la persona responsable de la tutorización. La persona trabajadora, una vez finalizado su contrato, tiene derecho a recibir el certificado que acredita la práctica realizada.

En relación a las características propias del contrato, en esta modalidad contractual se establece que:

- Su duración no puede ser menor de seis meses ni mayor de un año, no pudiéndose celebrar este contrato por tiempo superior al máximo para una misma titulación o certificado, aun siendo de igual o distinta empresa.
- Se reconoce un periodo de prueba de un mes como máximo.
- La retribución es la regulada en el convenio colectivo de aplicación o, en caso de no existir, la correspondiente al grupo profesional relacionado. Además, esta no puede ser inferior a la retribución mínima fijada para la modalidad en alternancia ni al SMI que corresponda.

 **Normativa**

Art. 11.2 y 3 ET.

Aplicación práctica

Luis Espinosa, de 35 años, ha formalizado un contrato de 6 meses como instalador eléctrico (es técnico en equipos e instalaciones electrotécnicas). Pretenden pagarle lo mínimo posible, pues al carecer de experiencia debe practicar sus conocimientos y adaptarse al puesto.

Identifique el tipo de contrato de trabajo que le corresponde y analice sus elementos.

SOLUCIÓN

▌ Requisitos de los trabajadores:

  ▪ **Titulación adecuada:** Luís Espinosa está en posesión de un título de Formación Profesional Específica (Técnico en equipos e instalaciones electrotécnicas) y se le contrata como instalador eléctrico, por lo cual pondrá en práctica los conocimientos adquiridos.
  ▪ **Período desde la obtención de la titulación:** no han debido transcurrir más de 3 años desde que obtuvo el título o 5 años si Luís tiene una discapacidad.

▌ Duración: le han formalizado el contrato con la duración mínima, 6 meses.
▌ Retribución: debe ser según la regulada en el convenio colectivo de aplicación y, en su defecto, la correspondiente a su grupo profesional.
▌ Período de prueba: período máximo de un mes.

Se está ante el caso de un contrato de formación para la obtención de práctica profesional.

 Aplicación práctica

"Distribuciones Transa S. L.", sabe que algunos días en el año su plantilla debe aumentar un 5 % para atender las necesidades de mantenimiento de las máquinas que intervienen en su proceso productivo. ¿Qué modalidad contractual puede concertar para cubrir esa necesidad?

Continúa en página siguiente >>

<< Viene de página anterior

SOLUCIÓN

Se le podrían recomendar dos modalidades contractuales:

▮ **Contrato fijo-discontinuo.** En este caso la celebración de este contrato está justificada ya que la actividad es esporádica pero cierta en el tiempo y no se considera estacional ni de temporada.

▮ **Contrato de duración determinada por circunstancias de la producción ocasionada por una situación eventual, probable y de duración limitada en el tiempo.** En este caso la empresa sabe que tiene que realizar el mantenimiento de las máquinas durante varios días sueltos en el año. Además, desconoce el número de personas trabajadoras y no contratará los servicios de una subcontrata para ello.

3.4. Trabajo a distancia

El contrato de trabajo a distancia es aquel en el que la prestación de la actividad laboral se realiza en el domicilio del trabajador, o en el lugar elegido libremente por este, durante toda o parte de la jornada laboral y con carácter regular.

La normativa que regula este tipo de trabajo establece que se da el carácter regular cuando, en general, en un período de 3 meses como mínimo el 30 % de la jornada se presta en la modalidad de distancia.

Una modalidad de este tipo de trabajo es el teletrabajo, que se caracteriza porque se realiza exclusivamente utilizando medios y sistemas informáticos y telemáticos.

Las características del trabajo a distancia son:

■ El celebrado con menores y en los contratos formativos y en los celebrados para la obtención de la práctica profesional, solo se permite con un acuerdo que garantice como mínimo el 50 % del trabajo de forma presencial.

- No debe existir desigualdad de trato ni discriminación para las personas que llevan a cabo su labor con trabajo a distancia, ya que tienen los mismos derechos que los trabajadores presenciales.
- Tiene carácter voluntario tanto para el trabajador como para el empresario.
- No se puede extinguir la relación laboral ni modificar de forma sustancial las condiciones de trabajo, si el trabajador se niega a trabajar a distancia, solicita trabajar de nuevo de forma presencial o tiene dificultades para realizar su trabajo a distancia de forma correcta.
- El acuerdo de trabajo a distancia se debe realizar por escrito y puede estar incluido en el contrato inicial o realizarse de forma posterior.
- El contenido mínimo del acuerdo de trabajo a distancia incluye un inventario de los instrumentos para desarrollar el trabajo; una enumeración de los gastos para el trabajador por la realización del trabajo a distancia; horario de trabajo; empresa a la que queda adherido el trabajador a distancia; lugar donde se realizará el trabajo a distancia; plazo de preaviso para la reversibilidad; medios de control empresarial; procedimientos a seguir ante problemas técnicos; instrucciones de la empresa en materia de protección de datos y sobre seguridad de la información; y duración del acuerdo de trabajo a distancia.
- Los derechos con los que cuentan las personas trabajadoras que realizan trabajos a distancia son derecho a la formación, a la promoción profesional, a la dotación y mantenimiento de equipos adecuados, al abono y compensación de gastos, al horario flexible, al registro horario adecuado, a la aplicación de las normas de prevención de riesgos laborales, a la intimidad y a la protección de datos, a la desconexión digital, y al ejercicio de derechos de naturaleza colectiva.

Con el trabajo a distancia, se pretende favorecer la flexibilidad de las empresas en la organización del trabajo, incrementando las oportunidades de empleo y, optimizar la relación entre tiempo de trabajo y vida personal y familiar.

 **Normativa**

Ley 10/2021, de 9 de julio.

4. Fomento del empleo y sus beneficios

Dentro de las cláusulas de fomento del empleo existen tanto contratos de duración determinada como de duración indefinida, y qué en función del colectivo de trabajadores cuya inserción en la vida laboral se pretenda, dará lugar a una serie de beneficios para la empresa, ya sea en materia de bonificaciones en las cuotas sociales o incentivos fiscales.

A continuación se muestran las bonificaciones a la Seguridad Social e incentivos fiscales según el colectivo de trabajadores al que va dirigido.

4.1. Mujeres víctimas de violencia de género, de violencias sexuales y de trata de seres humanos, tanto con fines de explotación sexual como laboral

Se podrá celebrar un contrato indefinido o fijo discontinuo, ya sea a jornada completa o parcial, y se deberá celebrar por escrito, para su posterior comunicación al SEPE en el plazo de los 10 días siguientes.

Los trabajadores deberán cumplir los siguientes requisitos:

- Tener acreditada la condición de víctima de violencia de género, de violencias sexuales o de trata de seres humanos, de explotación sexual o laboral, y mujeres en contextos de prostitución, sin que sea necesaria la condición de estar en desempleo.
- No tener relación de parentesco por consanguinidad o afinidad hasta el segundo grado inclusive con el empresario.

- No haber estado vinculado a la empresa con contratos de duración determinada o formativos en los últimos seis meses o mediante contratos indefinidos, en los doce meses anteriores al alta.
- Que el trabajador no haya finalizado su relación laboral de carácter indefinido en un plazo de tres meses previos a la formalización del contrato, salvo excepciones.

Para que las empresas puedan aplicar las bonificaciones que se muestran a continuación, deberán cumplir los siguientes requisitos:

- Hallarse al corriente en el cumplimiento de sus obligaciones tributarias y frente a la Seguridad Social.
- No haber sido excluida del acceso a los beneficios derivados de la aplicación de los programas de empleo según lo previsto en el artículo 46 y 46 bis del R. D. Legislativo 5/2000.
- No haber sido inhabilitado ni para obtener subvenciones y ayudas públicas, ni para beneficiarse de incentivos fiscales o de la Seguridad Social.
- Tener un plan de igualdad, en el caso de las empresas obligadas a ello.

Las empresas que hayan realizado despidos improcedentes o colectivos de contratos bonificados quedan excluidas de estos incentivos durante doce meses.

Además, las empresas que celebren contratos indefinidos, deben incorporar a este colectivo como socios trabajadores, siempre que la entidad elija un régimen de Seguridad Social propio de trabajadores por cuenta ajena, así como los autónomos que contraten a trabajadores incluidos en este colectivo.

Dichas empresas tienen derecho a la aplicación **durante 4 años** de una bonificación mensual de **128 €** en la cuota empresarial a la cotización de la Seguridad Social, por cada contrato formalizado.

Esta misma bonificación es aplicable a los **contratos indefinidos de las personas víctimas de terrorismo** y que así lo acrediten.

4.2. Trabajadores en situación de exclusión social

Los contratos pueden realizarse con carácter indefinido (incluida su modalidad fijo discontinuo), ya sea a jornada completa o parcial, y se deberán realizar por escrito, para su posterior comunicación al SEPE en el plazo de los 10 días siguientes.

En la contratación por empresas de inserción, también se pueden celebrar contratos temporales a jornada parcial o completa y contratos temporales de fomento de empleo.

Los requisitos que debe cumplir el trabajador son:

- Estar en situación de desempleo e inscrito en los servicios públicos de empleo como demandante.
- Encontrarse en situación de exclusión social y estar acreditada por los servicios sociales públicos competentes. Se encuentran en situación de exclusión social:

  - Las personas que perciben rentas mínimas de inserción o similares, así como los miembros de la unidad familiar que se beneficien de ellas.
  - Las personas que no puedan acceder a las prestaciones, bien porque no cuentan con el tiempo requerido de residencia o empadronamiento, o bien porque han agotado el periodo máximo de percepción.
  - Jóvenes (entre 18 y 30 años) que están en instituciones de protección de menores.
  - Personas en rehabilitación o reinserción social por problemas de drogas o alcohol.
  - Internos en centros penitenciarios o menores internos cuya situación les posibilite el acceso a un empleo.
  - Personas de los centros de alojamiento alternativo, y procedentes de servicios de prevención e inserción social de las CC. AA. y Ceuta y Melilla.

- No tener con el empresario relación de parentesco por consanguinidad o afinidad hasta el segundo grado.
- No haber estado vinculado a la empresa 2 años antes con un contrato indefinido o 6 meses con un contrato temporal, formativo, de relevo o de sustitución por jubilación.
- No haber finalizado una relación laboral indefinida tres meses antes de la formalización del contrato, salvo si el despido ha sido declarado improcedente o es un despido colectivo.

Los requisitos que debe cumplir la empresa, si el contrato es indefinido, son:

- Estar al corriente de sus obligaciones tributarias y de la Seguridad Social.
- No haber sido excluida del acceso a los beneficios derivados de los programas de empleo.

Las empresas de inserción que contraten personas en situación de exclusión social, además de los requisitos anteriores, deben cumplir los siguientes:

- Ser una sociedad mercantil o cooperativa calificada como empresa de inserción.
- Estar promovida y participada (51 % capital social o según los límites de la normativa) por entidades promotoras, cuyo objeto social sea la inserción social de personas desfavorecidas.
- Estar inscrita en el registro general y en el Registro Administrativo de Empresas de Inserción de la Comunidad Autónoma.
- Mantener como mínimo el 30 % de trabajadores/as en proceso de inserción durante los 3 primeros años y el 50 % de la plantilla a partir del cuarto.
- No realizar actividades económicas distintas a las de su objeto social.
- Aplicar, como mínimo, el 80 % del excedente en mejoras estructurales.
- Disponer de los medios necesarios para el cumplimiento de los compromisos en materia de inserción sociolaboral.
- Presentar anualmente un Balance Social.

Las **bonificaciones en la cuota empresarial a la Seguridad Social** por cada contrato formalizado son, según las circunstancias indicadas, las siguientes:

		Importe mensual	Duración
Empresas en general		128 €	4 años
Personas procedentes de una empresa de inserción[1]		147 €	1.er año
		120 €	Del 2.º al 4.º año
Empresas de inserción	En general	70,83 €	3 años (contrato indefinido) Toda la vigencia (contrato temporal)
	menor 30 años o menor 35 años (con discapacidad[2])	147 €	

[1] Para que sea aplicable esta bonificación es necesario que la persona trabajadora haya finalizado el contrato con la empresa de inserción un año antes, que no haya trabajado para otra empresa durante más de treinta días desde el cese en la empresa de inserción y que la empresa contratante no tenga la condición de empresa de inserción o centro especial de empleo.

[2] El grado de discapacidad debe ser igual o superior al 33 %.

Las empresas que hayan realizado despidos improcedentes o despidos colectivos de contratos bonificados quedan excluidas de estos incentivos durante doce meses.

4.3. Trabajadores con discapacidad

Se podrá celebrar un contrato temporal o indefinido, ya sea a jornada completa o parcial, y se deberá realizar por escrito, para su posterior comunicación al SEPE en el plazo de los 10 días siguientes. En los supuestos de contratación temporal la duración de los mismos podrá ir desde doce meses hasta tres años y sus prórrogas no podrán ser inferior a doce meses.

Los trabajadores deberán cumplir los siguientes requisitos:

- Tener reconocido por el Organismo competente una discapacidad con un grado igual o superior al 33 %, o ser pensionistas de la Seguridad Social con una pensión de incapacidad permanente en el grado de total, absoluta o gran invalidez, o pensionistas de clases pasivas con una pensión de jubilación o de retiro por incapacidad permanente para el servicio o inutilidad.
- Estar inscrito en el Servicio Público de Empleo.
- No haber estado vinculado a la empresa o grupo de empresas con contratos indefinidos en los veinticuatro meses anteriores.

- Que el trabajador no haya finalizado su relación laboral de carácter indefinido en un plazo de tres meses previos a la formalización del contrato, salvo excepciones.

Las empresas que formalicen contratos indefinidos deben cumplir los siguientes requisitos:

- No haber sido excluida del acceso a los beneficios de los programas de empleo por haber cometido infracciones muy graves.
- Hallarse al corriente en el cumplimiento de sus obligaciones tributarias y frente a la Seguridad Social.

Las empresas que hayan extinguido o extingan, por despido declarado improcedente o por despido colectivo, contratos bonificados, quedarán excluidas por un período de doce meses de las ayudas contempladas.

Por la celebración de un contrato indefinido o temporal, las empresas tendrán derecho a la aplicación de una deducción de la cuota íntegra del Impuesto de Sociedades en la cuantía de 9.000 o 12.000 euros por cada persona/año de incremento del promedio de la plantilla de trabajadores con discapacidad igual o superior al 33 % o 65 % respectivamente, respecto a la plantilla media de trabajadores con discapacidad del ejercicio inmediatamente anterior con dicho tipo de contrato.

BONIFICACIONES				
Contratos Indefinidos y conversión[1] (art. 2.2.2, 2.2.3 Ley 43/2006)				
Discapacidad	Menores de 45 años		Personas mayores de 45 años (art. 2.2.3)	Duración
	Hombres	Mujeres		
Discapacidad no severa	4.500	5.350	5.700	Toda la vigencia del contrato
Discapacidad severa [2]	5.100	5.950	6.300	
Capacidad intelectual límite[3]	1.536			4 años

Continúa en página siguiente >>

<< Viene de página anterior

BONIFICACIONES					
Contratos temporales de fomento de empleo (art. 2.2.4 Ley 43/2006)					
Discapacidad	**Hombres**		**Mujeres**		**Duración**
	Menores de 45 años	Mayores de 45 años	Menores de 45 años	Mayores de 45 años	
Discapacidad no severa	3.500	4.100	4.100	4.700	Toda la vigencia del contrato
Discapacidad severa [2]	4.100	4.700	4.700	5.300	

[1] *Conversión de contratos temporales de fomento de empleo o formativos.*

[2] *Parálisis cerebral, enfermedad mental, personas con discapacidad Intelectual, física o sensorial ≥ 65 %.*

[3] *Como mínimo un 20 % de discapacidad intelectual, sin alcanzar el 33 % (art. 2 Real Decreto 368/2021, de 25 de mayo).*

Como medidas para fomentar la contratación indefinida de las personas con discapacidad y su paso de los centros especiales de empleo al mercado ordinario, se pueden solicitar un conjunto de **subvenciones:**

Tipo de contrato	A quién va dirigido		Importe
Indefinido a tiempo completo[2]	En general		5.500 €[1]
	Mujeres, mayores de 45 años o que pertenezcan a otro colectivo vulnerable según SEPE		6.000 €
	Personas trabajadoras con discapacidad con dificultades de acceso al mercado de trabajo[3]	General	7.000 €
		Mujeres o mayores de 45 años o pertenecientes a otro colectivo vulnerable según SEPE	7.500 €

[1] *También se aplica a los contratos de conversión.*

[2] *El importe de estas subvenciones se aumenta en 2.000 € cuando el contrato sea celebrado por autónomos, cooperativas o sociedades laborales que contraten a su primera persona trabajadora.*

[3] *Parálisis cerebral, trastorno de la salud mental, discapacidad intelectual, trastorno del espectro autista, grado de discapacidad reconocido igual o superior al 33 % por ciento y personas con discapacidad física o sensorial con un grado reconocido igual o superior al 65 %.*

Las empresas calificadas como **Centro Especial de Empleo,** que contraten personas con discapacidad con un contrato indefinido o temporal tendrán derecho a la aplicación durante toda la vigencia del contrato de una deducción del 100 %

de las cuotas empresariales a la Seguridad Social, incluidas las de accidentes de trabajo y enfermedad profesional y las cuotas de recaudación conjunta.

En el caso de la celebración de **contratos formativos** la bonificación será del 50 % de la cuota empresarial a la Seguridad Social por contingencias comunes, durante toda la vigencia del contrato.

4.4. Transformación en indefinidos de contratos formativos y de relevo

Aquellas empresas que transformen en indefinidos los contratos de relevo, tienen derecho a una bonificación en la cuota empresarial a la Seguridad Social, durante 3 años, de:

- Hombres: 55 €/mes (660 €/año).
- Mujeres: 73 €/mes (876 €/año).

En el caso de la conversión en indefinidos de los contratos de formación en alternancia y de formación para la práctica profesional, la bonificación en la cuota empresarial a la Seguridad Social durante 3 años será de:

- Hombres: 128 €/mes (1.536 €/año).
- Mujeres: 147 €/mes (1.764 €/año).

Las empresas usuarias que tengan contratado un trabajador con un contrato de formación en alternancia o para la obtención de la práctica profesional de puesta a disposición de una ETT, y llegada la fecha fin del mismo, tendrán derecho a concertar con dicho trabajador un contrato de trabajo bonificado por tiempo indefinido, con las anteriores bonificaciones.

Para ellos los trabajadores deberán cumplir los siguientes requisitos:

- El contrato que se vaya a transformar deberá estar suscrito y en vigor.
- No tener relación de parentesco por consanguinidad o afinidad hasta el segundo grado inclusive con el empresario, salvo excepciones.

Para aplicar las citadas bonificaciones, las empresas (incluidos autónomos, sociedades laborales o cooperativas) deberán cumplir los siguientes requisitos:

- Encontrarse al corriente de las obligaciones tributarias y de Seguridad social.
- No haber sido excluida del acceso a los beneficios de los programas de empleo por haber cometido infracciones muy graves.

4.5. Personas desempleadas de larga duración

El contrato se puede concertar por tiempo indefinido, ya sea a jornada completa o parcial, y se deberá realizar por escrito, para su posterior comunicación al SEPE en el plazo de los 10 días siguientes.

Los requisitos que debe cumplir el candidato son:

- Estar desempleado.
- Llevar inscrito en la oficina de empleo como mínimo doce meses dentro de los dieciocho meses anteriores a la celebración del contrato.

El único requisito que debe cumplir la empresa es que debe mantener empleada a la persona trabajadora durante 3 años como mínimo.

La bonificación en la cuota empresarial a la Seguridad Social que se puede aplicar la empresa es de 1.320 €/año en el caso de los hombres menores de 45 años y 1.536 €/año, para las mujeres y hombres mayores de 45 años. En el caso de ser a jornada parcial, estos importes se reducirán de forma proporcional a la jornada de trabajo concertada.

5. El proceso de contratación

Se han visto los elementos del contrato de trabajo y su diferente tipología. Ahora es el momento de conocer cuáles son las tareas y los trámites relacionados con la formalización del contrato, los documentos asociados a estas y los organismos implicados.

Tarea/Trámite	Organismo	Descripción
Elección de la modalidad de contratación	Empresa	Debe elegirse la modalidad de contratación más adecuada en función de las necesidades de la empresa (perfil profesional, perspectivas de futuro...) y de las ventajas de cada tipo de contrato (bonificaciones, subvenciones...).
Redacción del contrato	Empresa	El contrato se debe formalizar por escrito y para ello se utilizará el pdf editable que la página Web del SEPE pone a disposición de las empresas. Es necesario incluir los datos de la empresa y de la persona que la representa, los datos del centro de trabajo, los datos del trabajador, el puesto de trabajo, grupo profesional, la jornada, el horario, la duración de las vacaciones, la retribución y la duración del contrato.
Entrega de la copia básica del contrato	Representantes de los trabajadores	El empresario debe comunicar la contratación a los representantes de los trabajadores mediante una copia básica que contendrá los principales datos del contrato y del trabajador. No constarán aquellos que afectan a la intimidad de éste (domicilio, estado civil, teléfono...).
Comunicación de la contratación	Servicio Público de Empleo Estatal	El empresario tiene un plazo de 10 días para registrar en el SEPE todos los contratos que se formalicen por escrito.
Afiliación y alta	Seguridad Social	El empresario debe presentar la solicitud de alta de trabajador en la Seguridad Social antes de que este comience la prestación laboral. Además, si un trabajador es contratado por primera vez, el empresario debe afiliarlo a la Seguridad Social.

Para tener una información actualizada sobre la gestión de la contratación es conveniente consultar la información disponible en los organismos oficiales, así como sus respectivas páginas web.

 Aplicación práctica

La empresa "Blanypa S. A." decide contratar a María Ruiz López como contable mediante un contrato de trabajo a jornada completa ¿Dónde y cómo puede obtener el modelo de contrato?

Continúa en página siguiente >>

<< Viene de página anterior

SOLUCIÓN

El modelo de contrato elegido por la empresa "Blanypa S. A." lo puede obtener en la página web del SEPE. En ella encontrará el pdf correspondiente para cumplimentarlo y poderlo presentar en el organismo.

6. Resumen

El **contrato de trabajo** es el acuerdo entre dos personas, por el que una de ellas, el trabajador, se compromete a prestar determinados servicios bajo la dirección de otra, el empresario, recibiendo a cambio una remuneración garantizada ajena a los riesgos de la empresa. Sus **elementos** son consentimiento, objeto y causa.

Las partes que intervienen en un contrato de trabajo son el trabajador y el empresario, debiendo tener ambos capacidad para contratar. La norma laboral establece una serie de limitaciones para ambas partes. Otros dos elementos que se incluyen en el contrato son la forma de celebrarlo (escrito u oral) y su contenido.

Los contratos pueden ser **indefinidos o temporales** según su duración, y **a tiempo completo o a tiempo parcial** según la jornada laboral realizada. Esta clasificación se combina entre ella, ya que un contrato de duración indefinido o temporal se puede realizar tanto a tiempo completo como a tiempo parcial.

La clasificación de los contratos de trabajo son:

Contratos de duración determinada	Por circunstancias de la producción	Por aumento eventual e imprevisible de la actividad
		Por situaciones eventuales, probables y de duración limitada
	Por sustitución de una persona trabajadora	
	Encadenamiento de contratos temporales	
Formativos	Para la obtención de la práctica profesional	
	En alternancia	
Contratos de duración indefinida	Ordinario	
	Fijo-discontinuo	

El contrato de **trabajo a distancia** es aquel en el que la prestación de la actividad laboral se realiza en el domicilio del trabajador, o en el lugar elegido libremente por este, durante toda o parte de la jornada laboral y con carácter regular.

Las cláusulas de fomento de empleo en los contratos laborales dan lugar a beneficios para la empresa, en forma de bonificaciones en la seguridad social o como incentivos fiscales. Entre los colectivos a los que se les puede aplicar están los que se encuentran en situación de exclusión social, los discapacitados, las víctimas de violencia de género, etc.

La contratación es un proceso que consta de varias fases.

Ejercicios de repaso y autoevaluación

1. Enumere los elementos esenciales del contrato de trabajo y cite las características.

_____
_____
_____
_____

2. Una empresa quiere contratar a un obrero magrebí y a otro alemán. Razone si puede contratar libremente.

_____
_____
_____
_____

3. Anselmo Miranda (30 años) firma un contrato con "Contruct S. L.", para que, a cambio del salario establecido en el convenio, trabaje durante 2 meses, 40 h semanales como albañil, oficial de primera. Se fija un período de prueba de 1 mes. Identifique, enumere y analice los elementos del contrato.

_____
_____
_____
_____

4. Enumere las distintas modalidades de contratos de duración determinada.

_____
_____
_____
_____

5. ¿Se le podría realizar un contrato para la obtención de la práctica profesional a un chico que ha cursado y obtenido el titulo de bachillerato?

6. Si una persona trabajadora finaliza su contrato formativo y continúa en la empresa, ¿qué caracteriza a su período de prueba y antigüedad?

7. Cite 3 colectivos de trabajadores a los que se pueda realizar un contrato indefinido con bonificación.

8. Si un trabajador es contratado por primera vez, además de la formalización del contrato, ¿qué trámite habría que realizar previamente?

La suspensión y extinción de la relación laboral

Contenido

1. Introducción

Toda relación laboral es susceptible de llegar a su fin, ya sea esta temporal o indefinida. Pueden existir circunstancias personales que obliguen al trabajador a abandonar su puesto de trabajo, de forma temporal o indefinida; e incluso puede ser que la relación laboral se termine por decisión unilateral del empresario.

Los supuestos de suspensión y extinción de la relación laboral están recogidos en las normas laborales principales, Estatuto de los trabajadores y Ley de la Seguridad Social, aunque también se legisla normativa complementaria a ellas.

2. Las modificaciones del contrato de trabajo

Durante la vigencia del contrato pueden ocurrir determinadas circunstancias que modifiquen o alteren las condiciones inicialmente acordadas por el trabajador.

Normalmente, es el empresario el que, unilateralmente, procede a la modificación del contrato de trabajo. Esta facultad está reconocida en el Estatuto de los Trabajadores, pero el empresario debe justificar su decisión en causas económicas, técnicas, organizativas o productivas.

Las modificaciones del contrato de trabajo pueden ser de 3 tipos:

- Movilidad funcional.
- Movilidad geográfica.
- Modificación sustancial de las condiciones de trabajo.

2.1. La movilidad funcional

La movilidad funcional hace referencia a la facultad del empresario para introducir cambios en las funciones del trabajador, sin el consentimiento de este y asignándole tareas pertenecientes a otros grupos profesionales o encomendándole tareas diferentes del puesto de trabajo que ocupa, etc.

? **Sabía que...**

El art. 22 del ET en el cual se establece que el sistema de clasificación profesional vendrá determinado exclusivamente por grupos profesionales, eliminándose con ello el término de categoría profesional.

El grupo profesional se puede definir como la agrupación de aptitudes profesionales, titulaciones y contenido general de la prestación, y podrá incluir diferentes tareas, funciones, responsabilidades... asignadas al trabajador.

La movilidad funcional se llevará a cabo atendiendo a las titulaciones académicas o profesionales precisas para ejercer la prestación laboral y con respeto a la dignidad del trabajador. Por lo tanto, se suprimen los límites establecidos por los grupos profesionales.

El empresario podrá encomendar al trabajador funciones inferiores o superiores al grupo profesional del mismo, siempre y cuando existan razones técnicas u organizativas que la justifiquen y por el tiempo imprescindible para su atención.

Ante un proceso de cambio de funciones de un trabajador, el empresario deberá comunicar a los representantes de los trabajadores su decisión y las razones que le conllevan a tomarla.

Aquellos supuestos de movilidad funcional donde se asignen funciones superiores a la del grupo profesional, el trabajador tendrá derecho a percibir la diferencia salarial de ser mayor a su retribución. Y si los cambios de funciones conllevan una duración mayor de 6 meses durante 1 año u 8 meses durante 2 años, el trabajador podrá reclamar el ascenso.

Sin embargo, en aquellos supuestos de asignación de funciones inferiores al grupo profesional, el trabajador mantendrá su retribución de origen.

Normativa

Art. 39 del ET.

2.2. La movilidad geográfica

Hace referencia al cambio del lugar geográfico en el que habitualmente presta sus servicios el trabajador, y que, con frecuencia, le obliga a cambiar de residencia.

El empresario por la existencia de razones económicas, técnicas, organizativas o de producción, podrá requerir a sus trabajadores un desplazamiento temporal o un traslado a un centro de trabajo distinto de la misma empresa, exigiéndose un cambio en su residencia habitual. Dichas razones concurren cuando afecten a la competitividad, productividad u organización técnica o del trabajo en la empresa, así como las contrataciones referidas a la actividad empresarial.

En la movilidad geográfica se puede distinguir entre:

- **Traslado:** supone el destino del trabajador con carácter permanente a otro centro de trabajo para seguir prestando sus servicios. De esta manera, el trabajador suele cambiar de residencia definitivamente. Se hace referencia al traslado, por ejemplo, en el caso de un trabajador que cambia de centro de trabajo y de población por ajustes en la plantilla (puede ser un ascenso) por un período indefinido.
- **Desplazamiento:** supone el destino del trabajador con carácter temporal a otro centro de trabajo distinto para prestar sus servicios. Es decir, el cambio de centro de trabajo (incluso de población) es temporal, ni definitivo, ni indefinido.

El procedimiento a seguir para llevar a cabo un traslado dependerá de si se trata de un traslado individual o colectivo.

Traslado individual

Se estará ante un traslado individual cuando el número de afectados sea:

1. Los que afectan a la totalidad del centro de trabajo si emplea de 1 a 5 trabajadores.
2. Los que afecten a un número de trabajadores que no alcance el umbral que configura el traslado colectivo.

En este tipo de traslado y sin ninguna otra exigencia, el empresario deberá notificar su decisión al trabajador afectado y a sus representantes legales con una antelación mínima de 30 días a la fecha de su efectividad. Finalizado dicho plazo, el trabajador deberá comenzar a prestar servicios en el nuevo centro de trabajo.

El trabajador afectado por el traslado, podrá:

- **Aceptar el traslado,** por lo que tendrá derecho a percibir una compensación por los gastos, propios y de los familiares a cargo.
- **Extinguir la relación laboral,** percibiendo una indemnización de 20 días por año de servicio, prorrateándose por meses los períodos de tiempo inferiores a 1 año, y con un máximo de 12 mensualidades.
- **Impugnar el traslado ante el Juzgado de lo social,** con independencia de que el trabajador se encuentre prestando sus servicios en el nuevo centro de trabajo.

 Nota

En materia de traslado se introducen los siguientes matices:

I Las personas trabajadoras consideradas víctimas de violencia de género, sexual o del terrorismo que se vean obligadas a abandonar el puesto de trabajo en la localidad donde venían prestando sus servicios, tendrán derecho preferente a ocupar otro puesto de trabajo, del mismo grupo profesional o equivalente, que la empresa tenga vacante en cualquier otro de sus centros de trabajo.

Continúa en página siguiente >>

<< Viene de página anterior

I Los trabajadores con discapacidad que acrediten la necesidad de recibir fuera de su localidad un tratamiento de rehabilitación, físico o psicológico relacionado con su discapacidad, tendrán derecho preferente a ocupar otro puesto de trabajo, del mismo grupo profesional, que la empresa tuviera vacante en otro de sus centros de trabajo en una localidad en que sea más accesible dicho tratamiento.

Traslado colectivo

Se estará ante un traslado colectivo cuando el número de afectados sea:

- La totalidad de la plantilla del centro de trabajo, siempre que este ocupe a más de 5 trabajadores.
- Cuando sin afectar a la totalidad del centro de trabajo, en un período de 90 días comprendan a un número de trabajadores de, al menos:

    I 10 trabajadores en las empresas de menos de 100 trabajadores.
    I El 10 % del número de trabajadores en empresas que ocupen entre 100 y 300 trabajadores.
    I 30 trabajadores en las empresas que tengan más de 300 trabajadores.

El proceso de traslado colectivo deberá ir precedido de un periodo de consulta con los representantes de los trabajadores cuya duración no podrá ser superior a 15 días.

La consulta se llevará a cabo en una única comisión negociadora, que estará constituida por un máximo de trece miembros en representación de cada una de las partes. La intervención como interlocutores ante la dirección de la empresa en el procedimiento de consultas corresponderá a los sujetos indicados en el artículo 41.4, en el orden y condiciones señaladas en el mismo. Dicha comisión deberá quedar constituida con carácter previo a la comunicación empresarial de inicio del procedimiento de consultas.

Durante dicho periodo de consulta, ambas partes deberán negociar de buena fe y estudiarán las causas que motivan dichos traslados y la posibilidad de evitar o reducir sus efectos, así como establecer medidas para atenuar las consecuencias a los trabajadores afectados. Dicho periodo de negociación tendrá el objetivo de alcanzar un acuerdo, el cual requerirá la conformidad de la mayoría de los representantes legales de los trabajadores o, en su caso, de la mayoría de los miembros de la comisión representativa de los trabajadores.

Se pondrá en conocimiento de la autoridad laboral, la apertura del periodo de consultas y las posiciones de las partes tras su finalización.

Una vez finalizado dicho periodo de consultas, con o sin acuerdo, el empresario deberá comunicar a los trabajadores su decisión de traslado, con al menos 30 días de antelación a la fecha de efectividad del mismo.

Ante la decisión de traslado, los trabajadores podrán optar por cualquiera de las siguientes medidas establecidas y reguladas en el art. 40 del ET:

- De forma individual podrá acogerse a cualquiera de las opciones establecidas para el traslado individual ya estudiado con anterioridad (es decir, aceptar el traslado, extinguir la relación laboral o impugnar el traslado).
- Interposición de un conflicto colectivo que paraliza la acción individual, hasta su resolución.

 **Normativa**

Art. 40.1, 2, 4 y 5; y art. 41.4 del ET.

2.3. La modificación sustancial de las condiciones de trabajo

Esta modificación consiste en la alteración de las condiciones laborales que afectan al trabajador.

Las condiciones de trabajo que suelen ser modificadas con frecuencia son la jornada de trabajo, el horario y distribución del tiempo de trabajo, el sistema de remuneración, los turnos de trabajo y el sistema de trabajo. También podrá ser objeto de modificación la **cuantía salarial.**

Las empresas por la existencia de razones económicas, técnicas, organizativas o de producción, podrán acordar llevar a cabo modificaciones sustanciales de las condiciones de trabajo, siempre y cuando dichas razones afecten a la competitividad, productividad u organización técnica o del trabajo en la empresa, así como las contrataciones referidas a la actividad empresarial.

 Sabía que...

Según el artículo 34.2 del ET, las empresas podrán distribuir de manera irregular a lo largo del año un 10 % de la jornada de trabajo.

Para ello el trabajador deberá conocer con un preaviso mínimo de 5 días, el día y la hora de la prestación de trabajo resultante de aquella.

El procedimiento para la modificación de las condiciones de trabajo dependerá de si se trata de una modificación individual, colectiva o modificaciones de las condiciones establecidas en los Convenios colectivos.

Modificación colectiva de las condiciones de trabajo

Tendrán la consideración de modificaciones sustanciales de carácter colectivo aquellas modificaciones que en un periodo de 90 días afecte al menos a:

- 10 trabajadores en las empresas de menos de 100 trabajadores.
- El 10 % del número de trabajadores en empresas que ocupen entre 100 y 300 trabajadores.
- 30 trabajadores en las empresas que tengan más de 300 trabajadores.

El proceso de modificación sustancial de condiciones laborales de carácter colectivo deberá ir precedido de un período de consultas con los representantes legales de los trabajadores cuya duración no podrá ser superior a 15 días. En dicho proceso de consulta se estudiarán las causas que originan dicha decisión empresarial y se deberá negociar de buena fe y con la voluntad, por ambas partes, de alcanzar un acuerdo.

Al igual que en los traslados colectivos, la consulta se llevará a cabo en una única comisión negociadora, integrada por un máximo de trece miembros en representación de cada una de las partes, en el plazo de 7 días antes del inicio del periodo de consulta.

La intervención como interlocutores ante la dirección de la empresa en dicho procedimiento corresponderá a las secciones sindicales cuando estas así lo acuerden, siempre que tengan la representación mayoritaria en los comités de empresa o entre los delegados de personal de los centros de trabajo afectados. En defecto de lo previsto en el párrafo anterior, la intervención como interlocutores se regirá por las reglas recogidas en el art. 41.4 a) y b) del ET.

A los acuerdos que se lleguen en dicha comisión necesitará de una mayoría favorable de sus miembros para su aprobación.

Finalizado el periodo de consultas **con acuerdo,** se presupone que se han producido las causas justificativas que dan lugar a la adopción de la medida y solo podrá ser impugnado ante la jurisdicción competente por la existencia de fraude, dolo, coacción o abuso de derecho en su conclusión. Ante ello, los trabajadores que resultasen perjudicados por la modificación de las condiciones de trabajo, podrán ejercitar su derecho a la rescisión del contrato percibiendo una indemnización de 20 días de salario por año de servicio prorrateándose por meses los períodos inferiores a 1 año y con un máximo de 9 meses.

Aquellos procesos cuyo periodo de consultas finaliza **sin acuerdo,** el empresario notificará a los trabajadores su decisión final y sus efectos surtirán en el plazo de los 7 días siguientes. Ante dicha decisión empresarial, los trabajadores podrán reclamar en conflicto colectivo, paralizando este la tramitación de las acciones individuales iniciadas con anterioridad hasta su resolución.

 Normativa

Art. 41.1, 2, 4 y 5 del ET.

Modificación individual de las condiciones de trabajo

Tendrán la consideración de modificaciones sustanciales de carácter individual aquellas que, en el periodo de referencia de 90 días, no alcance los umbrales señalados para las modificaciones colectivas.

En estos supuestos, la **única exigencia** a la empresa será la obligatoriedad de notificar dichas modificaciones al trabajador o trabajadores afectados y a sus representantes legales con una antelación mínima de 15 días a la fecha de su efectividad.

La notificación deberá ser por escrito e incluirá las modificaciones que se llevarán a cabo, así como la enumeración de las causas que conllevan la adopción de las mismas, como medio para que el trabajador pueda valorar la justificación y adecuación de la decisión adoptada por la empresa.

Finalizado el plazo la notificación es ejecutiva, quedando el trabajador obligado a desarrollar su actividad laboral con las nuevas condiciones.

Ante las modificaciones sustanciales de las condiciones de trabajo el trabajador podrá optar por:

- **Acatar** la decisión empresarial.
- Cuando las modificaciones de las condiciones de trabajo resultasen perjudiciales para el trabajador tendrá derecho a **rescindir su contrato** y percibir una indemnización de 20 días de salario por año de servicio prorrateándose por meses los períodos inferiores a 1 año y con un máximo de 9 meses. Dichas modificaciones podrán afectar a: jornada de trabajo,

horario y distribución del tiempo de trabajo, régimen de trabajo a turnos, al sistema de remuneración y cuantía salarial, así como a las funciones.

■ Llegado el momento de aplicación de dichas modificaciones y el trabajador no hubiera optado por rescindir su contrato y no estuviera de acuerdo con las mismas, podrá **impugnar dicha decisión ante la jurisdicción social,** con el objetivo de que dicha modificación sea declarada injustificada y el empresario se vea obligado a reponer al trabajador a sus anteriores condiciones.

 ## Aplicación práctica

Si el salario anual de un trabajador es de 7.920 € y ha trabajado en la empresa durante 13 años y tras la notificación empresarial de modificar determinadas condiciones de trabajo, el trabajador opta por rescindir la relación laboral ¿Cuál será la indemnización a percibir?

SOLUCIÓN

▮ Salario diario = 7.920/365 = 21,70 €/día.
▮ Días de indemnización: 13 años x 365 días = 4.745 días

Si a 365 días → 20 días de indemnización

a 4.745 días → x días de indemnización.

X = (4.745 x 20) /365 = 260 días de indemnización.

21,70 €/día x 260 días = 5.642 € de indemnización.

(Se debe recodar que el máximo de indemnización es 9 meses = 270 días).

 **Normativa**

Art. 41.2 y 3 del ET.

Modificación de las condiciones establecidas por convenio colectivo

Los Convenios colectivos de sector o empresa vienen regulando las condiciones de trabajo y salariales para aquellos trabajadores incluidos dentro de un sector productivo o de una empresa.

Actualmente las empresas no solo podrán inaplicar el régimen salarial sino que también podrán inaplicar las condiciones de trabajo previstas en el convenio colectivo de aplicación, ya sean de sector o de empresa y que afecten a las materias de jornada de trabajo, horario y la distribución del tiempo de trabajo, régimen de trabajo a turnos, sistema de remuneración y cuantía salarial, sistema de trabajo y rendimiento, funciones, cuando excedan de los límites que para la movilidad funcional prevé el art. 39 del ET y mejoras voluntarias de la acción protectora de la Seguridad Social.

Para llevar a cabo dicha inaplicación la empresa tendrá que alegar causas económicas, técnicas, organizativas o de producción.

La inaplicación de alguna de las condiciones laborales enumeradas, se deberá iniciar con un **periodo de consulta** con los representantes de los trabajadores cuyo periodo no podrá exceder de **15 días de duración.** La intervención como interlocutores ante la dirección de la empresa en el procedimiento de consultas corresponderá a los sujetos indicados en el art. 41.4 del ET.

Si en el proceso de consultas las partes llegan a un **acuerdo** de inaplicación, deberán determinar con exactitud las nuevas condiciones de trabajo aplicables a los trabajadores y su duración, la cual será como máximo hasta la entrada en vigor del nuevo convenio.

Finalizado el periodo de consultas con **desacuerdo,** cualquiera de las partes podrá someter la discrepancia a la Comisión Paritaria del Convenio, la cual dispondrá de un plazo de 7 días para pronunciarse. Si no se hubiera solicitado la intervención de la comisión o esta no llegara a un acuerdo, las partes podrán acudir a lo establecido en los acuerdos interprofesionales de ámbito estatal o autonómico (previsto en el art. 83 del ET), los cuales regularán los procedimientos de aplicación, general, así como el compromiso previo de someterse a un arbitraje vinculante, cuyo laudo arbitral tendrá la misma eficacia que los acuerdos en periodo de consultas y solo será recurrible por vía del art. 91 del ET.

Finalizado el periodo de consulta sin acuerdo y no fueran aplicables los procedimientos citados y no hubieran solucionado la discrepancia, cualquiera de las partes podrán solicitar la solución de la discrepancia a:

- La Comisión Consultiva Nacional de Convenios Colectivos, cuando la inaplicación afecte a diversos centros de trabajo localizados en diferentes comunidades autónomas.
- A los órganos correspondientes de la comunidad autónoma, cuando la inaplicación afecte a centros de trabajo pertenecientes a la misma comunidad autónoma.

Estos órganos dispondrán de un plazo no superior a 25 días para la toma de una decisión que podrá ser adoptada en su propio seno o por un árbitro designado por estos. Dicha decisión tendrá la eficacia de acuerdos alcanzados durante el periodo de consultas y solo será recurrible por vía del art. 91 del ET.

El resultado de los procedimientos citados que den lugar a la inaplicación de condiciones de trabajo deberá ser comunicado a la autoridad laboral a efectos de depósito.

 **Normativa**

Art. 82.3 y DA 9ª del ET.

3. La suspensión del contrato de trabajo

La **suspensión del contrato de trabajo** es una situación en la que, de forma temporal, el trabajador no tiene la obligación de trabajar ni el empresario de abonarle su salario, permaneciendo en vigor la relación laboral. Para ello, es necesaria una causa que justifique la interrupción temporal de los efectos del contrato.

No se debe olvidar que el trabajador pierde su salario y no trabaja, pero tiene derecho a volver a su puesto en las mismas condiciones anteriores, cuando desaparece la causa que motivó la suspensión.

Las causas de suspensión se regulan en el Estatuto de los Trabajadores. Generalmente las causas más comunes son las siguientes:

- Mutuo acuerdo de las partes. Si el trabajador recibe de otra empresa una oferta que mejora sus expectativas, puede suspender su contrato, después de comunicarlo debidamente a la empresa donde trabaja.
- Incapacidad temporal de los trabajadores. La incapacidad temporal puede darse por accidente o enfermedad.
- Excedencia forzosa.
- Ejercicio del derecho de huelga.
- Nacimiento, adopción, guarda con fines de adopción o acogimiento.
- Riesgo durante el embarazo y riesgo durante la lactancia natural de un menor de nueve meses.
- Ejercicio de un cargo representativo, como alcalde, diputado, etc.
- Las consignadas válidamente en el contrato.
- Suspensión de empleo y sueldo, por razones disciplinarias.
- Fuerza mayor temporal o causas económicas, técnicas, organizativas o de producción.
- Cierre legal de la empresa.
- Privación de libertad del trabajador.
- Cuando la trabajadora esté obligada a abandonar su puesto de trabajo por ser víctima de violencia de género o de violencia sexual.
- Disfrute del permiso parental.

Además de estas causas recogidas por la ley, el convenio colectivo y el contrato de trabajo pueden prever otras circunstancias que conllevan la suspensión del mismo.

A continuación se van a estudiar algunas de las más importantes o con más relevancia dentro de las relaciones laborales.

3.1. Excedencias

Las excedencias podrán ser forzosas o voluntarias, y los motivos, duración e implicaciones que tienen los 2 tipos de excedencias, se especifican a continuación:

EXCEDENCIA FORZOSA		
Motivo	**Duración**	**Implicaciones**
- Por designación o elección para un cargo público que imposibilite la asistencia al trabajo. - Para ejercer funciones sindicales de ámbito provincial o superior.	Mientras dure el ejercicio del cargo representativo.	- El período de excedencia computa a los efectos de antigüedad. - Reserva del puesto de trabajo.

EXCEDENCIA VOLUNTARIA		
Motivo	**Duración**	**Implicaciones**
Necesidad del trabajador y de forma voluntaria.	- Los trabajadores con una antigüedad en la empresa de al menos un año tienen derecho por un plazo no menor a cuatro meses ni superior a cinco años. - Se puede volver a ejercer este derecho si han transcurrido cuatro años desde el final de la anterior excedencia.	- El período de excedencia no computa a los efectos de antigüedad. - No genera derecho a reserva del puesto de trabajo. Solo tiene derecho preferente sobre las vacantes de igual o similar categoría a la suya que se produjeran en la empresa.

EXCEDENCIA VOLUNTARIA POR EL CUIDADO DE UN FAMILIAR

Motivo	Duración	Implicaciones
- Por cuidado de un hijo, por naturaleza o por adopción, o guarda con fines de adopción, o en los supuestos de acogimiento. - Por cuidado del cónyuge o pareja de hecho, o de un familiar hasta el segundo grado de consanguinidad y afinidad (incluido el de la pareja de hecho), que por razones de edad, accidente o enfermedad no pueda valerse por sí mismo, y no desempeñe actividad retribuida.	- Hijos, hasta 3 años desde su nacimiento o resolución pertinente. - Familiar, cónyuge o pareja de hecho no puede ser superior a dos años.	- Computa a efectos de antigüedad. - Tiene derecho a la asistencia a cursos de Formación Profesional. - Durante el primer año se reserva el puesto de trabajo.

 Aplicación práctica

Carlos Montenegro tiene una antigüedad de 5 años en la empresa, tiene un proyecto empresarial y decide pedir una excedencia para intentar montar un negocio de restauración. La primera cuestión que se debe aclarar es, si tiene derecho a una excedencia y, si es así, al terminar el período de excedencia si tiene derecho a reincorporarse en su puesto de trabajo.

SOLUCIÓN

Al tener una antigüedad en la empresa superior a 1 año, tiene derecho a una excedencia voluntaria de 4 meses como mínimo y de 5 años como máximo. Al terminar este período puede ocupar la vacante de igual o similar categoría a la suya. Si no hay vacante, tiene derecho preferente sobre las que se produzcan, pero no tiene derecho a la reserva de su puesto de trabajo.

 **Normativa**

Art. 46 del ET.

3.2. Reducción de jornada o suspensión del contrato por causas económicas, técnicas, organizativas o de producción o derivadas de fuerza mayor

Los supuestos de reducción de jornada o de suspensión del contrato que tengan carácter temporal y que sean por causas económicas, técnicas, organizativas o de producción temporales, se llevarán a cabo a través del procedimiento establecido de forma reglamentaria y según el art. 47 del ET.

El procedimiento que será de aplicación con independencia del número de trabajadores de la empresa y del número de afectados, será el siguiente:

- La comunicación de la empresa a la autoridad laboral, sin necesidad de autorización administrativa previa, ya sea por suspensión temporal o reducción de jornada (disminución temporal de la jornada de trabajo entre un 10 y 70 %).
- La apertura simultánea de un periodo de consultas con los representantes legales de los trabajadores cuya duración no podrá superar 15 días (inferior o igual a siete días para las empresas de menos de 50 personas en plantilla). La consulta se llevará a cabo en una única comisión negociadora.
- Finalizado el periodo de consulta, el empresario notificará a los trabajadores y a la autoridad laboral su decisión sobre la suspensión de contratos o reducción de jornada y el periodo de aplicación de dichas medidas. A partir de la fecha de esta comunicación será efectiva la decisión de la empresa.

Si el periodo de consultas finaliza en **acuerdo,** se presumirá que concurren las causas justificativas de la suspensión de contratos o reducción de jornada y el período de aplicación de dichas medidas. A partir de la fecha de esta comunicación será efectiva la decisión de la empresa.

El trabajador podrá reclamar ante la jurisdicción social las decisiones anteriores para su calificación como justificada o injustificada. También podrá reclamar aquellas decisiones empresariales que afecten a un número de trabajadores igual o superior a los umbrales previstos para el despido colectivo. En este caso se podrá reclamar en conflicto colectivo. La interposición del conflicto colectivo paralizará las acciones individuales iniciadas.

 Nota

El Real Decreto 1483/2012 regula el reglamento del procedimiento de suspensión de contratos y reducción de jornada en sus artículos 16 hasta el 24.

Cuando concurran causas de fuerza mayor temporales, la empresa también puede aplicar la reducción de jornada o la suspensión de contratos. Previamente se ha tenido que seguir el procedimiento dispuesto en el art. 47 (apartados 5 y 6) y art. 51.7 del ET, además de las disposiciones reglamentarias establecidas.

Las empresas, de forma voluntaria, pueden solicitar a la autoridad laboral la aplicación de medidas de reducción de jornada o suspensión de contratos, a través de la adhesión al instrumento denominado Mecanismo RED. Este se encuentra regulado en el art. 47 bis y en el Real Decreto 608/2023, de 11 de julio.

Las consecuencias que se derivan de la resolución administrativa favorable de un expediente de suspensión temporal, son las siguientes:

■ Se suspende la obligación del trabajador de prestar sus servicios, y el empresario de remunerarlos.

- Exclusión de indemnización.
- La suspensión es compatible con la prestación de servicios en otra empresa.
- Obligación de alta y cotización.
- Situación legal de desempleo.

 **Normativa**

Art. 47 y 47 bis del ET.

4. La extinción del contrato de trabajo y sus causas

La extinción del contrato supone la terminación definitiva del mismo, de manera que el trabajador deja de estar obligado a prestar servicios y el empresario a remunerarlo.

La extinción del contrato laboral es **definitiva,** por el contrario, la suspensión es **temporal.**

La relación laboral se puede extinguir por diferentes causas. El art. 49 del ET establece una relación detallada de las mismas, distinguiéndose entre:

- Mutuo acuerdo de las partes.
- Causas válidas incluidas en el contrato.
- Expiración del tiempo convenido.
- Dimisión del trabajador.
- Jubilación, muerte, gran invalidez o incapacidad permanente total del trabajador.
- Muerte, jubilación o incapacidad del empresario.
- Extinción de la personalidad jurídica.
- Fuerza mayor que impida, con carácter definitivo, la realización del trabajo.

- Despido colectivo por causas económicas, técnicas, organizativas o de producción.
- Voluntad del trabajador, por incumplimiento del contrato.
- Despido del trabajador.
- Causas objetivas procedentes.
- Abandono definitivo del trabajo por ser víctima de violencia de género o de violencia sexual.
- Por declaración de gran incapacidad, incapacidad permanente absoluta o total del trabajador, cuando:

  - No sea posible realizar los ajustes razonables sin que sea una gran carga para la empresa.
  - No exista un puesto de trabajo vacante y disponible, conforme a su perfil profesional y que sea compatible con su nueva situación.
  - Aún existiendo puesto vacante disponible adecuado, el trabajador rechace el cambio.

En el caso de extinción por voluntad del trabajador se pueden distinguir 2 supuestos:

- Por dimisión del trabajador.
- Cuando surjan alguna de las causas siguientes:

  - Modificaciones sustanciales en las condiciones de trabajo sin tener en cuenta las normas del ET y menosprecien su dignidad.
  - Falta de pago o retrasos continuados en el abono del salario.
  - Cualquier otro incumplimiento grave por parte del empresario, salvo los supuestos de fuerza mayor.

Cuando la extinción se realice por dimisión del trabajador, este no tiene derecho a la prestación por desempleo. En el caso de que el contrato se extinga por las causas consignadas en el párrafo anterior, el trabajador tendrá derecho a una indemnización y a la prestación por desempleo.

La extinción por voluntad unilateral del empresario es lo que se denomina como despido. A continuación se desarrolla esta modalidad extintiva.

5. Procedimiento en la extinción por despido

Existen tres tipos de despido: el disciplinario, el que está motivado por circunstancias objetivas y el colectivo.

5.1. Despido disciplinario

El despido disciplinario es la decisión extintiva basada en un incumplimiento grave y culpable del trabajador.

El Estatuto de los Trabajadores recoge las causas de dicha decisión, aunque también se regulan en algunos Convenios colectivos. Entre estas causas están las faltas repetidas e injustificadas de asistencia o puntualidad; la indisciplina o desobediencia en el trabajo; la embriaguez habitual y toxicomanía si repercuten negativamente en el trabajo; las ofensas verbales o físicas al empresario o trabajadores o a sus familiares convivientes; el abuso de confianza en el trabajo; la disminución voluntaria en el rendimiento del trabajo; y el acoso sexual, por razón de sexo, raza, religión, discapacidad, edad u orientación sexual.

Cuando el empresario notifica al trabajador el despido comunicándole por escrito las causas que motivan la decisión extintiva, el trabajador puede impugnarlo ante la autoridad judicial en un plazo de 20 días.

Como ya se ha comentado anteriormente, de esta manera, es el juez el que determina si la decisión adoptada por el empresario está o no justificada. Para ello dicta una sentencia que puede contener uno de los siguientes pronunciamientos:

- La calificación del despido como **procedente:** supuestos en los que el empresario ha acreditado suficientemente las causas que han motivado la decisión de despido.
- La consideración del despido como **improcedente:** supuestos en los que el empresario no ha probado los incumplimientos del trabajador, o incluso probándolos, el juez considera que dichos incumplimientos no contienen gravedad suficiente que justifique el despido del trabajador. En estos casos el trabajador tiene derecho a ser readmitido en su em-

pleo con las mismas condiciones o ser indemnizado con una cantidad equivalente a 33 días de salario por año de servicio, con un máximo de 24 mensualidades (hasta el 11 de febrero de 2012 la indemnización será de 45 días de salario por año de servicio, con un máximo de 42 mensualidades).

- La consideración del despido como **nulo:** supuestos en los que la decisión extintiva sea discriminatoria o suponga una violación de los derechos fundamentales del trabajador. En este caso, el trabajador debe ser readmitido inmediatamente en su puesto de trabajo y percibirá los salarios pendientes.

 Normativa

Art. 54, 55 y 56 del ET.

5.2. Despido por causas objetivas

El despido objetivo se puede definir como la extinción del contrato de trabajo por una causa no imputable exclusivamente ni a la empresa ni al trabajador, y que permite extinguir el contrato por algunas de las siguientes causas:

- **Ineptitud del trabajador** conocida con posterioridad a su contratación.
- **Falta de adaptación del trabajador a las modificaciones técnicas** operadas en el puesto de trabajo. El empresario debe facilitar un curso de formación a su trabajador para la adaptación a los cambios introducidos.
- Concurrencia de algunas de las **causas económicas, técnicas, organizativas o de producción,** reguladas en el art. 51.1 del ET para el despido colectivo con la diferencia del número de trabajadores afectados, ya que el despido objetivo nunca sobrepasará los límites del despido colectivo.
- **Insuficiencia presupuestaria** para mantener los contratos indefinidos celebrados con entidades sin ánimo de lucro y financiadas por las AAPP mediante presupuestos.

Para adoptar el acuerdo de extinción se exige el cumplimiento de los siguientes **requisitos:**

- **Comunicación** escrita al trabajador indicando la causa.
- Entregar al trabajador, junto a la comunicación, una **indemnización** de 20 días por año de servicio (prorrateando por meses los periodos inferiores a un año) y con un máximo de 12 meses. Sin embargo, si el empresario no pudiese entregar dicha indemnización, alegando causas económicas, y lo hiciere constar en la comunicación escrita, podrá dejar de hacerlo, sin perjuicio de que el trabajador quiera ejercer su derecho de reclamarlo.
- Concesión de un plazo de **preaviso** de 15 días contado desde la entrega de la comunicación personal al trabajador hasta la extinción del contrato de trabajo.

Tras notificarse al trabajador la decisión de despido y los motivos que lo originan, este podrá impugnarlo ante la autoridad judicial en un plazo de 20 días.

La **calificación** de dicho procedimiento por la autoridad laboral como nulo, procedente o improcedente tendrá los mismos efectos que los especificados para el despido disciplinario, con los siguientes cambios:

- Si el despido es considerado **procedente,** se declara el derecho del trabajador a recibir una indemnización de 20 días por año de servicio, con un máximo de 12 mensualidades. En caso de que el trabajador ya hubiera aceptado y recibido previamente dicha indemnización en el momento de comunicarle el despido, no le corresponde ninguna cantidad adicional. El trabajador se encontrará en situación legal de desempleo.
- En caso de calificación **improcedente,** el trabajador tiene derecho a una de estas opciones:

  - En las mismas condiciones, ser readmitido en su empleo. En este caso debe reintegrar la indemnización percibida en el momento de ser comunicado el despido.
  - Percibir una indemnización de 33 días de salario por año de servicio, con un máximo de 24 mensualidades. Hasta el 11 de febrero de 2012 la indemnización será de 45 días de salario por año de

servicio, con un máximo de 42 mensualidades. Si bien a esta nueva cantidad debe deducírsele la indemnización de 20 días de salario por año percibida con anterioridad.

■ Para que el despido sea calificado como nulo se han de dar algunas de las siguientes causas:

   ▪ Las causas de discriminación recogidas en la Constitución.
   ▪ Que se haya producido una violación de los derechos y libertades fundamentales del trabajador.
   ▪ Cuando se realiza durante la suspensión del contrato por nacimiento, adopción, guarda, acogimiento, riesgo durante el embarazo o la lactancia natural, permiso parental o por enfermedades derivadas del embarazo, parto o lactancia.
   ▪ Que se realice en trabajadoras embarazadas; en personas trabajadoras que hayan solicitado los permisos del art. 37.3b), 4, 5 y 6 del ET, tenga adaptaciones de jornada (art. 34.8 ET) o estén en excedencia; en trabajadoras víctimas de violencia de género o de violencia sexual; y en personas trabajadoras que se hayan incorporado al trabajo después de los permisos por nacimiento, adopción, guarda o acogimiento.

 **Normativa**

Art. 52 y 53 del ET.

5.3. Despido colectivo

Tiene la consideración de despido colectivo, la extinción del contrato de trabajo motivado por causas económicas, técnicas, organizativas o de producción, cuando en un periodo de 90 días, afecten como mínimo al siguiente número de trabajadores en función de la plantilla de la empresa:

Plantilla	Nº trabajadores afectados
Menos de 100 trabajadores	10
De 100 a 300 trabajadores	10 %
Más de 300 trabajadores	30

También se considera despido colectivo el supuesto en el que una empresa como consecuencia del cese total de su actividad por causas económicas, técnicas, organizativas o de producción, extinga los contratos de trabajo del total de su plantilla, siempre que el número de afectados sea superior a cinco.

El despido colectivo se iniciará con la presentación ante la autoridad laboral competente de un **procedimiento de ERE,** y de forma paralela se abrirá un periodo de consultas con los representantes legales de los trabajadores. La consulta se llevará a cabo en una única comisión negociadora, integrada por un máximo de trece miembros en representación de cada una de las partes, en el plazo de 7 días antes del inicio del periodo de consulta.

Al igual que en el proceso de suspensión y reducción de jornada por causas económicas, técnicas, organizativas o de producción, en el despido colectivo también se suprime la necesidad de autorización administrativa del ERE por la autoridad laboral.

Finalizado el periodo de consultas el empresario deberá comunicar a la autoridad laboral el **resultado del proceso,** que podrá ser:

- **Con acuerdo:** la empresa adjuntará una copia íntegra a la comunicación.
- **Sin acuerdo:** la empresa trasladará su decisión final, sobre el despido colectivo y las condiciones del mismo, a los representantes de los trabajadores y a la autoridad laboral.

Tras ello, la empresa **notificará los despidos individualmente** a los trabajadores afectados según se establece en el art. 53.1 del ET que determina la forma y efecto del despido por causas objetivas. El plazo que deberá mediar entre el inicio del procedimiento, con la comunicación de la apertura del periodo de consulta, y la fecha de efectos del despido deberá ser como mínimo de 30 días.

Ante los despidos colectivos, tendrán **prioridad de permanencia** los representantes de los trabajadores aunque por convenio colectivo o acuerdo alcanzado durante el periodo de consultas se podrá determinar la prioridad de permanencia a favor de trabajadores con cargas familiares, mayores de determinada edad o personas con discapacidad.

 Nota

El Real Decreto 1483/2012 regula el reglamento del procedimiento de despido colectivo en sus artículos 1 al 15.

La **decisión empresarial podrá impugnarse** a través de:

- Acciones individuales y colectivas de los trabajadores.
- Demanda de los representantes de los trabajadores.
- La autoridad laboral.
- Acción colectiva empresarial por legitimación subsidiaria del empresario.

Los trabajadores afectados por un despido colectivo tienen derecho a la misma **indemnización** que para el despido objetivo, es decir, cuando el empresario comunica el despido al trabajador debe poner a su disposición una indemnización de 20 días de salario por año de servicio, con un máximo de 12 mensualidades.

 Normativa

Art. 51 del ET.

5.4. Cálculo de la indemnización por despido

Como ya se ha visto, el trabajador percibe una indemnización de cuantía distinta en función del tipo de despido de que se trate y de la calificación judicial del mismo.

En la siguiente tabla se muestra los diferentes tipos de despidos y las cuantías de las indemnizaciones previstas en la ley.

TIPO DE DESPIDO	PROCEDENTE	IMPROCEDENTE
Disciplinario	Ninguna.	33 días de salario por año de servicio, con un máximo de 24 mensualidades.
Objetivo	20 días de salario por año de servicio, con un máximo de 12 mensualidades.	Hasta 11-02-2012, 45 días de salario por año de servicio hasta un máximo de 42 mensualidades; y a partir del 12-02-2012, 33 días de salario por año de servicio hasta un máximo de 24 mensualidades (para contratos formalizados antes de esta fecha y extinguidos con posterioridad a ella). El tope para la indemnización es de 720 días (*).
Colectivo	Autorizado por la autoridad laboral. 20 días de salario por año de servicio, con un máximo de 12 mensualidades.	No existe la calificación de improcedente. Existe el despido no autorizado que impide la extinción de contratos.

(*) Cuando en el cálculo de la indemnización por el período hasta el 11-2-2012 diera como resultado un número de días superior, se aplicará este como importe máximo de la indemnización, sin que pueda ser superior a las 42 mensualidades.

La decisión empresarial de extinción de la relación laboral se materializará con el abono de la indemnización y es en dicho momento cuando el trabajador se encontrará en situación legal de desempleo, con independencia de la impugnación de dicha decisión.

Cuando un despido es declarado procedente y esta decisión empresarial es reclamada por los trabajadores ante la jurisdicción social, se obtendrá alguna de las siguientes calificaciones:

- **Procedente:** se ratifican las causas que promovieron la procedencia del despido, y con ello, la indemnización percibida inicialmente por el trabajador en el momento del mismo.
- **Improcedente:** los despidos calificados como tales, obligan a la empresa a elegir, en el plazo de los 5 días siguientes a la sentencia, entre readmitir al trabajador en su puesto de trabajo y en las mismas condiciones o abonarle la diferencia existente entre la indemnización inicial (20 días por año de servicio hasta un máximo de 12 mensualidades) y la indemnización correspondiente al despido improcedente (33 días por año de servicio hasta un máximo de 24 mensualidades). La opción por la indemnización determina la extinción del contrato de trabajo, la cual se entenderá producida en la fecha del cese efectivo en el trabajo.

Los datos necesarios para calcular las cuantías indemnizatorias son los siguientes:

a. La antigüedad del trabajador, es decir, los años que lleva prestando servicios para la empresa. Para ello, debe computarse el período existente entre la fecha en que el trabajador ingresó en la empresa y la fecha del despido. En la mayoría de los casos, dicho período comprende un determinado número de años, meses y días y según se establece en el art. 56.1 del ET, la determinación de la indemnización para los períodos de tiempo inferiores a un año se prorratearán por meses.

b. El salario diario que efectivamente percibe el trabajador en el momento del despido o al que tenga derecho, de ser este superior. Se deberá tener en cuenta que el salario a efectos de despido no debe coincidir, necesariamente con el salario consignado en la última nómina del trabajador. Por ello, para determinar el salario diario de despido es preciso acudir al convenio colectivo aplicable o al salario que efectivamente esté percibiendo el trabajador, si este es mayor. También debe incluirse la parte proporcional de pagas extraordinarias.

Ejemplo

Un trabajador con una antigüedad en la empresa de 5 años es despedido por causas económicas, su salario diario es de 36 € y el salario mensual de 1.081 €.

La operación que se debe realizar para averiguar la indemnización correspondiente es la siguiente:

36 € / día x 20 días de indemnización x 5 años de antigüedad = 3.600 €.

Cuando el salario del trabajador esté fijado en cómputo anual se debe transformar a salario diario, para ello se dividirá entre 365 (366 para años bisiestos), de forma que la fórmula sería la siguiente:

$$\text{Salario día} = \frac{\text{salario anual total del trabajador}}{365 \text{ ó } 366}$$

Aplicación práctica

Federico Segovia, un trabajador de la empresa "Trensmedit S. A.", cuya actividad económica es el transporte aéreo, tiene una antigüedad en dicha empresa desde el 1 de enero de 2004 y percibe las siguientes retribuciones mensuales:

▪ Salario: 1.100 €.
▪ Antigüedad: 175 €.
▪ Incentivos: 94 €.

Cobra 2 pagas extra en los meses de junio y diciembre equivalentes al salario mensual más la antigüedad.

Continúa en página siguiente >>

<< Viene de página anterior

Tiene un horario de jornada continuada, desde las 7:30 h a las 15:30 h. El día 31 de diciembre de 2024 la dirección de la empresa le comunica que se le modifica su jornada de trabajo, siendo a partir del día 1 de febrero de 2025 desde las 8h a las 13 h y desde las 20 h a las 23 h.

Federico Segovia no está de acuerdo con la decisión de la empresa y presenta una demanda, celebrándose la vista por la cual el juez declara despido improcedente, por vulnerar los derechos de trabajador contenidos en el art.34.3 del E.T.: "Entre el final de una jornada y el comienzo de la siguiente mediarán, como mínimo, doce horas". Ante dichas circunstancias, la empresa opta por indemnizar al trabajador causando baja el 30 de septiembre del 2025.

Calcule la indemnización que percibirá el trabajador.

SOLUCIÓN

a. Salario diario.

Para obtener el salario diario se procede a calcular el salario anual y se divide entre 365 días.

▌ Salario = 1.100 x 12 =   13.200 €.
▌ Antigüedad = 175 x 12 =   2.100 €.
▌ Incentivos = 94 x 12 =   1.128 €.
▌ Pagas extra = (1.100+175) x 2 = 2.550 €.
                            ─────────────
                            Total = 18.978 €.

▌ Salario diario $= \dfrac{18.978}{365} = 51,99$ €/día

b. Días que le corresponden de indemnización.

En primer lugar, se calculará el número de días de indemnización correspondientes al periodo comprendido entre el 1 de enero de 2004 y el 11 de febrero de 2012 (8 años, 1 mes y 11 días), teniéndose en cuenta que hasta dicha fecha la indemnización es de 45 días por año de servicio hasta un máximo de 42 mensualidades:

▌ 8 años: 45 días x 8 = 360 días
▌ 1 mes: (45 días x 1) /12 meses= 3,75 días
▌ 11 días, se eleva al mes por art. 56.1 del ET, por lo tanto:

Continúa en página siguiente >>

<< Viene de página anterior

(45 días x 1) /12 meses = 3,75 días
Total = 360 + 3,75 + 3,75 = 367,5 días

En segundo lugar, como los 367,5 días es inferior a 720 días (tope del despido desde el 12 de febrero de 2012), se procede a calcular los días de indemnización correspondiente al periodo 12 de febrero de 2012 hasta 30 de septiembre de 2025 (13 años, 7 meses y 18 días), teniéndose en cuenta que desde dicha fecha la indemnización es de 33 días por año de servicio hasta un máximo de 24 mensualidades:

▐ 13 años: 33 días x 13 = 429 días
▐ 7 meses: (33 días x 7) /12 meses= 19,25 días
▐ 18 días: (33 días x 1) /12 meses = 2,75 días

Total = 429 + 19,25 + 2,75 = 451 días

Ahora se debe comprobar que la suma de los días de indemnización del primer y el segundo periodo no pasa del límite de 720:

367,5 (1° periodo) + 451 = 818,5 días.

Como el total de días sobrepasa dicho límite, la indemnización tendrá el tope de 720 días.

Importe indemnización = 51,99 €/día x 720 = **37.432,80 €.**

5.5. El finiquito

Al extinguirse el contrato de trabajo, el trabajador tiene derecho a recibir ciertas cantidades económicas:

■ La indemnización por la extinción de su contrato, si le corresponde.
■ La liquidación de haberes correspondiente.

Esta liquidación comprende todas las cantidades salariales adecuadas al trabajador, es decir, aquellas percepciones devengadas y no abonadas en la fecha de la extinción del contrato de trabajo.

Como regla general, la liquidación de haberes comprende:

a. El salario correspondiente a los días del mes en curso que aún no se haya abonado.
b. Las partes proporcionales de las pagas extraordinarias a las que el trabajador tenga derecho.
c. La cuantificación económica de las vacaciones no disfrutadas.

Si el trabajador está conforme con la liquidación efectuada por el empresario, firma un documento que denominamos **finiquito.**

El finiquito es el documento que firma el trabajador para hacer constar su total conformidad con la liquidación económica practicada, y su intención de no reclamar nada más al empresario.

6. Resumen

Las modificaciones del contrato de trabajo que se pueden producir son tres: **movilidad funcional,** el cambio afecta a las funciones de trabajador; **movilidad geográfica,** se ve afectado el lugar de trabajo y puede ser traslado (individual o colectivo) o desplazamiento; y la **modificación sustancial de las condiciones de trabajo,** que afecta a la jornada, al horario, al sistema de remuneración, a la cuantía salarial, etc. Estas pueden ser individuales, colectivas o establecidas en convenio colectivo.

La **suspensión del contrato de trabajo** es aquella situación en la que de forma temporal el trabajador no tiene la obligación de trabajar ni el empresario de abonarle su salario, estando en vigor la relación laboral. Las causas más conocidas son excedencia forzosa y voluntaria (ordinaria o por cuidado de un familiar) y por causas económicas, técnicas, organizativas o de producción, o derivadas de fuerza mayor.

La **extinción** es la finalización definitiva de la relación laboral entre empresario y trabajador. Esta puede ser por distintas causas, tales como, mutuo acuerdo entre las partes, dimisión del trabajador, decisión unilateral del empresario (despido), expiración del tiempo convenido, etc.

El **despido** puede ser disciplinario, por causas objetivas, o colectivo. Este puede ser calificado como nulo, procedente o improcedente. Dependiendo de si se trata de un despido objetivo o colectivo y según la calificación otorgada, al trabajador le correspondería una cuantía económica denominada **indemnización**.

Al extinguirse el contrato de trabajo, el trabajador tiene derecho a recibir ciertas cantidades económicas relacionadas con la liquidación de haberes no cobrados (parte proporcional del sueldo, de las pagas extras, vacaciones, etc.) denominado **finiquito.**

Ejercicios de repaso y autoevaluación

1. **De las siguientes variaciones de la relación laboral identifique las que suponen modificaciones (M), suspensión (S) o extinción del contrato de trabajo (E).**

   a. Traslado a otro centro de trabajo.
   b. Dimisión.
   c. Cambio del sistema de remuneración.
   d. Cierre legal de la empresa.
   e. Ejercicio de cargo público.
   f. Despido disciplinario.

2. **Indique si las siguientes afirmaciones son verdaderas o falsas:**

   a. Las modificaciones del contrato de trabajo pueden ser de 3 tipos: movilidad funcional, movilidad geográfica o modificación sustancial de condiciones de trabajo.

      ☐ Verdadero
      ☐ Falso

   b. La modificación sustancial de las condiciones de trabajo consiste en la alteración de las condiciones laborales pactadas por decisión del empresario y el trabajador.

      ☐ Verdadero
      ☐ Falso

   c. Las causas de suspensión se regulan en el Estatuto de los Trabajadores, pero la excedencia no está considerada como tal.

      ☐ Verdadero
      ☐ Falso

   d. El despido disciplinario es la decisión extintiva basada en un incumplimiento grave y culpable del trabajador.

      ☐ Verdadero
      ☐ Falso

3. ¿Qué es una excedencia? ¿Cuáles son los motivos por los que se puede solicitar una excedencia?

_____
_____
_____
_____
_____
_____
_____

4. Qué diferencias existen entre un despido disciplinario y un despido objetivo?

_____
_____
_____
_____

5. Marta Riera, trabajadora de la empresa "Florenz S. A.", a la fecha de 11 de febrero de 2012 lleva 18 años trabajando como contable. La empresa, ante la grave situación económica, comunica a Marta su despido el próximo 1 de mayo de 2025 alegando causas objetivas y calificando el despido como improcedente ¿Cuál es el tope de días que le corresponderá de indemnización? Razone su repuesta.

Y si el periodo trabajado por Marta hasta el 11 de febrero de 2012 fuera de 12 años. ¿Cuántos días le correspondería de indemnización?

_____
_____
_____
_____
_____
_____
_____
_____

Unidad Didáctica 4
La Seguridad Social

Contenido

1. Introducción

La Seguridad Social es uno de los organismos públicos más relevantes de nuestro país, junto con la Agencia Tributaria. Es un órgano con adscripción ministerial y formado por diversas entidades. Ya en la Constitución Española se hablaba de la Seguridad Social como instrumento para garantizar la asistencia y las prestaciones sociales a los ciudadanos.

A lo largo de los años, la Seguridad Social se ha ido adaptando a los cambios laborales que ha sufrido la sociedad, con el objetivo de dar a los trabajadores y empresarios la mejor y máxima cobertura en su vida laboral.

2. El sistema de la Seguridad Social

La Constitución, artículo 41, establece que los poderes públicos mantendrán un régimen público de la Seguridad Social para todos los ciudadanos, que garantice la asistencia y prestaciones sociales suficientes ante situaciones de necesidad. El sistema de la Seguridad Social trata de garantizar a los sujetos protección frente a determinadas contingencias. Para poder garantizar dicha protección, es imprescindible la contribución al sostenimiento económico del sistema por los sujetos obligados.

La norma básica en materia de Seguridad Social es la **Ley General de la Seguridad Social,** en la que se establecen los derechos y obligaciones de las personas en su relación con la Seguridad Social.

El **sistema de Seguridad Social** pretende cubrir las necesidades de esas personas (o de sus familiares). Para ello, se les reconoce y abonan determinadas ayudas, normalmente económicas, pero también asistenciales.

La Seguridad Social cubre estos riesgos y sus consecuencias (denominadas **contingencias).** Las ayudas que otorga se denominan **prestaciones.**

Se pueden clasificar las diferentes **contingencias** que cubre el sistema de la Seguridad Social según distintas causas:

- Para proteger la salud o favorecer la recuperación, como por ejemplo las sesiones de rehabilitación en un brazo dañado por un accidente laboral.
- Por la edad, como la relativa a la edad de jubilación.
- Por la situación laboral, como el supuesto de las personas que pierden su empleo y reciben una cantidad económica.
- Por situaciones familiares o de escasez económica, como por ejemplo la familia con ingresos anuales insuficientes y que recibe una ayuda económica.

En este caso es imprescindible el período de carencia (cotización previa). Las prestaciones se otorgan con cargo a los ingresos del sistema a través de las cotizaciones de los trabajadores y las empresas.

La Seguridad Social se mantiene, básicamente, de las aportaciones económicas que realizan los trabajadores y las empresas. Dichas aportaciones, obligatorias, se realizan mediante las **cotizaciones.** Pero la Seguridad Social no protege únicamente a aquellas personas que contribuyen con sus cotizaciones a su mantenimiento. Cuando las prestaciones concedidas están relacionadas con esas cotizaciones, se habla de **modalidad contributiva** de la Seguridad Social. Cuando no existe esa relación, se hace referencia a la **modalidad no contributiva** o **asistencial** de la Seguridad Social.

La **modalidad contributiva** integra a los españoles que residan en España y los extranjeros que residan o se encuentren legalmente en España, siempre que ambos, ejerzan su actividad en territorio nacional y estén incluidos en alguno de los apartados siguientes:

- Trabajadores por cuenta ajena.
- Trabajadores autónomos (por cuenta propia).
- Socios trabajadores de cooperativas de trabajo asociado.
- Estudiantes.
- Funcionarios públicos, civiles y militares.

Normativa

Art. 7 del Real Decreto Legislativo 8/2015, de 30 de octubre (LGSS).

La **modalidad no contributiva** incluye a todos los españoles residentes en territorio nacional que no estén incluidos dentro de la modalidad contributiva **por no haber cotizado,** o **haberlo hecho insuficientemente,** para conseguir las prestaciones. También, a los extranjeros que residen legalmente en territorio español, según la Ley Orgánica 4/2000, de 11 de enero.

Esta modalidad comprende prestaciones de asistencia sanitaria, invalidez, jubilación, prestaciones familiares (por hijo o menor acogido a cargo, por nacimiento o adopción de tercer o sucesivos hijos, por parto o adopción múltiples, etc.) y subsidio por desempleo. Las prestaciones se otorgan con cargo a los ingresos del sistema a través de los Presupuestos Generales del Estado.

3. Los regímenes que integran la Seguridad Social

Dependiendo del tipo de trabajo que realicen los trabajadores, se sitúan en un determinado régimen dentro de la Seguridad Social. Cuando el trabajador está incluido en un régimen concreto, las ayudas que reciben se rigen por las reglas de dicho régimen. La Seguridad Social está integrada por 2 tipos de regímenes:

- El **Régimen General,** en el que se encuadran la mayoría de los trabajadores.
- Los **Regímenes Especiales,** en los que se incluyen las actividades que, por su naturaleza, por las peculiares condiciones de tiempo y lugar en que se realizan, o por la índole de sus procesos productivos, sean precisas para la adecuada aplicación de los beneficios de la Seguridad Social.

 **Normativa**

Art. 9 de la LGSS.

3.1. Régimen General

Se aplica a todos los trabajadores por cuenta ajena que no están incluidos en ninguno de los Regímenes Especiales de la Seguridad Social, junto con otros grupos de trabajadores, entre los que cabe destacar:

- El personal contratado al servicio de notarías, registro de la propiedad y demás oficinas o centros similares.
- Los conductores de vehículos de turismo al servicio de particulares.
- Las personas que presten servicios retribuidos en las entidades e instituciones de carácter benéfico-social.
- Los extranjeros con permiso de residencia y de trabajo en España que trabajen por cuenta ajena en los sectores de la industria y de los servicios, y ejerzan su actividad en el territorio nacional.
- Etc.

También se incluye en el Régimen General de la Seguridad Social determinados colectivos de trabajadores con particularidades en materia de afiliación y cotización, los cuales se pueden calificar como **Regímenes Especiales Integrados,** tales como:

- **Representantes de comercio:** se aplica a las relaciones entre persona física que actúa como representante, mediador, etc., para una o más empresas, para promover o concertar personalmente operaciones mercantiles por cuenta de los mismos a cambio de una retribución, sin asumir el riesgo de las operaciones.
- **Artistas:** se aplica a las relaciones entre el organizador de espectáculos públicos (empresario) y quien preste una actividad artística bajo la

organización y dirección del mismo, a cambio de una retribución. Se incluyen actividades como teatro, cine, televisión, circo, etc.

- **Profesionales taurinos:** se aplica a aquellos que residan y ejerzan normalmente su actividad en territorio nacional, y pertenezcan a alguna de las categorías profesionales establecidas en la normativa, entre las que se encuentran, matadores de toros, rejoneadores, banderilleros, picadores, etc.

Además, en el Régimen General de la Seguridad Social se incluyen también una serie de **Sistemas Especiales** solo a efectos de encuadramiento, afiliación, cotización y recaudación. Entre ellos, están:

- **Agrarios:** se aplica a los empresarios de las explotaciones agrarias y a los trabajadores por cuenta ajena que se dediquen a labores agrarias, forestales o pecuarias, o se consideren complementarias o auxiliares de las mismas.
- **Empleados de hogar:** se incluye a aquellos trabajadores que se dedican de forma exclusiva a las tareas del servicio doméstico para uno o varios titulares del hogar familiar, que la prestación del servicio se realice en la casa del hogar familiar y que reciban un sueldo o remuneración por su trabajo.

Con carácter general, la cotización a la Seguridad Social consta de una cuota a cargo de la empresa y otra a cargo del trabajador, ambas deben ser ingresadas por el empresario, que habrá retenido parte de la cuota de la nómina del trabajador.

 Normativa

Art. 136 de la LGSS.

3.2. Regímenes Especiales

Junto al Régimen General de la Seguridad Social existen algunos Regímenes Especiales como los que incluyen a los funcionarios públicos (civiles y militares) y a los estudiantes. Además, están:

- **Régimen Especial de Trabajadores Autónomos (RETA):** se aplica a los trabajadores por cuenta propia, es decir, los que son sus propios empresarios. Realizan su actividad de manera habitual, personal y directa sin sujeción a un contrato de trabajo.
- **Régimen Especial de la Minería del Carbón:** es aplicable a los trabajadores por cuenta ajena que prestan sus servicios en actividades relacionadas con la extracción o explotación de minas de carbón.
- **Régimen Especial de Trabajadores del Mar:** dentro de este régimen se incluye a los trabajadores, por cuenta propia o ajena, que se dedican a labores marítimas o de pesca.

 Ejemplo

Federico Molina es un miembro del Consejo de Administración de una Sociedad Anónima; no posee el control directo de la misma, pero su cargo conlleva funciones de dirección, por lo que recibe la correspondiente retribución. Por tanto, dentro del sistema de la Seguridad Social, se considera a Federico Molina un trabajador por cuenta ajena y pertenece al Régimen General.

Sin embargo, Paloma Moreno es propietaria de una pescadería y además, ella misma atiende el negocio. En este caso, Paloma es una trabajadora por cuenta propia y, por tanto, debe estar dada de alta en el Régimen Especial de Trabajadores Autónomos.

 Normativa

Art. 10 de la LGSS.

4. La gestión y financiación del sistema de la Seguridad Social

El sistema de la Seguridad Social para que funcione con normalidad es necesario que sea gestionado por diversas entidades. Esa labor la desarrollan varias instituciones públicas con la ayuda de las entidades privadas y corresponde a los ministerios con competencias en salud, trabajo y Seguridad Social.

En la práctica, la **gestión** de la Seguridad Social se lleva a cabo mediante entidades gestoras, servicios comunes, organismos autónomos y entidades colaboradoras.

Sabía que...

Algunos de los organismos y entidades que componen la estructura de la Seguridad Social disponen de sedes electrónicas en las que se pueden gestionar distintos trámites de una forma ágil, rápida y segura. En la propia Sede Electrónica de la Seguridad Social existen enlaces para el portal web del INSS (llamado Tu Seguridad Social) y para IMPORTASS que es el portal de la TGSS.

Las **entidades gestoras** son entidades públicas que tienen como finalidad administrar y gestionar la Seguridad Social. Incluye los siguientes organismos:

- **Instituto Nacional de la Seguridad Social (INSS).** Es la entidad encargada de la gestión y administración de las prestaciones económicas del sistema de Seguridad Social, a nivel nacional e internacional, además de la encargada del reconocimiento del derecho a la asistencia sanitaria.
- **Instituto de Mayores y Servicios Sociales (IMSERSO).** Se encarga de la gestión de las pensiones de invalidez y jubilación en sus modalidades no contributivas, también de los servicios complementarios, por ejemplo, los programas de vacaciones de carácter social a personas mayores. Suelen tener funciones transferidas a las CC. AA.

- **Instituto Social de la Marina (ISM).** Es la entidad encargada de la gestión y administración de las prestaciones del sector marítimo y pesquero. Su finalidad es la asistencia a los trabajadores del mar y la gestión de su Régimen Especial.
- **Instituto Nacional de Gestión Sanitaria (INGESA).** Este organismo se encarga de la administración y gestión de los servicios sanitarios.

Los **servicios comunes** son entidades que asumen funciones comunes a todo el sistema de la Seguridad Social y que contribuyen a la eficacia del resto de las entidades gestoras, proporcionando una unidad de gestión. Estas son:

- **Tesorería General (TGSS).** En ella se unifican todos los recursos financieros. Tiene a su cargo la custodia de los fondos, valores y créditos, así como los servicios de recaudación y el pago de obligaciones de la Seguridad Social. Es decir, asume las siguientes funciones:

  - Inscripción de empresas y afiliación, altas y bajas de los trabajadores.
  - Gestión y control de la cotización y la recaudación de las cuotas.
  - Ordenación de pagos de las obligaciones de la Seguridad Social.

- **Gerencia de Informática de la Seguridad Social.** Creada para dirigir, coordinar y controlar los servicios de informática y de proceso de datos de las distintas entidades gestoras. Tiene como misión la informatización del sistema de la Seguridad Social.

Los organismos autónomos tienen personalidad jurídica propia y recursos propios, y dependen del ministerio con competencia en Seguridad Social:

- **Servicio Público de Empleo Estatal (SEPE).** Su cometido es declarar el reconocimiento, suspensión, reanudación y extinción del derecho a las prestaciones de desempleo, así como su gestión y control.
- **Instituto Nacional de Seguridad y Salud en el Trabajo (INSST).** Es un organismo cuya función es analizar y estudiar las condiciones de seguridad y salud en el trabajo, y su mejora.

Las **entidades colaboradoras** son entidades privadas que colaboran en la gestión del sistema de la Seguridad Social:

■ **Mutuas patronales.** Son asociaciones de empresarios que se agrupan para gestionar conjuntamente una serie de servicios relacionados con la atención a sus trabajadores por accidentes de trabajo y enfermedades profesionales. La empresa debe suscribir con la mutua un contrato de asociación para la cobertura de las contingencias.

Las mutuas pueden conceder la prestación económica por incapacidad temporal derivada de contingencias comunes y realizar funciones de seguimiento y control.

■ **Empresas.** Al igual que las mutuas, colaboran en la gestión de la Seguridad Social, facilitando el acceso de los trabajadores a determinadas prestaciones. Pueden realizar la gestión a través del pago delegado o de forma voluntaria. La primera se caracteriza por anticipar el pago de determinadas prestaciones de la Seguridad Social a los trabajadores de la empresa; y la segunda modalidad, por asumir directamente el pago de determinadas prestaciones. El ministerio o la consejería competente es la que autorizará la colaboración a las empresas que reúnan ciertos requisitos.

5. Acción protectora de la Seguridad Social

La **acción protectora** de la Seguridad Social garantiza a los trabajadores comprendidos dentro de su campo de aplicación, así como a sus familiares o asimilados que estén a su cargo, la cobertura de determinadas situaciones de necesidad, tales como: asistencia sanitaria, recuperación profesional, prestaciones económicas, prestaciones familiares y prestaciones de servicios sociales.

Con carácter general los trabajadores pertenecientes al Régimen General de la Seguridad Social, así como los trabajadores incluidos en el Sistema Especial Agrario y en el Sistema Especial de Empleados del Hogar, tendrán derecho a las prestaciones de la Seguridad Social en los mismos términos y condiciones, con sus peculiaridades.

5.1. Nacimiento, adopción, guarda con fines de adopción y acogimiento familiar

Prestación económica, a cargo del Instituto Nacional de la Seguridad Social, dirigida a la cobertura de las situaciones de nacimiento, adopción, guarda con fines de adopción y acogimiento familiar, durante los periodos de descanso por tales situaciones.

La duración de la prestación se corresponde con la del período de descanso por nacimiento, adopción, guarda con fines de adopción o acogimiento familiar, que es de 19 semanas en total para la madre biológica y para el otro progenitor en caso de nacimiento, o para cada progenitor en el resto de supuestos; o de 32 semanas en total cuando exista una única persona progenitora. Este descanso es ampliable en una semana para cada progenitor por cada hijo/a, a partir del segundo, en caso de nacimiento, adopción o acogimiento múltiples. En el caso de una sola persona progenitora, la ampliación es de dos semanas. Estas semanas de descanso se pueden repartir teniendo en cuenta las siguientes normas:

- En el caso de adopción internacional con desplazamiento, los progenitores, pueden anticipar el período de descanso 4 semanas antes de la resolución adoptiva.
- El reparto de las semanas totales de permiso es para cada caso el siguiente:
  - Un solo progenitor, 28 semanas desde el nacimiento del menor hasta que cumpla un año; y 4 semanas desde que tenga 1 año hasta los 8.
  - Dos progenitores, 17 semanas desde el nacimiento del menor hasta que cumpla un año; y 2 semanas desde que tenga 1 año hasta los 8.

- En todos los supuestos y para cada progenitor, hay que disfrutar 6 semanas ininterrumpidas, a jornada completa, de forma obligatoria después del hecho causante. El resto hasta completar 17 o 28 semanas se distribuyen de la siguiente forma:

  - En el supuesto de dos progenitores, se pueden disfrutar las 11 semanas restantes a continuación del período obligatorio, a jornada completa o parcial y de forma interrumpida (por semanas) desde el fin del período obligatorio y hasta que el menor tenga 1 año.

▌ En el caso de un solo progenitor, se pueden disfrutar las 22 semanas a continuación del periodo obligatorio y hasta que el menor tenga 1 año.

Para solicitar el subsidio se tienen que cumplir los siguientes requisitos:

■ Estar afiliados y en alta o en situación asimilada al alta.
■ Tener cubierto un período mínimo de cotización de:

▌ Si la persona trabajadora tiene **menos de 21 años de edad** en la fecha del nacimiento o en la fecha de la decisión administrativa de acogimiento o de guarda con fines de adopción, o de la resolución judicial por la que se constituye la adopción, no se exigirá período mínimo de cotización.

▌ Si la persona trabajadora tiene cumplidos **entre 21 y 26 años de edad** en la fecha del nacimiento o en la fecha de la decisión administrativa de acogimiento o de guarda con fines de adopción, o de la resolución judicial por la que se constituye la adopción:

▌ 90 días dentro de los 7 años inmediatamente anteriores al momento del inicio del descanso o,
▌ alternativamente, 180 días cotizados a lo largo de su vida laboral con anterioridad a dicha fecha.

▌ Si la persona trabajadora es **mayor de 26 años de edad** en la fecha del parto o en la fecha de la decisión administrativa de acogimiento o de guarda con fines de adopción, o de la resolución judicial, por la que se constituye la adopción:

▌ 180 días dentro de los 7 años inmediatamente anteriores al momento del inicio del descanso o,
▌ alternativamente, 360 días cotizados a lo largo de su vida laboral con anterioridad a dicha fecha.

▌ La persona trabajadora debe estar al corriente del pago de las cuotas de las que sea responsable directo, si es el caso.

La prestación económica consiste en un subsidio equivalente al **100 % de la base reguladora** correspondiente *(base de cotización por contingencias comunes del mes inmediatamente anterior al mes previo al del hecho causante, dividida entre el número de días a que dicha cotización se refiera).*

Cuando la persona trabajadora reúna todos los requisitos para acceder a la prestación excepto el período mínimo de cotización, esta se considerará no contributiva. La cuantía será igual al 100 % del indicador público de renta de efectos múltiples (IPREM) vigente en cada momento, salvo que la base reguladora sea inferior, en cuyo caso se tomará esta.

 **Normativa**

Art. 177 a 182 de la LGSS.
Art. 48 del ET

5.2. Riesgo durante el embarazo

Prestación económica, a cargo de la Entidad gestora o de la Mutua de Accidentes de Trabajo (AT) y Enfermedades Profesionales (EP) de la Seguridad Social, dirigida a la mujer trabajadora que debe cambiar de puesto de trabajo por otro compatible con su estado, cuando dicho cambio de puesto no sea técnica u objetivamente posible, o no pueda razonablemente exigirse por motivos justificados. Se trata de evitar las condiciones de un puesto de trabajo que pueda influir negativamente en la salud de la trabajadora embarazada o del feto.

Para solicitar dicha prestación, se tienen que cumplir los siguientes requisitos:

■ **Estar afiliadas y en alta.** Podrán solicitarlo tanto las trabajadoras por cuenta ajena, como las socias trabajadoras de sociedades cooperativas o laborales en situación de suspensión del contrato de trabajo o interrupción de su actividad profesional por riesgo durante el embarazo siempre y cuando estén afiliadas y en algunos de los Regímenes de la Seguridad Social, en la fecha en que se produzca la suspensión del contrato o la interrupción de dicha actividad.

- Al tratarse de una prestación derivada de contingencias profesionales, **no se exige un período mínimo de cotización** para poder tener derecho al subsidio.

El **derecho al subsidio nace** desde el mismo día que se inicie la suspensión del contrato de trabajo o el permiso por riesgo durante el embarazo. Se abonará durante el período de suspensión o permiso que sea necesario para la protección de la seguridad o de la salud de la trabajadora embarazada y/o del feto, y finalizará el día anterior a aquel en que se inicie la suspensión del contrato de trabajo por el nacimiento del menor o cuando cumpla nueve meses, o el de reincorporación de la mujer trabajadora a su puesto de trabajo anterior o a otro compatible con su estado.

La prestación por riesgo durante el embarazo consistirá en un subsidio equivalente al **100 % de la base reguladora** correspondiente. A estos efectos, la base reguladora será equivalente a la que esté establecida para la prestación por incapacidad temporal derivada de contingencias profesionales o la derivada de contingencias comunes cuando el régimen correspondiente no contemple la cobertura de aquellas.

Las **empleadas de hogar** serán beneficiarias del subsidio por riesgo durante el embarazo en los mismos términos que las trabajadoras pertenecientes al Régimen General, siendo necesaria la declaración del empleador de la inexistencia de un puesto de trabajo compatible con el estado de la trabajadora.

Las trabajadoras pertenecientes al **Sistema Especial Agrario** estarán **excluidas** de la prestación por riesgo durante el embarazo durante el periodo de inactividad.

Normativa

Art. 186 y 187 de la LGSS.

5.3. Riesgo durante la lactancia natural

Prestación económica, a cargo de la Entidad gestora o de la Mutua de Accidentes de Trabajo (AT) y Enfermedades Profesionales (EP), dirigida a las trabajadoras por cuenta ajena y socias trabajadoras de sociedades cooperativas o laborales que suspenda el contrato de trabajo en los supuestos en que, debiendo la trabajadora cambiar de puesto de trabajo por otro compatible con su situación, dicho cambio de puesto no resulte técnica u objetivamente posible o no pueda, razonablemente, exigirse por motivos justificados.

Los requisitos, el nacimiento del derecho, la prestación económica y las particularidades de los sistemas especiales de empleados del hogar y de agrario son los mismos que para la prestación por riesgo durante el embarazo.

Con carácter general, el derecho al subsidio se extingue en el momento en que el hijo cumpla 9 meses, salvo que la beneficiaria se haya reincorporado con anterioridad a su puesto de trabajo anterior o a otro compatible con su situación.

Normativa

Art. 188 y 189 de la LGSS.

5.4. Corresponsabilidad en el cuidado del lactante

Prestación económica gestionada por el INSS que se abona a los dos progenitores, adoptantes, guardadores o acogedores, trabajadores, que reducen en
media hora su jornada de trabajo para el cuidado del lactante de nueve meses,
siempre que ejerzan el derecho con la misma duración y régimen.

Las características de esta prestación son:

- Es un derecho intransferible.
- Su duración es hasta que el menor tenga doce meses.
- Pueden solicitarla aquellas personas trabajadoras incluidas en el Régimen General de la Seguridad Social, en el Sistema especial de empleados del hogar y en el de trabajadores agrarios por cuenta ajena.
- Las personas trabajadoras deben cumplir los mismos requisitos establecidos para la prestación por nacimiento y cuidado de menor.
- Su importe consiste en un subsidio diario equivalente al 100 % de la
  base reguladora por contingencias comunes establecida para la prestación de IT.

 Normativa

Art. 183 a 185 de la LGSS.

5.5. Incapacidad temporal

Situación de los trabajadores incapacitados transitoriamente para trabajar,
y que precisen asistencia sanitaria por situaciones de enfermedad común o
profesional, accidente laboral o no y períodos de observación por enfermedad
profesional. Además, también se encuentran en IT las personas trabajadoras
donantes vivos de órganos o tejidos (durante los días de asistencia sanitaria) y
las trabajadoras en los supuestos de menstruación incapacitante secundaria,

interrupción (voluntaria o no) del embarazo y desde la semana 39 de embarazo. Durante la situación de incapacidad temporal, se produce la suspensión de la relación laboral, por lo que cesan las obligaciones de trabajar y remunerar el trabajo pasando a cobrar una prestación, pero se mantiene la obligación de cotizar.

Los requisitos que han de reunir los trabajadores para poder ser beneficiarios del subsidio de incapacidad temporal (IT) son los siguientes:

- Estar **afiliados y en alta o en situación asimilada a la de alta** en la fecha del hecho causante, mientras reciban asistencia sanitaria de la Seguridad Social y estén impedidos para el trabajo.
- Acreditar un determinado **período previo de cotización.** Se distinguen 2 supuestos distintos:

  - La **IT derivada de enfermedad común,** que requiere haber cotizado 180 días dentro de los 5 años inmediatamente anteriores al hecho causante, esto es, a la baja. En los supuestos de menstruación incapacitante secundaria, interrupción del embarazo, y donación de órganos y tejidos, no se requiere periodo mínimo de cotización. En el supuesto de la semana 39 de gestación, se requiere cumplir con el periodo de cotización mínimo establecido según la edad de la trabajadora embarazada (art. 178.1 LGSS).
  - La **IT derivada de accidente,** sea o no de trabajo, o enfermedad profesional para la que no se exige período mínimo de cotización.

La **duración del subsidio** será de:

- En los supuestos de **accidente o enfermedad,** ya sea laboral o no, será de 365 días prorrogables por otros 180 días cuando se prevea que el trabajador puede causar alta por curación.
- En períodos de **observación por enfermedad profesional,** será de 180 días prorrogables por otros 180 días cuando se estime necesario para el estudio y diagnóstico de la enfermedad.

A efectos de la duración máxima se deberán tener en cuenta los periodos de recaída y de observación anteriores.

La prestación económica consiste en un subsidio, o prestación periódica, de percepción limitada en el tiempo, equivalente a un determinado porcentaje aplicado sobre una base reguladora, y que serán objeto de estudio en la unidad didáctica de confección de la nómina.

La prestación por IT derivada de contingencias comunes para los **empleados de hogar** será abonada por el empleador entre los días 4º a 8º y a partir del 9º su pago lo realizará la entidad a que le corresponda. Si la IT es derivada de contingencias profesionales el subsidio será abonado desde el día siguiente de la baja, y en todo caso, a cargo de la Seguridad Social.

La situación de **IT por contingencias comunes** de los trabajadores pertenecientes al **Sistema Especial Agrario,** la base reguladora del subsidio no podrá ser superior al promedio mensual de la base de cotización correspondiente a los días trabajados de los últimos 12 meses anteriores a la baja. Estos trabajadores no tendrán derecho a dicha prestación durante el periodo de inactividad. El pago de la prestación correrá a cargo de la entidad gestora o colaboradora que le corresponda su gestión.

 **Normativa**

Art. 169 a 176, 251 y 256 de la LGSS.

5.6. Incapacidad permanente

Situación del trabajador que, después de haber sido dado de alta médica, presenta reducciones anatómicas o funcionales graves que disminuyen o anulan su capacidad para el trabajo.

La incapacidad permanente se califica con los siguientes grados para la realización de la profesión habitual:

- **Incapacidad permanente parcial.** Produce al trabajador una disminución superior al 33 % en el rendimiento de su profesión.
- **Incapacidad permanente total.** Inhabilita al trabajador para la realización de las tareas fundamentales de su profesión, siempre que pueda dedicarse a otras distintas.
- **Incapacidad permanente absoluta.** Impide al trabajador el ejercicio de todo tipo de profesión u oficio.
- **Gran invalidez.** Situación en que un trabajador afectado por incapacidad absoluta necesita la asistencia de otra persona para realizar los actos más esenciales de la vida.

 Ejemplo

Álvaro Vega, de 30 años, trabaja como técnico en mecanizado desde hace 8 meses en la empresa "Tecmotor S. A." Al operar en el torno de control numérico tiene un accidente. Durante 1 año está de baja temporalmente, sin embargo, 1 año y 1 mes más tarde, lo declaran incapacitado de forma definitiva.

En un principio, Álvaro Vega sufre una incapacidad temporal derivada de accidente de trabajo, ya que la sufre realizando el trabajo que ejecuta por cuenta ajena. La empresa ha cumplido las obligaciones con la Seguridad Social, así que, el trabajador se considera en alta a efectos de conseguir las prestaciones correspondientes.

Sin embargo, al incapacitarle de forma definitiva para todo trabajo, se trata de una incapacidad permanente absoluta. Como ha sido derivada de accidente de trabajo y Álvaro Vega es menor de 65 años, tiene derecho a una pensión por dicha incapacidad. En principio, la pensión es de carácter vitalicio, salvo que una vez revisada la situación del trabajador se le encuentre apto para el trabajo.

 Normativa

Art. 193 a 200 y DT 26ª de la LGSS.

5.7. Jubilación

Es una prestación económica que consiste en una **pensión vitalicia,** única y que no prescribe que se concede al trabajador cuando, a causa de la edad, cesa en el trabajo.

Para que se pueda acceder a dicha prestación, los beneficiarios deben reunir los siguientes **requisitos:**

- Haber cumplido 67 años o 65 años si se acredita un periodo de cotización de 38 años y 6 meses.
- Estar en alta o en situación asimilada a la del alta.
- Acreditar un período mínimo de cotización o carencia de 15 años, y con carácter general al menos 2 deberán estar comprendidos dentro de los 15 años inmediatamente anteriores al momento de causar el derecho.

Para poder acceder a una pensión de jubilación a edad ordinaria, se necesita tener un **período mínimo de cotización,** que va en función de la edad y del año de que se trate:

Año	Períodos cotizados	Edad exigida
2025	38 años y 3 meses o más	65 años
	Menos de 38 años y 3 meses	66 años y 8 meses
2026	38 años y 3 meses o más	65 años
	Menos de 38 años y 3 meses	66 años y 10 meses
A partir del año 2027	38 años y 6 meses o más	65 años
	Menos de 38 años y 6 meses	67 años

A efectos de acceso a los tipos de jubilación anticipada previstos en los arts. 207 y 208 de la LGSS, para los **trabajadores pertenecientes al Sistema Especial Agrario,** se requiere que en los últimos 10 años cotizados, al menos 6 correspondan a periodos de actividad efectiva en el sistema especial, siendo computable los periodos de percepción de la prestación por desempleo de nivel contributivo.

 **Normativa**

Art. 204 a 215, 256.4 y DT 7ª de la LGSS.

5.8. Desempleo

Situación en que se encuentran las personas que, pudiendo y queriendo trabajar, pierden su empleo o ven reducida su jornada laboral, entre un 10 % y un 70 %, con la correspondiente pérdida o reducción análoga de salarios. Es una prestación gestionada por el SEPE.

La protección por desempleo se estructura en 2 **niveles:**

- **Nivel contributivo** (prestación por desempleo), proporciona prestaciones a las personas que se encuentran en situación de paro o de reducción de jornada.
- **Nivel asistencial** (subsidio por desempleo), es un sistema asistencial que supone la prolongación de la prestación por desempleo. Se concede a quienes estando en desempleo cumplan los siguientes **requisitos:**

   ▪ No tener derecho a la prestación contributiva.
   ▪ No encontrarse en supuestos de incompatibilidad.
   ▪ Carecer de rentas propias o bien, de forma alternativa, acreditar responsabilidades familiares.

Y además, se encuentren en alguna de las siguientes **situaciones:**

   ▪ Haber agotado la prestación por desempleo. Si la persona es menor de 45 años y no tiene responsabilidades familiares se exige, además, que el desempleo agotado haya sido igual o superior a 360 días.

▪ Estar en situación legal de desempleo sin tener la cotización mínima para la prestación contributiva y haber cotizado como mínimo 90 días.

Los desempleados mayores de 52 años deben cumplir los requisitos del art. 280 de la LGSS.

Para que se reconozca el derecho al subsidio, la persona debe estar inscrita como demandante de empleo y ha de tener suscrito el acuerdo de actividad. La duración del subsidio por desempleo es **como máximo de 30 meses** y su importe está establecido en **tres tramos:** 95 % del IPREM, los primeros 6 meses; 90 % del IPREM, los 6 meses siguientes; y 80 % del IPREM, el resto del periodo.

Los **requisitos para acceder a la prestación** en el nivel contributivo son:

■ Estar afiliados y en situación de alta o asimilada al alta.
■ Tener cubierto un período mínimo de cotización en los seis años anteriores a la situación de desempleo o al fin de la obligación de cotizar.
■ Estar en situación legal de desempleo, estar disponible para buscar de forma activa empleo y para aceptar una colocación mediante la suscripción del acuerdo de actividad (art. 3 Ley 3/2023, de 28 de febrero).
■ No haber cumplido la edad ordinaria exigida en cada caso para el derecho a la pensión contributiva de jubilación.
■ Estar inscrito como demandante de empleo.

Podrán ser **beneficiarios** de la prestación por desempleo, entre otros:

■ Los trabajadores por cuenta ajena incluidos en el Régimen General de la Seguridad Social que cumplan los requisitos anteriores, los incluidos en los Regímenes Especiales de la Seguridad Social que protegen esta contingencia (minería del carbón y trabajadores del mar), los trabajadores por cuenta ajena del Sistema Especial Agrario y quienes estén acogidos al Sistema Especial para Empleados de Hogar.
■ Los trabajadores por cuenta ajena incluidos en los Regímenes Especiales de la Seguridad Social que protegen esta contingencia de desempleo (trabajadores del carbón y trabajadores del mar).
■ Los socios trabajadores de cooperativas de trabajo asociado, y de cooperativas de explotación comunitaria de la tierra, así como los socios de

trabajo de otras cooperativas, incluidos en un Régimen de la Seguridad Social que proteja esta contingencia.

- Los penados que hubiesen sido liberados de prisión por cumplimiento de condena o libertad condicional.
- Los trabajadores emigrantes retornados.
- Etc.

La **duración** de la prestación contributiva por desempleo depende del tiempo trabajado cotizado en los seis años anteriores a la situación de desempleo o a la finalización de la obligación de cotizar, según la tabla del art. 269.1 de la LGSS.

El **importe** de la prestación se calcula aplicando el 70 % de la base reguladora para los 180 primeros días y el 60 % para el resto. La base reguladora se corresponde con la media de la base de cotización por desempleo de los 180 últimos días del periodo de cotización indicado.

 **Normativa**

Título III de la LGSS.

5.9. Cuidado de menores afectados por cáncer u otra enfermedad grave

Prestación económica cuyos beneficiarios son los progenitores, adoptantes, acogedores o progenitor de una familia monoparental cuando reduzcan su jornada laboral con el objetivo de cuidar de un menor de 18 años a su cargo afectado por cáncer u otra grave enfermedad que requiera hospitalización por un largo período de tiempo. La prestación se puede mantener hasta los 23 años, si continúa la enfermedad después de la mayoría de edad; o hasta los 26 años, si además se acredita un grado de discapacidad igual o superior al 65 % antes de los 23 años.

El solicitante de la prestación podrá reducir su jornada de trabajo más del 50 % de su duración para dedicarse al cuidado del hijo, percibiendo un subsidio equivalente al 100 % de la base reguladora para una incapacidad temporal derivada de contingencias profesionales, reducida en la misma proporción que la reducción de jornada.

La prestación económica se extinguirá, entre otras causas, por el cumplimiento de la edad de 23 años, por cesar la necesidad del cuidado directo según informe médico o cuando no se pueda acreditar una discapacidad igual o superior al 65 %, o en su caso, se haya cumplido los 26 años.

 **Normativa**

Art. 190 a 192 de la LGSS.
Real Decreto 1148/2011.

5.10. Ingreso mínimo vital

El objetivo de esta prestación económica es la prevención del riesgo de pobreza y exclusión social de las personas que no disponen de recursos económicos mínimos para cubrir sus necesidades básicas.

Los **beneficiarios** del Ingreso Mínimo Vital (IMV) son:

- Las personas que pertenecen a una unidad de convivencia según lo recogido en la Ley 19/2021.
- Las personas mayores de 22 años que aun compartiendo domicilio con una unidad de convivencia, no se integren en ella.
- Las mujeres víctimas de violencia de género o de trata de seres humanos y explotación sexual.
- Las personas con edades comprendidas entre los 18 y 22 años de edad y que provengan de centros de protección de menores o de centros penitenciarios.

- Las personas que estén recibiendo de forma temporal una prestación de servicio residencial social, sanitario o sociosanitario.

Los requisitos que deben cumplir los beneficiarios para disponer del IMV son ser residentes en España y estar en situación de vulnerabilidad económica, para lo cual la media mensual de los ingresos totales del ejercicio anterior, del beneficiario o de la unidad de convivencia en su conjunto, debe ser inferior como mínimo en 10 euros al importe mensual garantizado con el IMV.

El importe del ingreso mínimo vital es la diferencia entre la renta garantizada y el conjunto de rentas (persona individual) e ingresos totales (unidad de convivencia) del ejercicio anterior, siempre que la cantidad obtenida sea mayor o igual a 10 € al mes.

La prestación se inicia el mes siguiente al de la solicitud y se mantiene hasta que las circunstancias que las motivaron existan. Así mismo se han de seguir cumpliendo los requisitos legales.

 **Normativa**

Ley 19/2021, de 20 de diciembre.

5.11. Otras prestaciones

La **asistencia sanitaria** cubre los servicios médicos y farmacéuticos, así como servicios de recuperación física, prótesis y ortopedia, conducentes a conservar y recuperar la salud.

Las personas trabajadoras tendrán derecho a percibir, en un pago único, una indemnización por **lesiones permanentes no incapacitantes,** es decir, por las lesiones, mutilaciones o deformaciones definitivas derivadas de accidentes de trabajo o enfermedades profesionales, siempre que supongan una modificación física sin llegar a ser una incapacidad permanente. Por ejemplo, el caso de la pérdida de un dedo de un carpintero en un accidente laboral.

Las prestaciones que incluyen la denominación **Muerte y supervivencia** tienen como finalidad compensar las difíciles situaciones económicas causadas por la muerte de los progenitores, cónyuge, pareja de hecho, etc. Se establecen a favor de las personas vinculadas al trabajador fallecido. Las más destacadas son:

- **Auxilio por defunción:** consiste en una ayuda para atender los gastos de sepelio.
- **Pensión de viudedad:** prestación económica vitalicia a favor del cónyuge o pareja de hecho de la persona fallecida, cuando se cumplan los requisitos de alta, cotización y duración del vínculo. En el caso de la **pensión temporal** se requiere que el cónyuge no pueda acreditar un año de matrimonio o la existencia de descendientes comunes; o que la inscripción como pareja de hecho fue dos años antes del fallecimiento.
- **Pensión de orfandad:** cuantía económica a favor de los descendientes de la persona fallecida, y, en su caso, de los hijos aportados por su cónyuge, menores de 21 años o incapacitados para trabajar. Además, se reconoce la **prestación de orfandad** a los descendientes de la fallecida si la causa ha sido violencia contra la mujer o por violencia sexual.
- **Pensión a favor de familiares:** prestación económica dirigida a los familiares distintos del cónyuge y sus hijos menores, siempre que hubieran convivido con y a expensas del trabajador fallecido, al menos durante 2 años, no tengan derecho a ninguna pensión y carezcan de medios de subsistencia.

 Normativa

Art. 42.1 LGSS y Ley 16/2003, 28 mayo.

Arts. 201 a 203 y arts. 216 a 234 de la LGSS.

6. Documentación relativa a la Seguridad Social

Entre las tareas que el departamento de RR. HH. lleva a cabo en la empresa es la gestión de la documentación derivada de los trámites con la Seguridad Social. La transformación digital que está sufriendo este organismo en los últimos años está beneficiando al empresario, al agilizar la tramitación que implica. Desde que se crea la empresa hasta que se formaliza la plantilla que la va a componer, hay multitud de gestiones con diferentes administraciones públicas, siendo la relacionada con la Seguridad Social la que más documentación genera. Es importante tener una visión clara en cuanto a los modelos que hay que utilizar, sus plazos y sus características propias.

6.1. Inscripción de la empresa. Identificación de empresario colectivo e individual

La inscripción de la empresa en la Seguridad Social por parte del empresario o del titular del hogar familiar es el requisito previo e indispensable al inicio de las actividades laborales. Los empresarios tienen la obligación de solicitar a la TGSS la **inscripción de la empresa** en el correspondiente régimen del sistema de Seguridad Social en función de las características de su actividad. De esta forma, la Seguridad Social puede identificarlos como empresario colectivo (sociedad) o individual (autónomo).

Con la inscripción la TGSS asigna al empresario un número que servirá para identificar y controlar el cumplimiento de las obligaciones del Régimen de la Seguridad Social en el que esté incluido. Este número es lo que se conoce como **Código de Cuenta de Cotización (CCC inicial),** se considera primero y principal y tiene 11 números divididos en tres bloques:

- Código provincial: es el número de orden de la provincia, consta de 2 dígitos.
- Número de inscripción: es el número correspondiente a la empresa e incluye 7 dígitos, que se pueden completar con ceros a la izquierda en caso de ser necesario.
- Código de control: consta de 2 dígitos.

El empresario cuenta con dos vías para presentar la solicitud de inscripción:

- De forma presencial **ante la Administración de la Tesorería** más cercana al domicilio de la actividad, presentando el **modelo TA.6** cumplimentado y la documentación requerida según el tipo de empresa.
- A través de la **Sede Electrónica de la Seguridad Social.** El empresario, mediante certificado digital, accederá a **Empresas** y utilizará, de entre los servicios existentes, el que se corresponda con su forma jurídica.

La apertura de nuevos centros de trabajo será comunicada por el empresario a la Seguridad Social, y si además estos se encuentran en provincias distintas a la que se ejerce la actividad habitual, se debe solicitar un nuevo CCC (vinculado al inicial) mediante la presentación del **modelo TA.7.**

 Nota

La presentación del modelo TA.7 también será necesaria cuando se produzcan los siguientes supuestos:

- Si se debe identificar trabajadores que tengan peculiaridades en su cotización.
- Cuando exista variación de los datos inicialmente comunicados a la Tesorería.
- Al dar de baja alguna cuenta de cotización (extinción de la empresa, cese definitivo o temporal de actividad).
- Si se produce un cambio de mutua AT y EP.

El plazo de presentación de los trámites es de 3 días naturales siguientes a aquel en que se produzcan, excepto el cambio en la mutua, que es de 10 días naturales antes de que se haga efectivo.

Las empresas y el titular del hogar familiar deben **proteger a sus trabajadores de los accidentes de trabajo y las enfermedades profesionales** que puedan sufrir, y para ello se acogen a una mutua para la cobertura de dichas contingencias. De forma voluntaria, la empresa puede optar por la misma entidad para la

Aplicación práctica

La sociedad **Prevesa** dedicada al comercio de prendas de vestir va a comenzar su actividad el 21 de enero. Su representante legal, **Carmen García Malo**, va a iniciar todos los trámites necesarios que están relacionados con la Seguridad Social, comenzando con la obtención del CCC inicial. Como dispone de certificado electrónico ha decidido hacerlo por esta vía. ¿Qué pasos tiene que dar para ello?

SOLUCIÓN

El trámite de inscripción de la empresa a través de la Sede Electrónica de la Seguridad Social se puede realizar siguiendo los siguientes pasos:

- Entrar en la Sede Electrónica de la Seguridad Social a través de la url https://sede. seg-social.gob.es/wps/portal/sede/sede/Inicio.
- Acceder al apartado **Empresas → Afiliación, Inscripción y Modificaciones.**
- Entre los servicios que se incluyen en esta sección, como Prevesa es una empresa colectiva y es de nueva creación, se elegirá **Empresario Colectivo. Identificación de Empresa. Asignación de CCC inicial.**
- Una vez en el servicio, Carmen ha de elegir **En nombre propio** y acceder al trámite mediante el botón **Obtener Acceso**, identificándose con el certificado digital.
- Finalmente, cumplimentará los datos que se solicitan, obteniendo el código de cuenta de cotización inicial de la empresa Prevesa.

cobertura de las contingencias comunes (accidente y enfermedad común). La información sobre la mutua elegida se debe consignar en el modelo de alta del Código de Cuenta de Cotización (modelo TA.6).

6.2. Afiliación, alta, baja y variación de datos de trabajadores en el régimen general

Cuando la empresa ha sido inscrita en la Seguridad Social, ya se encuentra en disposición de contratar personal. Esto origina al empresario nuevas obligaciones con la Seguridad Social, esta vez relativas a sus trabajadores, tales como la afiliación, el alta, la baja y la variación de datos.

La inscripción de los trabajadores en la Seguridad Social se produce a través de la **afiliación**, y los empresarios están obligados a inscribir en la Seguridad Social a todos los trabajadores que contraten. El trámite de afiliación de los trabajadores debe realizarse antes de que empiecen a trabajar en la empresa, mediante el **modelo TA.1** o por la sede electrónica accediendo al servicio: **Ciudadanos → Afiliación, Inscripción y Modificaciones → Solicitar el número de la Seguridad Social.**

Con este trámite la Tesorería emite una tarjeta para el trabajador, en la que constarán sus datos y el número que le ha sido asignado, que permitirá identificarlo en sus relaciones con la Seguridad Social. La **afiliación es única,** independientemente de las altas y bajas en los distintos regímenes y sistemas especiales, y se puede practicar:

A instancia del empresario	El empresario está obligado a solicitar la afiliación a la Seguridad Social de los trabajadores que no estuvieran previamente afiliados, e ingresen en su empresa para prestar servicios.
A instancia del trabajador	Los trabajadores por cuenta ajena, cuyo empresario no cumpla con la obligación de afiliación, pueden solicitarla directamente ante la Dirección Provincial de la Tesorería General de la Seguridad Social.
Afiliación de oficio por la Tesorería General de la Seguridad Social	La afiliación del trabajador se podrá efectuar de oficio si, como consecuencia de la actuación de la Inspección de Trabajo y Seguridad Social, se ha puesto de manifiesto el incumplimiento de la obligación de afiliar al trabajador por parte del empresario.

Otra de las obligaciones de la empresa para con la Seguridad Social es la comunicación de las **altas y bajas de sus trabajadores** en el régimen correspondiente, así como la **variación de datos ya informados.** Estos trámites, al igual que los anteriores, se pueden realizar de forma presencial en las Administraciones de la Seguridad Social presentando el **modelo TA.2/S** o por vía telemática a través de **Sistema RED.**

La comunicación de alta debe formularse antes del inicio de la prestación de servicios, pero no antes de 60 días, ya que las solicitudes presentadas con antelación solo surtirán efecto a partir del día en que se inicie la actividad. Las altas solicitadas fuera de plazo solo tendrán efecto desde el día en que se formule la solicitud.

 Importante

El periodo de prueba se considera como ingreso al trabajo a efectos de la correspondiente alta en la Seguridad Social.

Las solicitudes de baja y variación de datos del trabajador deben presentarse dentro del plazo de los 3 días naturales siguientes al del cese en la actividad o de aquel en que la variación se produzca. No se considera cese, la incapacidad temporal ni aquella otra situación en que se mantenga la obligación de cotizar por parte del empresario.

Los justificantes de altas, bajas o variaciones de datos deben ser conservados por el empresario durante un periodo de 5 años.

6.3. Alta, baja y variación de datos de trabajadores del Sistema Especial Agrario

El empresario debe comunicar a través del Sistema RED o mediante el **modelo TA.0163** ante la TGSS de la provincia en la que figure identificado el centro de trabajo, las altas, bajas y variaciones de datos de los trabajadores que se produzcan en la actividad agraria. Cuando la modalidad de cotización elegida es por **jornadas reales,** el empresario deberá comunicar de forma obligatoria a la Seguridad Social, el número de jornadas reales mensuales por trabajador utilizando el **modelo TA.0163-JR.** Su plazo de presentación es los primeros 6 días del mes siguiente a la realización de las jornadas.

El plazo de presentación de las distintas solicitudes es:

Trámite	Plazo
Alta	En general, previamente al inicio del trabajo pero no antes de 60 días.
	Si la contratación se produce el mismo día del comienzo del trabajo, se ha de comunicar hasta las 12 horas de ese día o antes, si la jornada es menor.
Baja y variación de datos	Dentro de los 3 días naturales siguientes al del cese de la actividad o de aquel en que la variación se produzca.

Los trabajadores agrarios se encontrarán incluidos en este sistema especial tanto por los periodos de actividad como por los de **inactividad**. Estos últimos se dan cuando el número de jornadas reales en un mes natural no es superior al 76,67 % de los días naturales del citado mes, es decir, se incluirán a los trabajadores que realicen 30 jornadas en 365 días. La exclusión del sistema durante el periodo de inactividad se produce:

- Por solicitud voluntaria del trabajador.
- De oficio por no realizar las 30 jornadas en un periodo de 365 días.
- De oficio por impago de las cuotas de inactividad durante dos meses seguidos.

Sin embargo, los trabajadores agrarios excluidos durante los periodos de inactividad se reincorporarán de nuevo al sistema si cumplen los siguientes requisitos:

- Haber realizado un mínimo de 30 jornadas en los 365 días anteriores a la reincorporación.
- Encontrarse al corriente del pago de las cuotas de inactividad.

6.4. Alta, baja y variación de datos de trabajadores del Sistema Especial para Empleados de Hogar

El alta de los trabajadores en este sistema especial se ha de realizar con anterioridad al inicio de la prestación de servicios, correspondiendo esta obligación al empleador (titular del hogar familiar), con carácter general. No obstante, los trabajadores que prestan sus servicios durante menos de 60 horas mensuales deben asumir las obligaciones de afiliación, alta, baja y variación de datos, previo acuerdo con los empleadores. Las altas presentadas antes del inicio de la prestación de servicios solo surtirán efectos a partir del día en que se inicie la actividad.

 Nota

Cuando el trabajador preste servicios en varios hogares corresponden a los distintos empleadores presentar las solicitudes de alta.

El plazo de presentación de las solicitudes de baja o variación de datos es de 3 días naturales contados a partir del día siguiente al del hecho causante.

Para comunicar las altas, bajas y variaciones de datos de los trabajadores integrados en este sistema especial existen tres modalidades:

- Presentación de solicitudes ante las administraciones de la TGSS a través del **modelo TA.2/S-0138.**
- Cuando se dispone de certificado digital, es posible utilizar los servicios de la sede electrónica, accediendo a: **Ciudadanos → Afiliación, Inscripción y Modificaciones → Alta/Baja/Modificación de datos laborales en empleo de hogar.**
- Si el usuario cuenta con algunos de los siguientes medios de identificación, como Cl@ve PIN o Permanente, DNIe o vía SMS, estos trámites se pueden realizar a través de **IMPORTASS. PORTAL DE LA TESORERÍA,** situado en la Sede Electrónica.

6.5. Alta, baja y variación de datos del Régimen Especial de Trabajadores Autónomos

Tienen la consideración de **trabajadores por cuenta propia o autónomos,** todas las personas físicas que realizan una actividad económica o profesional de forma habitual, personal, directa, por cuenta propia y sin encontrarse bajo la dirección de otra persona, tengan o no personas trabajadoras contratadas.

Los autónomos que inician su actividad como tales, independientemente de si contratan personal o no, están obligados a inscribirse (afiliarse y darse de alta) en el **Régimen Especial de Trabajadores Autónomos (RETA).** De igual forma, deben comunicar a las Administraciones de la TGSS el cese de sus actividades, dándose de baja en el régimen.

 Recuerde

La afiliación a la Seguridad Social en cualquier régimen y sistema se formaliza con la presentación del modelo IA.1 ante la Administración de la Tesorería que corresponda al domicilio de la actividad.

El alta, la baja y la variación de datos de los autónomos se han de realizar a través del enlace **IMPORTASS. PORTAL DE LA TESORERÍA,** de la Sede Electrónica de la Seguridad Social, que incluye los servicios y trámites online de la TGSS. Estas gestiones se realizan accediendo al apartado **Altas, bajas y modificaciones** y seleccionando el trámite a realizar, en cada caso. También se pueden tramitar en el Sistema RED, si dispone de autorización.

Apariencia de la web de Importass

El **alta** en el RETA es única. Entre otros, están incluidos en este régimen y por tanto podrán darse de alta como autónomos, los mayores de 18 años que realicen una actividad económica lucrativa sin que exista contrato laboral, los escritores de libros, el cónyuge y familiares hasta determinados grados que colaboran con el autónomo, los trabajadores autónomos económicamente dependientes, etc. La comunicación del alta a la Tesorería se debe realizar antes del comienzo de la actividad, teniendo en cuenta que el plazo máximo de antelación es de 60 días.

 Nota

Si se solicita el alta a los 30 días de haber iniciado la actividad, el trámite se debe realizar mediante el envío de una solicitud; no obstante, para tener derecho a las prestaciones se han de ingresar las cuotas que corresponden desde el inicio real de la actividad.

En la solicitud de alta, el trabajador autónomo, además debe elegir la base de cotización y los beneficios que se puede aplicar, así como la mutua que dará cobertura de forma obligatoria a la prestación económica por IT, a las contingencias de accidentes de trabajo y enfermedades profesionales, la protección por cese de actividad y la formación profesional.

La comunicación de **baja** como trabajador autónomo se tramita en el mismo enlace de la TGSS que se ha indicado para el alta. La solicitud de baja se puede realizar 60 días antes de la fecha de cese y hasta 3 días después de la misma, comunicando la fecha efectiva de fin de actividad, el motivo de la baja, la actividad principal (código IAE) y la administración tributaria que corresponde.

La **variación de datos** se gestiona de igual forma que el alta o la baja, permitiendo, modificaciones en:

- La base de cotización.
- El tipo de actividad, los datos como trabajador autónomo y la condición en la que se desarrolla el trabajo por cuenta propia.
- La Mutua y la cobertura.

 Aplicación práctica

Luisa Ortiz va a abrir una peluquería en la que además de trabajar ella, va a contratar a una amiga. Describe los trámites que debe llevar a cabo con la Seguridad Social teniendo en cuenta que ambas disponen de número de afiliación.

Continúa en página siguiente >>

<< Viene de página anterior

SOLUCIÓN

Luisa debe darse de alta en el Régimen Especial de Trabajadores Autónomos (RETA), a través del portal IMPORTASS, en el plazo de 60 días antes del inicio de la actividad. La información que debe suministrar, y la cual debe decidir, es la base por la que cotizará, la mutua para la cobertura de sus riesgos y los beneficios que se puede aplicar. Así mismo debe comunicar su número de la Seguridad Social y el Código del IAE al que pertenece su actividad de peluquería.

Puesto que va a contratar a una amiga, debe inscribirse como empresa en la Seguridad Social, mediante el modelo TA.6 y deberá elegir la Mutua de Accidentes de Trabajo y Enfermedades profesionales de la Seguridad Social que cubrirá las contingencias profesionales, la incapacidad temporal, el cese de actividad y la formación profesional. Al mismo tiempo debe gestionar la autorización de acceso a Sistema RED, para llevar a cabo todas las gestiones de afiliación, cotización y partes médicos de su empresa.

Antes de iniciar la relación laboral con su amiga, debe darla de alta en la Seguridad Social con el modelo TA.2 a través de Sistema RED.

Todos los trámites pueden realizarse ante la administración de la Tesorería General de la Seguridad Social donde radique el domicilio de la peluquería o mediante el portal Importass.

6.6. Sistema RED

La Tesorería General de la Seguridad Social facilita a las empresas, agrupaciones de empresas y profesionales, la comunicación de los datos de afiliación, alta, baja y variación de datos de los trabajadores, por vía telemática. Este servicio, que permite el intercambio de información y documentación entre el organismo y el usuario a través de internet, es conocido como **Sistema RED.** Para trabajar con él es necesaria la obtención previa de una autorización de la Tesorería y un certificado electrónico válido para los trámites con la Seguridad Social.

Por medio de este sistema se puede entrar en contacto directo con la TGSS que, gracias a los medios tecnológicos y elementos de seguridad necesarios, permite el acceso a datos de empresa y trabajadores, así como a la remisión de documentos de cotización, afiliación y partes médicos. El usuario podrá realizar estas gestiones y recibir mensajes de la TGSS desde su propio despacho, sin necesidad de desplazarse y sin limitaciones de horarios.

El sistema RED está compuesto por tres servicios principales:

- **Red Internet.** Permite la remisión de documentos e información a través de internet.
- **RED Directo.** Está dirigido a las empresas que cuentan con menos de 15 trabajadores en el momento de solicitar la autorización. Si el número de trabajadores aumenta después de la autorización, la empresa podrá seguir utilizando Red Directo siempre que el número de trabajadores no sea superior a 25.
- **Sistema de Liquidación Directa.** Se utiliza en el proceso de liquidación de cotizaciones.

 Importante

La obligatoriedad de uso del Sistema RED se extiende a todas las empresas, independientemente del régimen en el que estén encuadradas.

7. Resumen

El sistema de la Seguridad Social trata de garantizar a los sujetos protección frente a determinadas contingencias relacionadas con la salud, la edad, la situación laboral o la situación familiar. Para ello, es necesario que tanto empresarios como trabajadores contribuyan a su sostenimiento mediante las **cotizaciones**. No obstante, la cobertura que da este organismo en forma de prestaciones no solo incluye a estos colectivos, sino que se extiende a la totalidad de la población. De esta forma, se distingue entre modalidad **contributiva** y **no contributiva** o asistencial.

La gestión de la Seguridad Social es llevada a cabo por varias entidades, organismos y servicios integrados en su estructura.

Los **regímenes** que integran la Seguridad Social son: Régimen General (Sistema especial agrario y Sistema especial para empleados del hogar) y Regímenes especiales (Autónomos, minería del carbón y trabajadores del mar).

La acción protectora de la Seguridad Social garantiza a los trabajadores y a sus familiares, la cobertura de determinadas situaciones de necesidad, tales como: asistencia sanitaria, recuperación profesional, prestaciones económicas, prestaciones familiares y prestaciones de servicios sociales.

Las principales **prestaciones** de la Seguridad Social son asistencia sanitaria, nacimiento, adopción, guarda con fines de adopción y acogimiento familiar, riesgo durante el embarazo o la lactancia natural, corresponsabilidad con el cuidado del lactante, incapacidad temporal o permanente, lesiones permanentes no incapacitantes, jubilación, desempleo, muerte y supervivencia, cuidado de menores afectados por cáncer u otra enfermedad grave e IMV.

Antes del comienzo de toda actividad hay que realizar una serie de **trámites con la Seguridad Social** que están relacionados con la inscripción del empresario en el sistema, obteniendo así el Código de Cuenta de Cotización; la afiliación, de la empresa y los trabajadores, al régimen o sistema de la Seguridad Social correspondiente a la actividad que se va a desarrollar, y que tendrá como resultado final la obtención del número de la Seguridad Social; y el alta, la baja y la variación de datos de los trabajadores en el régimen o sistema de la Seguridad Social respectivo.

Ejercicios de repaso y autoevaluación

1. **Complete las siguientes frases:**

El sistema de la _____trata de _____a los sujetos protección frente a determinadas _____.

La Seguridad Social se mantiene, básicamente, de las aportaciones económicas que realizan los trabajadores y las empresas. Dichas aportaciones, obligatorias, se realizan mediante las _____.

La Seguridad Social está integrada por 2 tipos de regímenes: el _____. y los _____.

En la práctica, la gestión de la Seguridad Social se lleva a cabo mediante: las entidades _____, servicios _____, organismos _____ y las entidades _____.

2. **Indique si las siguientes afirmaciones son verdaderas o falsas:**

   a. El desempleo es la situación en que se encuentran las personas que, pudiendo y queriendo trabajar, pierden su empleo o ven reducida su jornada laboral, con la correspondiente pérdida o reducción análoga de salarios.

      ☐ Verdadero
      ☐ Falso

   b. Las empresas al igual que las mutuas, colaboran en la gestión de la Seguridad Social, facilitando el acceso de los trabajadores a determinadas prestaciones, pueden realizar la gestión de dos formas: pago delegado y colaboración voluntaria.

      ☐ Verdadero
      ☐ Falso

c. Los organismos autónomos, son organismos con personalidad jurídica y recursos propios, pero dependientes del ministerio con competencia en Seguridad Social, y son el INSS y la TGSS.

☐ Verdadero
☐ Falso

3. Identifique quién pertenece al Régimen General y quién al Régimen Especial:

a. Minero por cuenta ajena.
b. Artista de teatro.
c. Torero.
d. Pescador por cuenta ajena.
e. Funcionario.

4. Identifique la entidad gestora a la que debe dirigirse para:

a. Dar de alta a un trabajador.
b. Solicitar la prestación por desempleo.
c. Solicitar la pensión de jubilación no contributiva.
d. Inscribir una empresa en el Régimen General de la Seguridad Social.
e. Solicitar la prestación de desempleo de un trabajador afiliado al Régimen Especial de trabajadores del mar.

5. Indique cuál es la prestación que la Seguridad Social concedería en las siguientes situaciones:

a. Ana Pérez ha perdido su empleo después de estar trabajando durante 2 años.
b. Esteban Muñoz ha sufrido un accidente de trabajo. Como consecuencia del mismo, el médico le ha prescrito descanso, por lo que no puede asistir al trabajo durante 3 meses.
c. María Gil es una trabajadora y acaba de ser madre.
d. Soledad Ríos tiene que operarse de apendicitis en un hospital público.

6. Conteste las siguientes preguntas y razone sus respuestas:

   a. Jorge Pinto, soltero de 46 años, ha agotado una prestación por desempleo de 14 meses y en la actualidad carece de rentas ¿Tiene derecho a subsidio de desempleo?

   b. Eugenia Reguera es viuda y cobra una pensión de viudedad, está pensando en volverse a casar ¿Perderá el derecho a dicha pensión si vuelve a casarse?

   c. Para la jubilación en la modalidad contributiva ¿Cuál es el período de carencia exigido?

   d. En la baja por nacimiento y cuidado de menor, en caso de parto múltiple (2 hijos) ¿Cuántas semanas le corresponden a cada progenitor?

7. ¿En qué momento hay que realizar la inscripción de la empresa en la Seguridad Social? ¿Qué modalidades de presentación existen?

   _____

   _____

8. ¿Cómo se puede practicar la afiliación de los trabajadores?

   _____

   _____

9. ¿Cuál es el proceso para darse de alta en el RETA?

   _____

   _____

10. ¿Qué ventajas le reportan a las empresas la existencia del Sistema RED? ¿Quién se puede acoger al sistema RED Directo?

    _____

    _____

Unidad Didáctica 5
Confección de la nómina y obligaciones de cotización

Contenido

1. Introducción

Toda relación laboral existente entre empresario y trabajador se formaliza con el contrato de trabajo. La reciprocidad que existe en esta relación se traduce en una prestación de servicios para el empresario y en una compensación económica para el trabajador. Esta última se ve reflejada en el recibo de salarios, comúnmente denominado, nómina. En 2014 se publicó la Orden ESS/2098/2014 de 6 de noviembre que modificó la norma que regula el modelo oficial del recibo de salario. Este cambio significó un aumento de la información que hasta el momento se proporcionaba al trabajador, ya que se añadió la aportación a la Seguridad Social que le corresponde realizar al empresario por el trabajador.

El resultado final de la nómina es el salario que el trabajador va a recibir por la prestación de sus servicios. Dependiendo de sus circunstancias personales e individuales y de las características propias de la empresa, los datos que forman la estructura del salario son distintos. Tanto el empresario como el trabajador están obligados a realizar una aportación a la Seguridad Social a través de las cotizaciones. El cálculo y liquidación de las cotizaciones se ha agilizado con la incorporación de la digitalización del sistema que lo gestiona.

2. El recibo de salario o nómina

El llamado **recibo individual justificativo del pago de salarios** no solo sirve para garantizar al deudor de la retribución (empresario) la efectividad del pago sino también para hacer comprensible al trabajador las diversas partidas que lo integran y así evitar posibles fraudes.

La nómina se tiene que **ajustar al modelo aprobado por el ministerio,** salvo que por convenio colectivo o por acuerdo entre la empresa y los representantes de los trabajadores, se establezca otro modelo que contenga, de forma clara, las percepciones del trabajador y las deducciones que procedan. Su contenido ha de reflejar la fiel estructura que sobre el salario se hubiera acordado en convenio colectivo o en el contrato de trabajo. La utilización de recibos de salarios distintos del modelo oficial, o del acordado, constituye una infracción leve que se sanciona con **multa de entre 70 y 750 €.**

Empresa:	Trabajador:
Domicilio:	NIF:
	Núm. Afil. Seguridad Social:
CIF:	Grupo Profesional:
CCC:	Grupo de Cotización:

Período de liquidación: del _____ de _____ al _____ de _____ de 20____   Total días [ ]

		IMPORTE	TOTALES
I.	DEVENGOS		
1.	Percepciones salariales		
	Salario base..	_____	
	Complementos salariales:		
	....	_____	
	....	_____	
	....	_____	
	....	_____	
	Horas extraordinarias	_____	
	Horas complementarias (Contratos a tiempo parcial)	_____	
	Gratificaciones extraordinarias..........	_____	
	Salario en especie	_____	
2.	Percepciones no salariales		_____
	Indemnizaciones o suplidos		
	....	_____	
	Prestaciones e Indemnizaciones de la Seguridad Social		
	....	_____	
	Indemnizaciones por traslados, suspensiones o despidos		
	....	_____	
	Otras percepciones no salariales		
	A. TOTAL DEVENGADO		_____
II.	DEDUCCIONES		
1.	Aportación del trabajador a las cotizaciones a la Seguridad Social y conceptos de recaudación conjunta		
	%		
	Cont. comunes + MEI	_____	_____
	Desempleo	_____	_____
	Formación Profesional	_____	_____
	Horas extraordinarias	_____	_____
	TOTAL APORTACIONES		_____
2.	Impuesto sobre la renta de las personas físicas.....................	_____	_____
3.	Anticipos..	_____	_____
4.	Valor de los productos recibidos en especie	_____	_____
5.	Otra deducciones	_____	_____
	B. TOTAL A DEDUCIR		_____
	LÍQUIDO TOTAL A PERCIBIR (A — B)		_____

_____ de _____ de 20____

Firma y sello de la empresa   RECIBÍ

_____   _____

DETERMINACIÓN DE LAS BASES DE COTIZACIÓN A LA SEGURIDAD SOCIAL Y CONCEPTOS DE RECAUDACIÓN CONJUNTA Y DE LA BASE SUJETA A RETENCIÓN DEL IRPF Y APORTACIÓN DE LA EMPRESA

CONCEPTO	BASE	TIPO	APORTACIÓN EMPRESA
1. Contingencias comunes + MEI			
Importe remuneración mensual .... _____			
Importe prorratas pagas extraordinarias ... _____			
TOTAL...........................	_____	_____	_____
2. Contingencias profesionales y conceptos de recaudación conjunta			
AT y EP	_____	_____	_____
Desempleo.......................	_____	_____	_____
Formación Profesional	_____	_____	_____
Fondo Garantía Salarial	_____	_____	_____
3. Cotización adicional horas extraordinarias.................	_____	_____	_____
	_____	_____	_____
4. Base sujeta a retención del IRPF	_____		

Modelo oficial de nómina

 **Importante**

El empresario está obligado a consignar en el recibo de salarios las cantidades realmente abonadas al trabajador, de tal modo que la omisión en el cumplimiento de tal deber, constituye una infracción de carácter grave, susceptible de ser sancionada con multa de importe comprendido entre 751 y 7.500 €.

2.1. Estructura

El modelo oficial de nómina presenta claramente tres secciones, agrupadas por la información que muestran en el documento, y que son:

- **Encabezamiento.** Incluye los datos identificativos de la empresa y del trabajador, tales como, denominación/nombre y apellidos, NIF, domicilio, Código de Cuenta de Cotización/Número de afiliación, etc. Además, se especifica el periodo de liquidación al que se corresponde la nómina y el total de días. En este último caso, si la nómina es diaria se indica 28, 29, 30 o 31 días (según corresponda), y si es mensual, 30 días.
- **Parte central.** Está compuesta por dos grandes bloques:

  - **Devengos.** Es la suma total de las cantidades que percibe el trabajador por distintos conceptos. Entre estos, es necesario distinguir las denominadas percepciones salariales, que retribuyen el trabajo efectivo del trabajador de aquellas otras, denominadas percepciones no salariales o extrasalariales, que se abonan al trabajador si se producen determinadas circunstancias, pero sin que guarden una relación directa con el trabajo efectivo realizado.
  La importancia práctica de esta distinción entre percepciones de carácter salarial y las de carácter no salarial radica en el hecho de que mientras las percepciones de carácter salarial cotizan a la Seguridad Social no sucede lo mismo con las de carácter no salarial que, reflejadas en el recibo de salarios, están excluidas de cotización.
  - **Deducciones.** A la hora de confeccionar la nómina correspondiente al período que se liquida, el empresario deberá efectuar (en nombre

del trabajador) las deducciones que por razón de las retribuciones satisfechas, está obligado a practicar, como son las relativas a la cotización a la Seguridad Social, a cuenta del IRPF, por cantidades anticipadas, por los productos recibidos en especie y otras deducciones como cuota sindical, canon por negociación, abandono del trabajo sin preaviso o ausencias sin notificar, sanción disciplinaria, huelga o cierre patronal, entre otras.

■ **Parte final.** Incluye las bases de cotización a la Seguridad Social y la aportación empresarial por este concepto, además de la base sujeta a retención del IRPF. La necesidad de tener cubiertos determinados riesgos obliga a la empresa a efectuar cotizaciones a la Seguridad Social por distintos conceptos:

■ **Base de cotización por contingencias comunes**: comprende la remuneración total, que es la suma de todos los conceptos retributivos que cotizan a la Seguridad Social, y la prorrata de las pagas extras. La base debe estar comprendida entre las bases mínimas y máximas del grupo de cotización que corresponda.

■ **Base de cotización por contingencias profesionales (AT y EP) y conceptos de recaudación conjunta (desempleo, formación profesional, Fondo de Garantía Salarial):** para determinar la base de cotización por las contingencias de accidentes de trabajo y enfermedad profesional se aplicarán las mismas reglas que para las contingencias comunes, incluyendo como concepto computable las horas extraordinarias.

■ **Base de cotización adicional por horas extraordinarias:** recoge el importe exacto de las horas extraordinarias realizadas en el mes que se liquida.

■ **Base sujeta a retención del IRPF:** importe que resulta de sumar los conceptos salariales y no salariales percibidos por el trabajador (total devengado) en el mes que se liquida.

2.2. Deducciones

Los distintos conceptos de este apartado que se detraen en la nómina de los trabajadores tratan sobre:

- **Aportación del trabajador a la Seguridad Social y conceptos de recaudación conjunta:** serán las resultantes de aplicar a la base de cotización los tipos según el régimen de la Seguridad Social al que esté acogido el trabajador y el tipo de contingencia. Estas deducciones se deben realizar en el momento de hacer efectivas las retribuciones, y en caso de omisión, correrán a cargo exclusivo del empresario. En este apartado se incluyen las siguientes contingencias:

  - Contingencias comunes + Mecanismo de Equidad Intergeneracional
  - Desempleo
  - Formación profesional
  - Horas extraordinarias

- **Retenciones por IRPF:** el empresario está obligado a retener e ingresar en el Tesoro determinadas cantidades en concepto de pago a cuenta por el Impuesto sobre la Renta de las Personas Físicas, cuando satisfaga rendimientos de trabajo o prestaciones dinerarias por cuenta de la Seguridad Social. La cuantía de la retención será el resultado de aplicar al rendimiento íntegro de la nómina, el porcentaje correspondiente, que depende de la retribución del trabajador y de su situación familiar. El empresario puede efectuar la retención impositiva en cualquier momento posterior al legalmente previsto si por error no la efectuó temporáneamente, o en la cuantía correcta, haya o no habido requerimiento de la Inspección.

- **Deducciones por cantidades anticipadas:** en determinados supuestos, el empresario puede proceder a la deducción de cantidades del total devengado del mes que se liquida.

  - Anticipos a cuenta de trabajo realizado: el trabajador y, con su autorización, sus representantes legales, tiene derecho a percibir, sin que llegue el día señalado para el pago, anticipos a cuenta del trabajo ya realizado. La cuantía máxima del anticipo, y su devolución, aparece regulada en los Convenios colectivos o, en su defecto, en los contratos individuales de trabajo. Puede, en consecuencia, el empresario deducir en la nómina del trabajador lo anticipado por este concepto.
  - Anticipos estímulo: con respecto a los salarios por trabajo aún no realizados se autoriza a practicar anticipos sobre salarios futuros para

inducir a los trabajadores a aceptar un empleo, anticipos que no pueden exceder del salario base de 3 meses y cuyo reembolso se hará en cantidades no superiores a un sexto del salario base de cada mes.

▪ Indemnizaciones por extinción del contrato por causas objetivas: en el supuesto de extinción del contrato por causas objetivas, si la extinción se declara improcedente y el empresario procede a la readmisión, el trabajador habrá de reintegrarle la indemnización si le hubiese sido entregada.

▪ Préstamos con garantía de salario: también puede ser objeto de deducción el importe de las cuotas de amortización de los préstamos que las empresas hayan concedido a sus trabajadores. Es válido el pacto que impone el reintegro total del préstamo en el momento de extinguirse el contrato, cualquiera que fueran los vencimientos acordados inicialmente.

■ **Deducción del valor de los productos recibidos en especie:** también debe deducirse la cuantía en que se valoró la retribución en especie y que, como partida salarial que es a todos los efectos, fue reflejada en el recibo de salarios. Deducida del total devengado la citada cuantía resultará otra que se corresponde con el salario que el trabajador tiene derecho a percibir en dinero efectivo.

3. El salario

Se considerará **salario** la totalidad de las percepciones económicas de los trabajadores, en dinero o en especie, por la prestación profesional de los servicios laborales por cuenta ajena, ya retribuyan el trabajo efectivo, cualquiera que sea la forma de remuneración, o los períodos de descanso computables como de trabajo.

Los períodos de descanso computables como de trabajo son:

■ El descanso, no inferior a 15 min, en jornada continua que excede de 6 h diarias, si así está establecido mediante acuerdo.

■ Las ausencias justificadas al trabajo con derecho a retribución (permisos retribuidos).

- Las interrupciones del trabajo que sean imputables al empresario por falta de trabajo, o tiempo de tramitación en despidos declarados nulos o improcedentes.

No tendrá la consideración de salario las cantidades percibidas por el trabajador en concepto de indemnizaciones o suplidos por los gastos realizados como consecuencia de su actividad laboral, las prestaciones e indemnizaciones de la Seguridad Social y las indemnizaciones correspondientes a traslados, suspensiones o despidos.

 Nota

El salario puede ser de diferentes tipos, según una serie de criterios: por tiempo, por rendimiento, en especie y a comisión.

Las principales características del salario son:

- El pago del salario corresponde al empresario, aun cuando no se haya realizado trabajo alguno por el disfrute de los permisos legalmente establecidos en las normas laborales.
- La forma del pago del salario es, con carácter general, la transferencia bancaria.
- El período de tiempo a que se refiere el abono de las retribuciones periódicas y regulares no puede exceder de 1 mes.
- La impuntualidad en el pago hace incurrir al empresario en mora, por lo cual deberá abonar un interés anual del 10 % de lo adeudado.
- El salario por un mismo trabajo debe ser igual sin discriminar por razón de sexo, origen, estado civil, raza, condición social, ideas religiosas o políticas, adhesión o no a sindicatos y a sus acuerdos, vínculos de parentesco con otros trabajadores en la empresa y lengua dentro del Estado español.

El salario en relación a la nómina se distingue entre el salario bruto o íntegro y el salario líquido o neto.

El **salario bruto** (total devengado en la nómina) se define como la suma de todos los importes que va a recibir el trabajador (salario base, complementos salariales, horas extraordinarias, gratificaciones, percepciones no salariales, etc.).

A este salario se le descontarán las retenciones del IRPF y aportaciones a la Seguridad Social que tenga que soportar el trabajador, con lo que se obtiene el **salario neto.** Este salario es el que va a recibir el trabajador.

Vea el siguiente esquema:

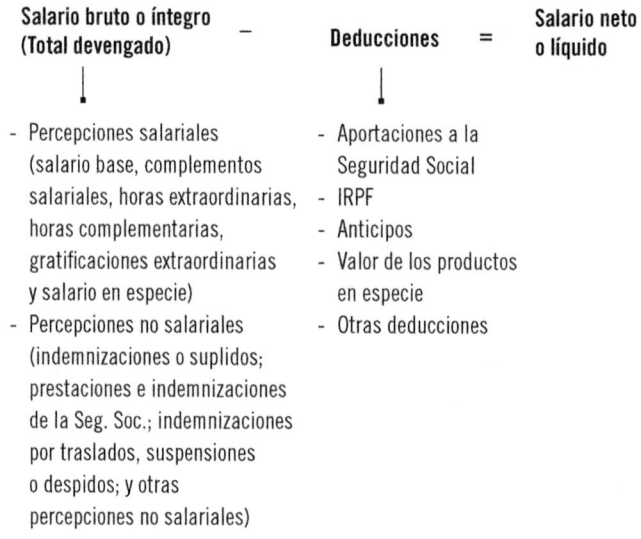

Salario bruto o íntegro — **Deducciones** = **Salario neto**
(Total devengado) **o líquido**

- Percepciones salariales
  (salario base, complementos
  salariales, horas extraordinarias,
  horas complementarias,
  gratificaciones extraordinarias
  y salario en especie)
- Percepciones no salariales
  (indemnizaciones o suplidos;
  prestaciones e indemnizaciones
  de la Seg. Soc.; indemnizaciones
  por traslados, suspensiones
  o despidos; y otras
  percepciones no salariales)

- Aportaciones a la
  Seguridad Social
- IRPF
- Anticipos
- Valor de los productos
  en especie
- Otras deducciones

3.1. Salario Mínimo Interprofesional (SMI)

El Gobierno, con carácter anual, regula la retribución mínima que deben percibir los trabajadores, cualquiera que sea la actividad que desempeñen, por cada día de trabajo.

Esta retribución mínima es el denominado Salario Mínimo Interprofesional caracterizado porque:

- En su fijación anual por el Gobierno, este deberá consultar previamente a las organizaciones sindicales y empresariales más representativas. Será asimismo, revisable semestralmente para que se cumplan las previsiones sobre el Índice de Precios al Consumo.
- Es inembargable.
- Tanto la negociación colectiva u otros acuerdos colectivos, como los contratos individuales, respetarán el Salario Mínimo Interprofesional.

Según el Real Decreto-ley 3/2004, de 25 de junio, para la racionalización de la regulación del SMI y para el incremento de su cuantía, el SMI se desvincula de las cuantías de todas las prestaciones, ayudas y subvenciones en ámbitos distintos del sociolaboral (justicia, vivienda, educación,...). Todas estas prestaciones pasan a estar referenciadas por el denominado **Indicador Público de Rentas de Efectos Múltiples (IPREM).**

 Nota

En el Salario Mínimo Interprofesional se incluye solo la retribución en dinero, sin que el salario en especie, de existir, minore la cuantía íntegra en dinero de dicho salario.

3.2. Salario base

Es aquella parte de la retribución del trabajador fijada por unidad de tiempo o de obra sin atender a ninguna otra circunstancia. Su cuantía viene establecida para todas y cada una de las categorías, grupos profesionales o niveles retributivos, de los Convenios colectivos. Pertenece a las percepciones salariales de la nómina.

Se entenderá, salvo pacto en contrario, que los salarios determinados por tiempo fijo (año, mes, semana o día), corresponden a la jornada normal completa de trabajo y al rendimiento mínimo, fijado o habitual, exigible en la actividad que, en cada caso, se trate.

El salario base puede fijarse en base a dos criterios:

- Por convenio colectivo: estos determinarán las tablas salariales aplicables a los sectores que regulan, diferenciando a los trabajadores por su categoría profesional, ya que, en este caso, esta característica se tiene en cuenta a la hora de determinar la cuantía del salario.
- Pactado o mejora voluntaria: el salario establecido por convenio dejará de tener efectividad cuando por contrato se pacte un salario superior entre el empresario y el trabajador; o cuando el empresario estime oportuna una mejora voluntaria en función del trabajo prestado o de la marcha económica de la empresa.

Si existe diferencia entre el salario por convenio y el pactado, siempre se aplicará el de mayor importe.

En estos salarios se computan tanto la retribución en dinero como en especie y se entienden referidos a la jornada legal de trabajo en cada actividad, sin incluir, en el caso de los salarios diarios la parte proporcional de los domingos y días festivos.

El valor del salario base puede ser inferior al Salario Mínimo Interprofesional, siempre que los ingresos profesionales en conjunto sean superiores a dicho salario mínimo.

3.3. Complementos salariales

Se consideran complementos salariales aquellos que no hayan sido valorados al determinar el salario base. Tales complementos pueden venir regulados en las leyes o en los Convenios colectivos, o bien pueden haberlos establecido o pactado la dirección de la empresa. Los complementos salariales se pueden clasificar en:

a. **Complementos personales.** Se establecen por las condiciones personales del trabajador y son, entre otros:

- **Antigüedad:** es un plus establecido en función del tiempo que se lleve trabajando en la empresa. Los períodos establecidos para cobrar este plus suelen ser: bienio (2 años), trienios (3 años), quinquenios (5 años), sexenios (6 años) o una combinación de ellos.
- **Conocimientos especiales:** los trabajadores pueden percibir este complemento cuando se sirven de determinados conocimientos como idiomas o la posesión de un título.

b. **Complementos de puesto de trabajo.** Estos complementos se perciben por las características especiales del puesto de trabajo que lo diferencian del puesto corriente y se dejarán de percibir en el momento que finalice la tarea que da origen al complemento.

- **Penosidad, toxicidad, peligrosidad, trabajo a turnos:** se percibirán cuando así lo establezca el convenio colectivo o la autoridad laboral, cuando el puesto de trabajo reúna estas características, y únicamente por los días realmente trabajados.
- **Nocturnidad:** el trabajo nocturno tendrá una retribución específica que se determinará en la negociación colectiva.
- **De residencia:** es un complemento que reciben los trabajadores de la península que se desplazan a Baleares, Canarias, Ceuta y Melilla, o viceversa.

c. **Complementos por calidad o cantidad de trabajo.** Se percibe por realizar mayor cantidad de trabajo o alcanzar un nivel de calidad superior al considerado como normal.

- **Incentivos, actividad:** se establecen cuando al trabajador se le exige un rendimiento superior al considerado como medio.
- **Asistencia, puntualidad:** con estos complementos se trata de evitar el absentismo laboral, se perciben cuando el nivel de absentismo sea inferior al marcado por la empresa.

d. **Horas extraordinarias.** En los Convenios colectivos, o bien en su defecto en el contrato individual, puede establecerse la opción de abonar las horas extraordinarias en la cuantía que se fije, que en ningún caso podrá ser inferior al valor de la hora ordinaria, o bien compensarlas por el tiempo equivalente de descanso retribuido.

e. **Gratificaciones extraordinarias.** Son aquellas percepciones de carácter periódico, no esporádicas, cuya periodicidad supera el mes: pagas extraordinarias, participación en beneficios y cualquier otra que convencionalmente pudiera otorgarse en función de la situación y resultados de la empresa.

El trabajador tiene derecho a dos gratificaciones extraordinarias al año, una de ellas con ocasión de las fiestas de Navidad y la otra en el mes que se fije por convenio colectivo o por acuerdo entre el empresario y los representantes legales de los trabajadores. Igualmente se fijará por convenio colectivo la cuantía de tales gratificaciones y su prorrateo en las 12 mensualidades.

El sistema de devengo de las pagas está establecido por los Convenios colectivos, siendo proporcional a la permanencia en la empresa durante el semestre o año anterior al devengo semestral o anual respectivamente. A falta de regulación por Convenios, se devengará en proporción al tiempo de servicio en el año anterior a su cobro.

Por ejemplo, las gratificaciones extraordinarias no se devengan durante el período de incapacidad temporal, motivo por el cual, dichos días de incapacidad deberán descontarse del total de días devengados a que tenga derecho percibir la paga.

El establecimiento de otras pagas distintas de las anteriores puede ser resultado de Convenio entre las partes negociadoras, o de una concesión del empresario.

f. **Salario en especie.** Constituyen percepciones en especie de carácter salarial la utilización, consumo u obtención para fines particulares de bienes, derechos o servicios de forma gratuita o por precio inferior al normal de mercado, cuya entrega por parte de las empresas sea debida en virtud de una norma, convenio colectivo o contrato de trabajo, y no constituyan asignaciones de carácter asistencial.

Así pues, estas remuneraciones percibidas por el trabajador en bienes distintos del dinero, únicamente tendrán la consideración legal de salario (salario base o complemento salarial) cuando su entrega no sea obligatoria para el empresario o responda a beneficios de asistencia social que comprendan no solo a los trabajadores, sino también a los pensionistas o herederos de aquel.

Cualquier objeto o servicio que tenga en sí un valor económico, puede realizar igual función retributiva como las entregas en dinero.

Entre otras, se considerarán retribuciones salariales en especie las siguientes: manutención, alojamiento, casa-habitación, etc.

En ningún caso el salario en especie podrá superar al 30 % de las percepciones salariales del trabajador.

g. **Otros complementos:** Las compensaciones por quebranto de moneda, desgaste de herramientas, prendas de trabajo, productos en especie concedidos voluntariamente por las empresas y percepciones por matrimonio.

3.4. Percepciones no salariales

Tienen la consideración de percepciones no salariales, o devengos extrasalariales, aquellas retribuciones que percibe el trabajador como consecuencia de la realización de trabajo, pero que no retribuyen ni el trabajo efectivo realizado ni los períodos de descanso que se computan como si de trabajo efectivo se tratase. Uno de los ejemplos más habituales de este tipo de percepción extrasalarial que se incluye en la base de cotización es el plus de transporte.

Estas percepciones carecen de la consideración legal de salario. Según el artículo 147 de la LGSS, únicamente quedarán excluidos de las bases de cotización:

- Las asignaciones del trabajador que se desplace fuera de su centro habitual de trabajo para realizarlo en lugar distinto, en lo referente a:

  - Los gastos de locomoción, cuando utilice medios de transporte público y dicho importe se justifique mediante factura o documento equivalente.
  - El resto de gastos de locomoción, no incluidos en el apartado anterior, en la cuantía y con el alcance previsto en la normativa del IRPF.
  - Los gastos normales de manutención y estancia generados en municipio distinto del lugar del trabajo habitual del perceptor y del que constituya su residencia, con los límites previstos en la normativa.

- Las indemnizaciones por fallecimiento y las correspondientes a traslados, suspensiones y despidos hasta la cuantía máxima prevista en norma sectorial, convenio colectivo o Estatuto de los Trabajadores.
- Las prestaciones de la Seguridad Social, las mejoras de las prestaciones por incapacidad temporal concedidas por las empresas y las asignaciones destinadas por estas para satisfacer gastos de estudio dirigidos a la actualización, capacitación o reciclaje del personal a su servicio.
- Las horas extraordinarias, salvo para la cotización por accidentes de trabajo y enfermedades profesionales de la Seguridad Social.

 Aplicación práctica

Partiendo de las siguientes situaciones determinar el salario bruto y líquido

a.
ı Salario base = 1.050 €.
ı Incentivos = 53 €.
ı Prestaciones e indemnizaciones S.S. = 50,18 €.
ı Aportación trabajador S.S. = 70,58 €.
ı IRPF = 41,35 €.

b.
ı Salario base = 990,99 €.
ı Antigüedad = 60 €.
ı Paga de Navidad = 235 €.
ı Aportación del trabajador S.S. = 77,02 €.
ı IRPF = 61,18 €.

SOLUCIÓN

a. Salario bruto = 1.050 + 53 + 50,18 = 1.153,18 €.
   Salario líquido = 1.153,18 - (70,58 + 41,35) = **1.041,25 €.**

b. Salario bruto = 990,99 + 60 + 235 = 1.285,99 €.
   Salario líquido = 1.285,99 - (77,02 + 61,18) = **1.147,79 €.**

4. Cotización a la Seguridad Social

Para tener cubiertos determinados riesgos, el empresario, y en su caso, el trabajador, debe efectuar cotizaciones a la Seguridad Social por distintos conceptos:

a. **Contingencias comunes.** La cotización por este concepto está destinada a la cobertura de todas las situaciones incluidas en la acción protectora del Régimen General de la Seguridad Social, siempre que se deriven de enfermedades comunes que no provengan del trabajo y que no estén consideradas como profesionales, así como de los accidentes que sucedan fuera de la empresa y que no tengan relación con la prestación de servicios por cuenta ajena. También atiende la cobertura de las situaciones por nacimiento y cuidado de menor, adopción y acogimiento previo durante los períodos de descanso que por tales situaciones se disfruten. Por este concepto cotiza tanto el empresario como el trabajador.

La cotización adicional del 0,8 % derivada del Mecanismo de Equidad Intergeneracional **(MEI)** se suma a las contingencias comunes, tanto del trabajador como del empresario. Este porcentaje se reparte en 0,13 % para el trabajador y 0,67 % para el empresario.

b. **Contingencias profesionales (AT y EP).** La cotización para esta clase de contingencias pretende la cobertura de los accidentes de trabajo y enfermedades profesionales, siempre que se produzcan con ocasión o por consecuencia del trabajo que se ejecute por cuenta ajena, facilitando el acceso a todas las prestaciones recuperadoras, rehabilitadoras, readaptadoras y demás ayudas, indemnizaciones o beneficios sociales reconocidos.

Se entiende por accidente de trabajo las lesiones que el trabajador por cuenta ajena sufra en la realización de su trabajo (dentro o fuera de la empresa) o en el trayecto habitual de su domicilio al trabajo (accidente in itínere).

Se considera enfermedad profesional a la que resulta de la exposición del trabajador a agentes nocivos presentes en el trabajo y que esté considerada como tal en el cuadro de enfermedades profesionales legalmente vigentes.

En este concepto se distinguen otros 2:

■ Cuotas por IT (incapacidad temporal): destinadas a la cobertura de este riesgo específico.

■ Cuotas por IMS (incapacidad permanente, muerte y supervivencia): que se destinan a la cobertura de todas las contingencias protegidas distintas de la IT.

La cotización por este concepto corre a cargo exclusivo del empresario.

c. **Desempleo.** Como situación asegurada por el trabajador mientras permanece en activo, el desempleo da lugar a una serie de prestaciones económicas y asistenciales en función de la pérdida de ingresos que se produce al quedar inactivo el trabajador. La cotización para desempleo se destina a la cobertura de este riesgo específico que, aunque es una prestación de la Seguridad Social, está gestionado por el Servicio Público de Empleo Estatal (SEPE).
Están obligados a cotizar tanto trabajadores como empresario.

d. **Fondo de Garantía Salarial (FOGASA).** La cotización está destinada a garantizar los salarios, indemnizaciones y salarios de tramitación que las empresas no abonen a sus trabajadores, con independencia de la propia responsabilidad empresarial. Aunque el trabajador cotiza por este concepto, es el empresario quién tiene la obligación de realizarlo.

e. **Formación profesional.** Las cuotas están destinadas a fines de formación, reciclaje, recalificación y reclasificación profesionales. Esta cotización está a cargo tanto del empresario como del trabajador.

f. **Cotización adicional por horas extraordinarias.** La cuota de esta cotización se destina a incrementar los recursos generales del sistema de la Seguridad Social (S.S.) y no será computable a efectos de determinar la base reguladora de las prestaciones. Se calcula sobre la remuneración, en concepto de horas extraordinarias, que perciba el trabajador.
Su cotización correrá a cargo del empresario y de los trabajadores.

 Importante

Por los trabajadores incluidos en el Sistema Especial para Empleados de Hogar se cotizará por contingencias comunes y profesionales, desempleo y FOGASA, y no por formación profesional.

4.1. Régimen general

La cuota a ingresar por las empresas en concepto de costes sociales vendrá determinada por la aplicación de unos tipos sobre las diferentes bases de cotización en función del grupo de cotización al que pertenezca el trabajador.

Grupo de cotización

Se puede definir el **grupo de cotización** como la clasificación, a efectos de cotización a la Seguridad Social (S.S.), de las diferentes categorías profesionales existentes.

 Nota

A efectos de su cotización a la Seguridad Social, los trabajadores deben incluirse en algunos de los grupos de cotización existentes. Además se debe tener en cuenta que, aunque las categorías profesionales fueron derogadas desde el punto de vista de la clasificación profesional, los grupos de cotización continúan vinculados a las mismas en las correspondientes órdenes de cotización.

En el régimen general, son 11 los grupos de cotización que existen. Sin embargo, cada convenio colectivo establecerá su propia clasificación.

Cada grupo de cotización estará sujeto a los límites de las bases máximas y mínimas para todas las contingencias y situaciones protegidas por el régimen, exceptuando las de desempleo y accidente de trabajo y enfermedades profesionales.

Los grupos de cotización vigentes y las categorías profesionales que comprenden son las siguientes:

Grupo de cotización	Categorías profesionales
1	Ingenieros y licenciados. Personal de alta dirección no incluido en el artículo 1.3.c) del Estatuto de los Trabajadores.
2	Ingenieros técnicos, peritos y ayudantes titulados.
3	Jefes administrativos y de taller.
4	Ayudantes no titulados.
5	Oficiales administrativos.
6	Subalternos.
7	Auxiliares administrativos.
8	Oficiales de primera y segunda.
9	Oficiales de tercera y especialistas.
10	Peones.
11	Trabajadores menores de 18 años, cualquiera que sea su categoría profesional.

Para los grupos 1 a 7 la base de cotización tendrá carácter mensual, es por ello que los trabajadores de estos grupos cotizan siempre por **30 días.** Y para los grupos 8 a 11, los trabajadores cotizarán por los días naturales del mes **(28, 29, 30 o 31).**

No obstante, para los trabajadores encuadrados en los grupos 8 a 11 de cotización, se permite la homologación de las bases y topes de cotización a 30 días durante los 12 meses del año, en el caso de que su retribución sea mensual.

Bases de cotización

Para calcular la cotización correspondiente a cada trabajador se han de obtener previamente las **bases de cotización,** que son:

Base de cotización por contingencias comunes (BCCC)

Para su determinación se tendrán en cuenta los devengos salariales (diario o mensual) excluidos los conceptos no computables y las horas extraordinarias. Se calcula de la siguiente forma:

Remuneración mensual + prorrata de pagas extras

Remuneración mensual = salario base + complementos salariales

$$\text{Prorrata de pagas extras} = \frac{\text{Importe de la paga extra x n.º de pagas}}{365 \text{ (diario) o } 360 \text{ (mensual)}} \text{ x n.º de días trabajados}$$

La base de cotización calculada ha de estar comprendida dentro del mínimo y el máximo establecidos para cada categoría profesional. Si la base resultante fuese inferior a la mínima, se cotizará por esta, y si fuese superior a la máxima, esta será considerada como base de cotización. Las bases de cotización están reguladas por normativa y se pueden consultar en la página web de la Seguridad Social, en las secciones **Trabajadores** o **Empresarios,** en los apartados **Cotización / Recaudación de...**

Base de cotización por contingencias profesionales. Accidente de Trabajo y Enfermedad Profesional (AT y EP)

El cálculo de la base de cotización correspondiente a cada mes, por las contingencias de accidentes de trabajo y enfermedades profesionales se hará de forma similar a la de contingencias comunes, incluyendo como concepto computable las horas extraordinarias realizadas en el mes que se liquida.

No existen bases máximas y mínimas para cada grupo profesional, sino topes máximos y mínimos de cotización que se pueden consultar en la normativa que se publica anualmente o en la página web de la Seguridad Social.

Aplicación práctica

Calcular las bases de cotización por contingencias comunes y profesionales en los siguientes casos:

a. Un trabajador que desempeña el puesto de Jefe administrativo (grupo cotización 3) y recibe las siguientes retribuciones:

ı Salario base	1.290 €.
ı Antigüedad	72,00 €.
ı Incentivos	159,00 €.
ı Plus de transporte	66,00 €.

El trabajador percibe anualmente 2 pagas extraordinarias por un importe igual al salario base más la antigüedad.

b. Un trabajador que desempeña el puesto de oficial de 1ª (grupo cotización 8), en un mes de treinta días, percibe las siguientes retribuciones:

ı Salario base	55,30 €/día.
ı Plus actividad	3,17 €/día.
ı Plus distancia	3 €/día.
ı Horas extras estructurales	54,09 €/mes.

Recibe 2 pagas extra al año equivalentes a 30 días de salario base.

SOLUCIÓN

a. Las bases serán las siguientes:

ı Base de cotización por contingencias comunes
Esta base tiene 2 componentes: la remuneración salarial y la prorrata de las pagas extras.

ı Remuneración mensual:

Salario base	1.290,00 €.
Antigüedad	72,00 €.
Incentivos	159,00 €.
Plus transporte	66,00 €.
TOTAL	1.587,00 €.

Continúa en página siguiente >>

<< Viene de página anterior

▪ Prorrata de pagas extras:

$$\frac{(1.290 + 72) \times 2}{12} = 227,00 \ \text{€}.$$

Base de cotización de contingencias comunes:
1.587,00 + 227,00 = 1.814,00 €.
Esta cantidad está comprendida dentro de las bases mínimas y máximas establecidas para la categoría profesional (grupo 3).

▪ Base de cotización por contingencias profesionales.
Son las mismas que por contingencias comunes, puesto que el trabajador no ha realizado horas extraordinarias.
Bases de cotización por contingencias profesionales: 1.814,00 €.
También está comprendida entre el tope mínimo y máximo para las contingencias profesionales.

b. Las bases serán las siguientes:

▪ Base de cotización por contingencias comunes.
Esta base tiene dos componentes: la remuneración salarial y la prorrata de las pagas extras. En el cálculo de esta base no se consideran las horas extras.

    ▪ Remuneración mensual:

Salario base	55,30 €/día.
Plus actividad	3,17 €/día.
Plus distancia	3,00 €/día.
TOTAL	61,47 €/día.

    ▪ Prorrata de pagas extras:

$$\frac{55,30 \times 30 \times 2}{365} = 9,09 \ \text{€}.$$

Base de cotización de contingencias comunes:
61,47 + 9,09 = 70,56 €.
Observamos que la cantidad obtenida está comprendida dentro de los límites del grupo 8.
Para calcular la base mensual se multiplica la base diaria por los días del mes.
70,56 x 30 días = 2.116,80 €/mes.

Continúa en página siguiente >>

<< Viene de página anterior

▮ Base de cotización por contingencias profesionales.

Se han de tener en cuenta las horas extraordinarias realizadas durante el mes, que se suman a la base de cotización de contingencias comunes:

Base contingencias comunes.................. 2.116,80 €.
Horas extras estructurales..................... 54,09 €.
Total base contingencias profesionales.........2.170,89 €.

Esta cantidad está comprendida dentro de los límites mínimos y máximos establecidos para AT y EP.
Base de cotización por contingencias profesionales: 2.170,89 €.

Base de cotización para desempleo, Fondo de Garantía Salarial y Formación Profesional

La base de cotización para cubrir esta clase de contingencias será la correspondiente a las contingencias de accidentes de trabajo y enfermedades profesionales.

Base de cotización adicional por horas extraordinarias

Se consideran horas extraordinarias aquellas horas de trabajo que se realicen sobre la duración máxima de la jornada ordinaria de trabajo. El número de horas extraordinarias no podrá ser superior a 80 al año y su importe no podrá ser inferior al valor de la hora ordinaria, o compensarlas por tiempos equivalentes de descanso retribuido.

Se entenderán por **horas extraordinarias estructurales** las necesarias por pedidos imprevistos, períodos punta de producción, ausencias imprevistas, cambios de turno u otras circunstancias de carácter estructural derivadas de la naturaleza de la actividad que se trate.

Se entenderán por **horas extraordinarias por fuerza mayor** aquellas que se realicen y no estén condicionadas por la naturaleza de la actividad que se trate, sino por imprevistos ocasionales en la empresa: inundaciones, incendios, etc.

Las horas extraordinarias hacen incrementar el importe de la base de cotización por contingencias profesionales AT y EP.

La base de cotización adicional por horas extraordinarias se efectuará sobre la totalidad de las remuneraciones que se abonen por tal concepto en el mes a liquidar.

 **Normativa**

Art. 35 ET.
Art. 149 LGSS.

Base de cotización en la reducción de jornada o suspensión de contrato

En las situaciones de reducción de jornada o suspensión de contrato por decisión empresarial o resolución judicial, las bases de cotización por contingencias comunes y por contingencias profesionales se corresponden con las siguientes reglas:

- Si existe derecho a desempleo o a la prestación del Mecanismo RED, la entidad gestora de las prestaciones tiene la obligación de determinar e ingresar la aportación del trabajador por el que hay que cotizar.
- La base de cotización para determinar la aportación del trabajador se calcula dependiendo de:

  - Si existe derecho a desempleo: la base se corresponde con la media de las bases de los últimos seis meses cotizados por contingencias comunes y por contingencias de accidentes de trabajo y enfermedades profesionales, anteriores a estas situaciones.

■ Si existe derecho a la prestación del Mecanismo RED: la base se obtiene por la media de las bases de cotización de los 180 días anteriores a la aplicación de las medidas al trabajador. En el supuesto de no tener cotizado ese período, la base de cotización se obtiene por las bases del período inferior acreditado.

■ La base de cotización para calcular la aportación empresarial se corresponde con la media de las bases de cotización por contingencias comunes y profesionales de la empresa, de los seis meses naturales anteriores al mes previo al del inicio de las situaciones de reducción de jornada o suspensión de contrato. Se deben tener en cuenta los días que el trabajador ha estado en alta en esos seis meses.

 Normativa

Art. 153 bis de la LGSS.
Art. 9 Orden PJC/178/2025, de 25 de febrero.

Tipos de cotización

Para obtener la cuota que se ingresará en la Seguridad Social se aplica sobre la base de cotización un porcentaje denominado **tipo de cotización.** Los tipos de cotización, son revisados anualmente por la Ley de Presupuestos Generales del Estado y su respectiva Orden Ministerial, que para el Régimen General son:

TIPOS DE COTIZACIÓN (%)

	EMPRESA	TRABAJADOR
Contingencias Comunes + MEI[3]	24,27	4,83
Fondo de Garantía Salarial	0,20	No cotiza
Formación Profesional	0,60	0,10
Horas extraordinarias fuerza mayor	12,00	2,00
Resto horas extraordinarias	23,60	4,70
Accidentes de trabajo y enfermedades profesionales	Tarifa Primas disposición adicional cuarta de la Ley 42/2006, de 28 de diciembre, Presupuestos Generales del Estado para 2007.	

DESEMPLEO	EMPRESA	TRABAJADORES	TOTAL
Tipo General[1]	5,50	1,55	7,05
Contrato duración determinada Tiempo Completo / Parcial[2]	6,70	1,60	8,30

[1] *En el régimen general se incluyen los contratos indefinidos a tiempo parcial y los fijos discontinuos; los realizados con personas con discapacidad igual o superior a 33 % (cualquier modalidad) y los siguientes tipos de duración determinada: modalidades de contratos formativos, sustitución, de relevo y de interinidad. En el sistema especial agrario se corresponde con las personas trabajadoras por cuenta ajena fijas y los contratos de duración determinada o con discapacitados (grado igual o superior a 33 %).*

[2] *En el sistema especial agrario se incluyen las personas trabajadoras por cuenta ajena de carácter eventual.*

[3] *Por aplicación del Mecanismo de Equidad Intergeneracional (MEI), los tipos de cotización por contingencias comunes se han visto aumentados en un 0,67 % para la empresa y 0,13 % para los trabajadores. Esta medida entró en vigor el 1 de enero de 2023 y se mantendrá hasta 2032. (DF 4ª de la Ley 21/2021, de 28 de diciembre y art. 122.Catorce de la Ley 31/2022, de 23 de diciembre).*

Cotización a partir de la edad de jubilación

La empresa y el trabajador que haya alcanzado la edad de jubilación que corresponda según el año de referencia y el periodo mínimo de cotización obligatorio regulado en las normas vigentes, quedarán exentos de practicar cotización por contingencias comunes (excepto IT derivada de estas contingencias), desempleo, FOGASA y formación profesional.

Así, el tipo de cotización por IT por contingencias comunes es del 1,55 %, siendo a cargo de la empresa un 1,30 % y a cargo del trabajador un 0,25 %.

Cotización por la compatibilidad de jubilación y trabajo

En los casos donde se compagine trabajo por cuenta ajena con la pensión de jubilación (lo que se conoce como pensión de jubilación activa), la empresa y el trabajador han de cotizar en el Régimen General solo por IT y por contingencias profesionales.

Sin embargo, tanto la empresa como el trabajador están obligados a practicar una cotización especial de solidaridad por contingencias comunes (no computa a efectos de prestaciones) del 9 %, correspondiendo un 7 % a cargo de la empresa y un 2 % a cargo del trabajador.

Cotización adicional en contratos de duración determinada

Con el objetivo de favorecer la contratación indefinida se ha habilitado una cotización adicional para aquellos contratos que se celebren por períodos inferiores a 30 días. Esta cotización adicional es por importe de 32,60 € a cargo de la empresa al finalizar el contrato.

No será de aplicación esta cotización adicional para los contratos de duración inferior a 30 días de los trabajadores por cuenta ajena agrarios, los empleados de hogar, los de la minería del carbón, los contratos de sustitución, los derivados de la relación laboral especial de los artistas y su actividad, así como los técnicos y auxiliares de dichas actividades, y los contratos para la formación en alternancia.

Cotización adicional de solidaridad

A partir del 1 de enero de 2025, la empresa debe aplicar a sus trabajadores con salarios más elevados, esta cotización adicional. A los trabajadores que tengan **retribuciones superiores a la base máxima de cotización** que les corresponda, se les ha de aplicar sobre dicho exceso alguno de los tipos de cotización incluidos en la DT 42.ª de la LGSS. Para cada año, existen tres tipos diferentes según el porcentaje de exceso resultante.

Importante

La cuota de solidaridad se aplica a los trabajadores por cuenta ajena del Régimen General y del Régimen de los Trabajadores del Mar, además de a los trabajadores por cuenta propia del Régimen Especial de Trabajadores del Mar. Y no se aplica a quienes están incluidos en el RETA.

Las **características** de esta cotización son:

- La distribución del tipo de cotización por solidaridad entre empresario y trabajador mantiene la misma proporción que la distribución del tipo de cotización por contingencias comunes (apartado 1 del art. 72 bis del Reglamento de cotización, R. D. 2064/1995).
- La cuota de solidaridad se calcula multiplicando el tipo anual al importe de la retribución que sea superior a la base máxima de cotización.
- El plazo de ingreso de la cuota finaliza el último día del mes siguiente al que corresponda el pago de las retribuciones.
- La empresa está obligada a comunicar a la TGSS por medios electrónicos toda la información relacionada con la cotización adicional de solidaridad que haya aplicado (apartado 2 del art. 72 bis del R. D. 2064/1995).

 Normativa

Art. 19 bis, 147.1, 151, 152, 153 y DT 42.ª de la LGSS.
Art. 72 bis Real Decreto 2064/1995, de 22 de diciembre.
Orden PJC/178/2025, de 25 de febrero.

4.2. Sistema Especial Trabajadores Cuenta Ajena Agrarios

Para los trabajadores agrarios se establecen bases de cotización diferentes en función de la forma de cotización, así como diferentes tipos dependiendo si son periodos de actividad o inactividad. Se considera que hay inactividad cuando en un mes, el número de días naturales de alta de un trabajador es superior al número de jornadas reales de dicho mes multiplicado por 1,3636.

Bases de cotización

Las empresas agrarias ante la contratación de trabajadores deberán determinar la forma de cotización de los mismos, por:

- **Meses,** para aquellos trabajadores con contratos fijos o fijos discontinuos, estos últimos con carácter opcional; además de los trabajadores eventuales que realicen en el mes natural 22 o más jornadas reales. En los **periodos de actividad** las bases mínimas y máximas que le corresponden son las mismas que las reguladas para el régimen general.
  La base mensual de cotización aplicable durante los **períodos de inactividad,** será la que corresponde a la base mínima del grupo de cotización 7 del Régimen General.
- **O por jornal,** para trabajadores eventuales que realizan menos de 22 jornales al mes. Las bases diarias mínimas y máximas que corresponden en este caso son publicadas anualmente mediante normativa. Se pueden consultar en el apartado **Cotización/Recaudación,** o bien en la sección **Trabajadores** o bien en la sección **Empresarios** de la página web de la Seguridad Social.

Tipos de cotización

El tipo de cotización que se aplica sobre la base para obtener la cuota que se ingresará en la Seguridad Social variará en función de si el trabajador se encuentra en periodo de actividad o inactividad.

Durante los **periodos de inactividad,** es el propio trabajador el responsable del pago de sus propias cuotas. El tipo de cotización aplicable será de un 11,50 % sobre la base mínima por contingencias comunes del grupo 7 del régimen general, vigente. Además, para cumplir con el MEI, a la base de cotización por contingencias comunes se le aplica un 0,8 %, a cargo exclusivo del trabajador.

En los **periodos de actividad** y teniendo en cuenta el tipo de cotización elegido ya sea mensual o por jornal, los tipos de cotización serán los siguientes:

TIPOS DE COTIZACIÓN %		Empresa	Trabajador	Total
Contingencias comunes	Grupo 1	24,27	4,83	29,10
	Grupos 2 a 11	21,63	4,83	26,46
Desempleo	CT fijos	5,50	1,55	7,05
	CT eventual	6,70	1,60	8,30
	CT duración determinada o discapacitados con grado superior 33 %	5,50	1,55	7,05
FOGASA		0,10	--	0,10
Formación profesional		0,15	0,03	0,18

A la aportación empresarial a la cotización por contingencias comunes, durante los periodos 2012 a 2031, le será de aplicación una serie de reducciones reguladas en la DT 18ª del R. D. Legislativo 8/2015.

La cotización por Accidentes de Trabajo y Enfermedades Profesionales, correrá exclusivamente a cargo de la empresa y se realizará en función de la Tarifa de Primas de la Disposición Adicional 4ª Ley 42/2006, de 28 de diciembre, de Presupuestos Generales del Estado para 2007.

Durante el período de actividad los tipos de cotización para IT, riesgo durante el embarazo y durante la lactancia natural, nacimiento y cuidado de menor y corresponsabilidad en el cuidado del lactante, dependerán del tipo de contrato. Así, los tipos que se aplican a las bases por contingencias comunes son:

Contrato indefinido		Contrato temporal / fijo discontinuo
Grupo	Tipo %	Por los días que el trabajador se encuentre en alguna de las situaciones citadas durante el período de actividad, se aplican los mismos porcentajes (15,50 % o 2,75 %).
1	15,50	
2 a 11	2,75	El trabajador está obligado a ingresar la cotización de los períodos de inactividad, respecto de los días en los que no esté previsto el trabajo (excepto si está cobrando los subsidios por nacimiento y cuidado de menor y corresponsabilidad en el cuidado del lactante).

La cotización respecto a los periodos de inactividad se determinará aplicando la siguiente fórmula:

$$C = [N - (jr \times 1,3636)] \times bc \times tc$$

En la que:

C = Cuantía de la cotización.

N = Número de días de alta en el Sistema Especial en el mes natural.

jr = Número de días en el mes natural en los que se han realizado jornadas reales.

bc = Base de cotización mensual.

tc = Tipo de cotización aplicable.

 **Normativa**

Art. 255, 289 y DT 18 LGSS.
Art. 14 Orden PJC/178/2025, de 25 de febrero.

4.3. Sistema Especial para Empleados de Hogar

La cotización por la contratación de un empleado de hogar se realizará en función a unas bases tarifadas y la aplicación de unos tipos determinados.

Las bases de cotización por contingencias comunes, se determinarán en función de las bases tarifadas que dependen de la retribución mensual del empleado de hogar y que anualmente son revisadas y publicadas por normativa. Para consultarlas puedes visualizar la sección **Trabajadores** en su apartado **Cotización/Recaudación...** de la página web de la Seguridad Social (http://www. seg-social.es/).

Para calcular la retribución mensual del empleado de hogar, el importe percibido mensualmente deberá ser incrementado, con la parte proporcional de las pagas extraordinarias que tenga derecho a percibir.

La cotización por un empleado de hogar abarcará las siguientes contingencias, que se calculan aplicando los tipos indicados a continuación:

TIPOS DE COTIZACIÓN %		Empleador	Empleado
Contingencias comunes + MEI[1]		24,27	4,83
Desempleo	Contrato indefinido	5,50	1,55
	Contrato duración determinada	6,70	1,60
Fondo de Garantía Salarial[2]		0,2	--
Contingencias profesionales (AT y EP)[2]		Tarifa de Primas DA 4.ª Ley 42/2006, de 28 de diciembre, Presupuestos Generales del Estado 2007	--

[1] *Por aplicación del Mecanismo de Equidad Intergeneracional (MEI), los tipos de cotización por contingencias comunes se han visto aumentados en un 0,67 % para el empleador y en un 0,13 % para los empleados.*

[2] *A cargo exclusivo del empleador.*

 **Normativa**

DT 16ª LGSS.
Art. 15 Orden PJC/178/2025, de 25 de febrero.
Real Decreto-ley 16/2022, de 6 de septiembre.

5. Prestaciones de la Seguridad Social. Incapacidad temporal

La **incapacidad temporal (IT)** es aquella situación en la que se encuentra el trabajador cuando está imposibilitado temporalmente para trabajar debido a **enfermedad** común o profesional, **accidente** sea o no laboral (mientras precisa asistencia sanitaria de la Seguridad Social), la situación especial de la mujer por menstruación incapacitante secundaria, la interrupción del embarazo (voluntaria o no) y la gestación de la mujer trabajadora desde el día primero de la semana 39, y la situación especial del trabajador donante de órganos o tejidos para trasplantes.

Durante dicha situación, el trabajador percibirá una prestación que consistirá en un **subsidio,** que con carácter general, será abonado al trabajador por la entidad a la que corresponda su gestión (Instituto Nacional de la Seguridad Social (INSS) o la Mutua de Accidentes de Trabajo y Enfermedad Profesional), con las siguientes peculiaridades:

- **Trabajadores por cuenta ajena agrarios:** será abonada directamente por la entidad a la que corresponda su gestión, no procediendo el pago delegado de la misma.
- **Trabajadores del Sistema especial para empleados de hogar:** en el caso de enfermedad común o accidente no laboral, entre los días 4º a 8º (ambos incluidos) la prestación será a cargo del empleador y a partir del día 9º será abonada directamente por la entidad gestora, no correspondiendo el pago delegado. Cuando se trate de enfermedad o accidente laboral, se abonará lo previsto para estos casos en el Régimen General, correspondiendo al empleador el pago de la prestación el día de la baja.

La cuantía del subsidio dependerá de la base reguladora y del porcentaje que se aplique sobre la misma, cuyo cálculo sería de la siguiente forma:

Prestación por IT = (Base reguladora diaria x porcentaje) x n° de días de baja

Con carácter general, la **base reguladora** será la que resulte de dividir las bases de cotización del trabajador correspondientes al mes anterior a la fecha de la baja en el trabajo por enfermedad o accidente, entre el número de días a que pertenece dicha cotización.

Las fórmulas a utilizar serían:

- En caso de IT por **enfermedad común** o **accidente no laboral:**

$$\text{Base Reguladora diaria} = \frac{\text{Base por Contingencias Comunes mes anterior a la baja}}{\text{Número de días cotizados en dicho mes (30, 31, 28 o 29)}}$$

- En caso de IT por **accidente de trabajo o enfermedad profesional:**

$$\text{Base Reguladora diaria} = \frac{\text{Base por CC mes anterior a la baja}}{\text{N° de días cotizados en dicho mes}} + \frac{\text{Horas extraordinarias año anterior}}{365}$$

En el caso de que el trabajador tuviera remuneración mensual y hubiera permanecido en alta en la empresa durante todo el mes natural anterior a la IT, la base de cotización se dividirá por 30.

Cuando el trabajador haya ingresado en la empresa en el mismo mes en el que se inicie la situación de incapacidad temporal se tomará como base de cotización, la de ese mes dividida entre los días cotizados.

La base reguladora de los trabajadores por cuenta ajena agrarios depende de si el trabajador ha realizado menos o más de 22 jornadas reales, mientras que la base reguladora para los trabajadores incluidos en el sistema especial para empleados de hogar, vendrá determinada por la base de cotización correspondiente al mes anterior al de la baja médica, dividida entre 30.

La base reguladora en el caso de la menstruación incapacitante, la interrupción del embarazo, la semana 39 de gestación y la situación especial por donación de órganos o tejidos para trasplante se rige por las normas generales de enfermedad común (contingencias comunes).

Una vez calculada la base reguladora diaria, para determinar el importe de la prestación, se aplicará un porcentaje sobre la misma. A continuación se muestran los diferentes porcentajes que serán de aplicación a los trabajadores por cuenta ajena del régimen general, dependiendo del origen de la incapacidad temporal y los días de baja:

Incapacidad Temporal (IT)			
Origen	**Días**	**Porcentaje de la base reguladora**	**A cargo de**
Enfermedad común o accidente no laboral	Del 1.º al 3.º	No se abona	
	Del 4.º al 15.º	60 %	Empresario
	Del 16.º al 20.º	60 %	INSS o Mutua colaboradora
	A partir del 21.º	75 %	
Enfermedad profesional o accidente laboral	Día de la baja	Salario íntegro	Empresario
	Día siguiente al de la baja	75 %	INSS o Mutua colaboradora

Continúa en página siguiente >>

<< Viene de página anterior

Incapacidad Temporal (IT)			
Origen	Días	Porcentaje de la base reguladora	A cargo de
Menstruación incapacitante secundaria	Del 1.º al 20.º	60 %	INSS o Mutua colaboradora
	A partir del 21.º	75 %	
Interrupción del embarazo, y día primero semana 39 de gestación [1]	Día 1.º	Salario íntegro	Empresario
	Del 2.º al 20.º	60 %	INSS o Mutua colaboradora
	A partir del 21.º	75 %	
Donación de órganos o tejidos para trasplantes[2]	Desde el primer día de la baja	100 %	INSS o Mutua colaboradora

[1] La situación de IT por gestación de la trabajadora en la semana 39 comprende desde que se inicie la baja laboral hasta la fecha del parto.

[2] Según el art. 169.1 a) de la LGSS, esta situación especial de IT por contingencias comunes "comprenderá los días discontinuos como ininterrumpidos, en los que el donante reciba asistencia sanitaria de la Seguridad Social y esté impedido para el trabajo como consecuencia de la preparación médica de la cirugía, como los transcurridos desde el día del ingreso hospitalario para la realización de esta preparación o la realización del trasplante hasta que sea dado de alta por curación".

Para el cómputo de los días del subsidio:

- **Por enfermedad común o accidente no laboral** se cuenta tanto el día de baja y el día de alta.
- **Por accidente de trabajo o enfermedad profesional** se devenga a partir del día siguiente al del accidenteo enfermedad.
- **Por menstruación incapacitante secundaria, y por donación de órganos o tejidos para trasplantes** se devenga desde el primer día de la baja.
- **Por interrupción del embarazo, y por la semana 39 de gestación de la trabajadora** se devenga a partir del día siguiente a la baja.

Nota

En las operaciones de los ejercicios prácticos, se ha establecido el siguiente criterio. En cada operación se tomarán 2 decimales. Si el resultado tiene más de 2 decimales, se tendrá en cuenta el 3er decimal, si este es mayor que 5 se redondeará por exceso el 2º decimal y si es inferior a 5, se quedará igual.

Por ejemplo:

- 773,50 / 30 = 25,783 sería 25,78.
- 25,78 x 60 % = 15,468 sería 15,47.

Esta norma se mantendrá en todo el manual.

Aplicación práctica

Partiendo de las siguientes situaciones calcule el importe de la baja:

a. **Un trabajador con salario mensual presenta baja por accidente de trabajo el día 3 de mayo al 15 del citado mes. Base de cotización de abril: 1.119 €. Ha permanecido en alta todo el mes de abril.**

b. **Un trabajador con salario diario presenta baja por enfermedad común el día 1 al 17 de marzo. Base de cotización de febrero: 973,50 €.**

SOLUCIÓN

a. 1.119 / 30 = 37,30 € x 75 % x 12 días = 335,70 € a cargo de la mutua colaboradora.

b. 973,50 / 28 = 34,77 €.
17 (días de baja) − 3 días (1º tramo) = 14 días.
34,77 € x 60 % x 12 días = 250,34 € a cargo del empresario.
34,77 € x 60 % x 2 días = 41,72 € a cargo del INSS o mutua colaboradora.

6. Situaciones especiales

A continuación se exponen una serie de supuestos donde la determinación de las bases de cotización muestra una serie de peculiaridades.

6.1. Contrato a tiempo parcial

El trabajador se entiende contratado a tiempo parcial cuando preste sus servicios durante un determinado número de horas al día, a la semana, al mes o al año, inferior al considerado como habitual en la actividad que se trate en dichos períodos de tiempo.

La cotización a la Seguridad Social y las demás aportaciones que se recauden conjuntamente con esta, se efectuará en razón de las retribuciones efectivamente percibidas en función de las horas trabajadas en el mes que se trate.

Para determinar la base de cotización correspondiente a cada mes se seguirán las siguientes reglas.

Base para contingencias comunes

Se computarán la remuneración devengada por las horas ordinarias y complementarias en el mes a que se refiere la cotización, cualquiera que sea su forma o denominación, con independencia de que hayan sido satisfechas diaria, semanal o mensualmente.

A dicha remuneración se le sumará la parte proporcional que corresponda en concepto de descanso semanal y festivos, pagas extraordinarias y aquellos otros conceptos retributivos que tengan una periodicidad en su devengo superior a la mensual o que no tengan carácter periódico.

Si la base de cotización mensual calculada conforme a las normas anteriores fuese inferior a las bases mínimas o superior a las máximas establecidas con carácter general para los distintos grupos de categorías profesionales se tomarán estas o aquellas respectivamente, como bases de cotización.

La base mínima mensual de cotización será el resultado de multiplicar el número de horas realmente trabajadas por la base mínima horaria establecida según el grupo de cotización.

Base para contingencias profesionales (AT y EP)

Para determinar la base de cotización por accidentes de trabajo y enfermedades profesionales, así como para desempleo, Fondo de Garantía Salarial y Formación Profesional, se aplican las dos primeras reglas de las contingencias comunes, incluyendo como concepto computable las horas extraordinarias por fuerza mayor. En ningún caso, la base así obtenida puede ser superior al tope máximo de cotización para AT y EP establecido en régimen general, ni inferior a la menor de la base mínima por hora regulada para la cotización por contingencias comunes en los contratos a tiempo parcial.

La base mínima de cotización será el resultado de multiplicar el número de horas realmente trabajadas por la base mínima horaria.

6.2. Vacaciones no disfrutadas y abonadas a la extinción del contrato de trabajo

Las vacaciones anuales devengadas y no disfrutadas, que se retribuyan a la finalización de la relación laboral serán objeto de liquidación y cotización complementaria a la del mes de extinción del contrato de trabajo.

Dicha liquidación comprenderá los días de duración de las vacaciones aun cuando alcance el siguiente mes natural o el trabajador comience una nueva relación laboral durante las mismas, sin prorrateo alguno y con aplicación, en su caso, del tope máximo de cotización correspondiente al mes o meses que resulten afectados.

Sin embargo, cuando por ley o ejecución de la misma, se establezca que la remuneración a percibir por el trabajador deba incluir parte proporcional correspondiente a las vacaciones devengadas, se aplicarán las normas generales de cotización.

6.3. Contrato formativo en alternancia

La empresa tiene la obligación de cotizar a la Seguridad Social por los contratos formativos en alternancia, con independencia de que se concierten a tiempo completo o parcial. Las normas por las que se rige la cotización son:

- Si la base de cotización mensual por contingencias comunes calculada es inferior a la base mínima mensual establecida en la norma legal, la empresa debe ingresar al mes las cuotas únicas que establezca la orden que recoge las normas del sistema de cotización del año de aplicación. Serán a cargo del empresario las cuotas por todos los conceptos (contingencias comunes, AT y EP, desempleo, FOGASA y formación profesional), mientras que a cargo del trabajador serán solo por contingencias comunes, desempleo y formación profesional.
- Si la base de cotización mensual por contingencias comunes calculada es superior a la base mínima mensual establecida por la norma legal, la cuota a ingresar se calcula sumando a las cuotas únicas del apartado anterior el resultado de multiplicar los tipos de cotización por la diferencia entre la base de cotización mensual y la base mínima.
- En aplicación del MEI, a la base de cotización por continencias comunes (base de cotización mínima del Régimen General) se le aplicará 0,67 % a cargo del empresario y 0,13 % a cargo del trabajador.

A efectos del reconocimiento de las prestaciones económicas de la Seguridad Social a las que el trabajador en formación pueda tener derecho, se tomará como base de cotización, la base mínima de cotización mensual que se corresponda con el Régimen General, con la excepción recogida en el apartado 2 de la DA 43ª de la LGSS.

 Normativa

Art. 46 Orden PJC/178/2025, de 25 de febrero.
DA 43ª de la LGSS.

6.4. Prácticas formativas o prácticas académicas externas

Las prácticas formativas en empresas o en entidades incluidas en programas de formación, realizadas por alumnos universitarios, de formación profesional y de enseñanzas artísticas y deportivas, quedan integradas en el sistema de la Seguridad Social. Estos se consideran **trabajadores por cuenta ajena en el Régimen General,** (no abarca los sistemas especiales).

 Nota

No se incluyen en el Régimen General de la Seguridad Social las personas que durante las prácticas ya estén dadas de alta o en situación asimilada al alta con obligación de cotizar, en cualquiera de los regímenes de la Seguridad Social, estén en situación de jubilación o en incapacidad permanente.

Las prácticas formativas remuneradas están cubiertas con la acción protectora del Régimen General, menos desempleo, FOGASA y formación profesional. Si fueran no remuneradas, también se excluye la IT por enfermedad común o accidente no laboral.

La entidad gestora o la mutua abonarán (pago directo) las prestaciones por nacimiento y cuidado de menor, riesgo durante el embarazo y riesgos durante la lactancia natural; mientras que las IT por contingencias comunes o profesionales se abonarán mediante pago delegado.

La **cotización a la Seguridad Social** de las prácticas formativas, tanto si son remuneradas como no, cuentan con las siguientes **reglas comunes**:

- No cotizan por el MEI ni por la cotización adicional de solidaridad.
- Se pueden aplicar una reducción del 95 % en las cuotas por contingencias comunes sin que sean aplicables otros beneficios.

- La entidad que deba cumplir con las obligaciones de la Seguridad Social se considera sujeto obligado y responsable del pago de las cuotas.

Las reglas de cotización específicas aplicables a las **prácticas formativas remuneradas** son:

- Las obligaciones con la Seguridad Social corresponden a la entidad u organismo que financie la formación.
- Las altas y las bajas en el sistema se realizarán según las normas generales vigentes.
- La cotización se realiza conforme a lo regulado para los contratos formativos en alternancia, excepto lo establecido en la DA 52 ª.6 a de la LGSS.
- La base de cotización mensual se corresponde con la base mínima de cotización vigente para el grupo 7, o en su caso, con la parte proporcional de la misma.

En cuanto a las reglas de las **prácticas formativas no remuneradas**, se citan:

- Las obligaciones con la Seguridad Social corresponden a la empresa o entidad en la que se desarrollen las prácticas, excepto si por acuerdo de cooperación corresponde al centro de formación.
- Las altas y las bajas en el sistema se realizarán según las normas generales vigentes, salvo las excepciones recogidas en la DA 52 ª de la LGSS.
- La cotización consiste en una cuota empresarial por contingencias comunes y profesionales por cada día de práctica, con el límite de la cuota máxima de dichas contingencias recogida en la norma vigente.
- La base de cotización mensual se calcula multiplicando la base mínima de cotización vigente para el grupo 8, por el número de días de prácticas del mes natural, con el límite de la base mínima del grupo 7.
- El plazo de ingreso de las cuotas del primer trimestre del año es en el mes de abril; el segundo, en el mes de julio; el tercero, en el mes de octubre; y el cuarto, en el mes de enero del año siguiente.
- La empresa está obligada a informar a la Seguridad Social de aquellas personas que no hayan realizado ninguna práctica o programa formativo no remunerado en un mes concreto (DA 52 ª.7 d LGSS).

■ Para el cálculo de las prestaciones, cada día de este tipo de prácticas formativas se considera como 1,61 días cotizados, con el límite máximo del número de días del mes respectivo. Las fracciones resultantes se considerarán como día completo.

 **Normativa**

DA 52 ª de la LGSS.

6.5. Situaciones de Incapacidad Temporal, Riesgo durante el embarazo, Riesgo durante la lactancia natural, descanso por Nacimiento y cuidado de menor, Ejercicio corresponsable del cuidado del lactante y compatibilidad del subsidio por nacimiento con descanso en jornada a tiempo parcial

Durante la situación de incapacidad temporal, de riesgo durante el embarazo y la lactancia natural, de disfrute de los períodos de descanso por nacimiento y cuidado de menor o ejercicio corresponsable del cuidado del lactante, la empresa permanece con la obligación de cotizar, aunque esta suponga una causa de suspensión de la relación laboral.

La base de cotización por las distintas contingencias se determina del siguiente modo:

■ **Base para contingencias comunes:** será la correspondiente al mes anterior al de la fecha de la incapacidad, riesgo durante el embarazo o la lactancia natural y por ejercicio corresponsable del cuidado del lactante. En la situación de nacimiento y cuidado de menor, será la base de cotización del mes anterior al mes previo del hecho.
Cuando la remuneración del trabajador tuviera carácter **diario,** hubiere o no permanecido en alta en la empresa durante todo el mes natural anterior, la fórmula que se ha de aplicar es:

$$\text{Base diaria} = \frac{\text{Base CC mes anterior o mes anterior al mes previo a la baja}}{\text{N.º de días cotizados en dicho mes (30, 31, 28 o 29)}}$$

$$\text{Base Cotización CC} = \text{Base diaria x n}^\circ \text{ de días de baja}$$

Si la remuneración del trabajador tuviera carácter **mensual,** y hubiese permanecido en alta durante todo el mes natural anterior al de la iniciación de la situación, la base de cotización de ese mes se divide entre 30, de lo contrario, se divide por el número de días a que se refiere la cotización. Tanto en la remuneración mensual como en la diaria, el cociente resultante es la base diaria de cotización que se multiplica, por 30 de permanecer todo el mes de baja, o por la diferencia existente entre dicha cifra y el número de días que realmente haya trabajado en dicho mes.

- **Base para contingencias profesionales:** se calcula del mismo modo que la de contingencias comunes, y se tendrá en cuenta el promedio de horas extraordinarias realizadas durante el año natural inmediatamente anterior a la fecha de iniciación de la situación de incapacidad temporal, de riesgo durante el embarazo, etc.

A tal efecto, el número de horas realizadas se dividirá por 12 o 365, según que las retribuciones del trabajador se satisfagan o no con carácter mensual.

$$\text{B. Reguladora} = \frac{\substack{\text{Base CC mes anterior} \\ \text{o mes anterior al mes previo a la baja}}}{\substack{\text{N.º de días cotizados en dicho mes} \\ \text{(28,29, 30 o 31)}}} + \frac{\text{Horas extraord. año anterior}}{\text{12 (mensual) o 365 (diario)}}$$

Si se compatibiliza el subsidio por nacimiento y cuidado del menor con la jornada a tiempo parcial, la base de cotización se calcula sumando la base reguladora del subsidio, en proporción a la fracción de jornada, y las retribuciones sujetas a cotización, en proporción a la jornada realizada.

 **Normativa**

Art.6 Orden PJC/178/2025, de 25 de febrero.

6.6. Pluriempleo

Se entiende por pluriempleo la situación del trabajador por cuenta ajena que preste sus servicios profesionales a dos o más empresarios distintos y en actividades que den lugar a su alta obligatoria en un mismo Régimen de la Seguridad Social.

La base de cotización se calcula en base a las normas generales, teniendo en cuenta para sus bases máximas y mínimas que para las contingencias comunes y contingencias de AT y EP, el tope máximo de las bases de cotización se distribuye entre todas las empresas en proporción a la remuneración que recibe el trabajador. La base mínima, según su categoría profesional, también será distribuida de igual forma, teniendo en cuenta que si existen diferentes bases mínimas de cotización se elegirá la de mayor cuantía. Cada empresa cotizará por los conceptos retributivos abonados al trabajador. Su límite está establecido según la fracción del tope máximo que le corresponda.

En el supuesto de **contratación a tiempo parcial** en más de una empresa, cada una de ellas cotiza según la remuneración que page al trabajador. Si la suma de estas es superior al tope máximo de cotización, este se reparte de forma proporcional a las remuneraciones abonadas por cada una de las empresas.

 **Normativa**

Art. 10 y 41 Orden PJC/178/2025, de 25 de febrero.

7. Liquidación y pago de cotizaciones ante la Seguridad Social

La obligación de cotizar se inicia con el comienzo de la actividad laboral y perdura durante todo el período en que el trabajador realice su actividad, aunque cabe destacar que en algunos casos, la obligación de cotizar continúa aun cuando el trabajador no esté realizando una actividad laboral. Este es el caso de las situaciones de incapacidad temporal, riesgo durante el embarazo y riesgo durante la lactancia natural, nacimiento y cuidado de menor, cumplimiento de deberes de carácter público o cargos de representación sindical (sin que dé lugar a excedencias), etc. La obligación de cotizar se finaliza con el cese en el trabajo, siempre que se comunique la baja en tiempo y forma establecidos.

 Sabía que...

En los supuestos en que no se solicite la baja o se formule fuera de plazo, no se extinguirá la obligación de cotizar sino hasta el día en que la Tesorería General de la Seguridad Social conozca el cese en el trabajo por cuenta ajena.

La Ley General de la Seguridad Social, establece que los empresarios serán los obligados a ingresar la totalidad de las cuotas del Régimen General en el plazo, lugar y forma establecidos en dicha Ley y en sus normas de aplicación y desarrollo.

En este sentido, se establece que el período de liquidación de cuotas estará referido a mensualidades naturales completas y las cuales se ingresarán dentro del mes siguiente a su devengo. Es decir, una vez calculadas y devengadas las nóminas, las cuotas se ingresarán dentro del mes siguiente.

La TGSS es la que liquida las cuotas de la SS y por conceptos de recaudación conjunta, por cada trabajador, a través del Sistema de Liquidación Directa (SLD), y en función de los datos que de esta disponga y de aquellos otros que la empresa deba aportar en cumplimiento de sus obligaciones. Con este sistema es la TGSS la que calcula y aplica las reglas de cotización vigentes para calcular las cotizaciones y obligaciones sociales de cada trabajador, de forma individualizada. La liquidación se calcula tramo a tramo para tener en cuenta las diferentes cotizaciones que puedan existir en un mismo período. Estos cambios en la base de cotización del trabajador pueden estar originados por cambios en la contratación (grupo de cotización, código de ocupación, categoría profesional o tipo de contrato), en el puesto de trabajo, modificación de coeficientes a tiempo parcial, IT, cambios en vínculo familiar, relaciones laborales de carácter especial, ERE, vacaciones o cualquier otra circunstancia que genere cotización. Además, la TGSS aplicará las deducciones y compensaciones correspondientes, según los datos recibidos de las entidades gestoras y colaboradoras, para generar un borrador de liquidación.

De forma que, calculadas las nóminas y desde el primer día del mes siguiente al devengo de las mismas, las empresas transmitirán telemáticamente a la TGSS aquellos datos desconocidos por esta, tales como: bases de cotización (del primer mes de contratación del trabajador o enero de cada año), número de horas en contrato a tiempo parcial, coeficientes a tiempo parcial en caso de ERE, número de horas extraordinarias, bonificaciones en formación continua, etc.

Para el envío de dicha información, los programas de gestión laboral permitirán la generación de diversos ficheros, los cuales serán transmitidos a la TGSS en los plazos establecidos y a través de la aplicación denominada SILTRA.

El proceso siempre se inicia a instancia del empresario o usuario y los ficheros que transmitirá son:

- Fichero de bases.
- Solicitud de Borrador.
- Solicitud de Trabajadores y Tramos.

Esquema ejemplificativo de las tres formas de instancia del proceso por parte del usuario:

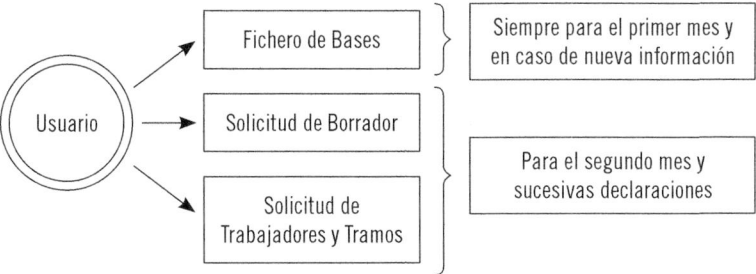

El **fichero de Bases** se usa siempre y cuando sea necesario enviar datos nuevos, como cambios en los trabajadores con respecto al mes anterior o nuevas contrataciones. También es el fichero requerido para el mes de inicio en el Sistema de Liquidación Directa. Como respuesta a este envío, la Tesorería calculará el resultado de la liquidación y emitirá el Documento de Cálculo de Liquidación de Cotizaciones y el borrador de la Relación Nominal de Trabajadores, siempre y cuando no haya discrepancias con la información de la administración, errores o falta de información. En el caso de que alguno de estos supuestos ocurra, se emitirá respuesta con informe de error. En los supuestos de errores, el usuario enviará de nuevo las bases con las rectificaciones de forma parcial (solo afecta a algunos trabajadores), o total para la totalidad de los afiliados.

Una vez confirmado el cálculo de la Liquidación de Cotizaciones y el borrador de la Relación Nominal de Trabajadores, la Tesorería enviará los documentos finales (RNT y RLC) para que el usuario realice el pago de la forma solicitada. Si el usuario no confirma el borrador de la RNT y los cálculos para el RLC, la Tesorería cerrará de oficio el proceso los días 24 y 28 del período, emitiendo los documentos definitivos para su pago.

La **Solicitud de Borrador** se puede usar a partir del segundo mes de trabajar en Liquidación Directa y es útil para declaraciones que no hayan tenido cambios con respecto al período anterior. Las posibles respuestas ante la solicitud de un borrador son:

- Si todos los datos de los que dispone la Tesorería **son correctos,** la respuesta por parte de la Seguridad Social es el envío del cálculo del RLC y el borrador de RNT para que sean cotejadas y confirmadas por el usuario.

Una vez en este punto, el proceso se repite, la administración contesta enviando los documentos definitivos o espera si el usuario no responde hasta el día 24 o 28 cuando se produce la confirmación de oficio.

- Si **existen discrepancias** en algunos de los trabajadores se envía mensaje, explicando la situación para que el usuario envíe las bases correspondientes.

  En este caso, y dado que el resto de trabajadores no presenta errores, se pide que se recuperen las bases del mes anterior para el resto de afiliados. La administración contestará de nuevo con borrador de la liquidación para su confirmación.

- Mensaje de respuesta de que **no existen datos** para el cálculo de la liquidación. Este error es frecuente en el primer mes de Liquidación Directa, cuando la Tesorería tiene que crear las bases sobre las cuales harán los cálculos.

La **solicitud de Trabajadores y Tramos** se utiliza para pedir información sobre cotización y tramos del período. La información enviada está contenida en el Fichero General de Afiliación (FGA) gracias a la liquidación que se hizo el mes anterior y al cruce de datos que ha realizado la Tesorería con otros organismos. Su petición se hace al inicio del proceso y la respuesta de la Tesorería es el fichero de Trabajadores y Tramos que contiene toda la información con respecto al período anterior; y que el usuario puede usar para hacer sus comprobaciones y enviar fichero de Bases con los trabajadores que hayan sufrido cambios o nuevas afiliaciones.

Por lo tanto, **el proceso de liquidación** conllevará el siguiente período de formalización, liquidación y pago:

- Inicio del proceso a instancia del usuario, para ello generará alguno de los siguientes ficheros con el programa de nóminas:

  - Envío de fichero de bases, con la información de trabajadores y tramos del período.
  - Solicitud de Borrador.
  - Solicitud de Trabajadores y Tramos.

- Respuesta de la Tesorería, que irá en función de la petición anterior del usuario:

  - Envío de borrador de la Relación Nominal de Trabajadores (RNT) y Documento de Cálculo de Liquidación (DCL) como respuesta a la solicitud de borrador y al envío de bases.
  - Fichero de Trabajadores y Tramos.

- Respuesta del usuario, tras la recepción de documentos de la Tesorería:

  - Confirmación del borrador.
  - Nuevo envío de fichero de bases con recuperación de bases anteriores.

- Respuesta de la Tesorería:

  - Envío de documentos definitivos: RNT y RLC.
  - Envío de borrador de RNT y DCL e inicio del ciclo.

En cuanto al calendario, las características principales son:

- Se podrán presentar declaraciones desde el primer día del mes siguiente al que se refiera la liquidación hasta el penúltimo día.
- Se podrán ingresar las cotizaciones desde que se generen los documentos de pago hasta el último día del mes siguiente al que corresponda la liquidación. Si el pago es domiciliado, el cargo siempre se hará el último día del mes.

Los plazos de cierre de las liquidaciones presentadas son:

a. Día 24 del mes, cierre de oficio de TGSS de borradores totales.
b. Día 28 del mes, cierre de oficio de TGSS de liquidaciones.
c. Días 28, 29 y 30 del mes, cierres automáticos de liquidaciones definitivas.

En la liquidación de las cotizaciones de forma telemática, se podrá elegir que el pago de los RLC se realice por cualquiera de los siguientes medios:

a. Pago electrónico: la empresa recibirá el RLC para que su pago se realice en las Entidades Financieras que desee. El ingreso se realiza hasta el último día del mes, a través de RLC emitido por la TGSS.

b. Cargo en cuenta: consiste en la domiciliación bancaria del RLC. Sus plazos son: día 22 del mes, cierre de cargo en cuenta; día 31 del mes, envío del adeudo con los datos bancarios existentes a día 22.

 Normativa

Art. 22 de la LGSS.

Orden ESS/484/2013.

Orden ISM/903/2020.

7.1. Responsabilidad del empresario ante la Seguridad Social

El empresario tiene diversas responsabilidades ante la Seguridad Social, en primer lugar cumplir con la obligación de dar de alta al trabajador en la cuenta de cotización al inicio de la relación laboral. Con dicha alta nace, desde el primer día, la obligación de cotizar, es decir, afrontar la cuantía que debe ingresar a la Seguridad Social.

Con carácter previo a la cotización, las empresas deberán comunicar a la TGSS en cada período de liquidación el importe de todos los conceptos retributivos abonados a sus trabajadores, con independencia de su inclusión o no en la base de cotización a la Seguridad Social.

A las empresas que no han cumplido con la obligación de ingresar en plazo las cuotas de cotización a la Seguridad Social, ni han solicitado el aplazamiento de las mismas, se les aplicará los siguientes recargos:

- Para los sujetos responsables que han transmitido telemáticamente a la TGSS las liquidaciones les será de aplicación un recargo del **10 % o del 20 %** en función del periodo de abono de las cuotas pendientes.
- Para los sujetos responsables del pago que no hubieran cumplido, dentro de plazo, la obligación de transmisión telemática, les será de aplicación un recargo del **20 % o del 35 %,** dependiendo el momento en el que se abonen las cuotas debidas.

Las empresas ante la imposibilidad de hacer frente al pago de las deudas por cotización de sus trabajadores por cuenta ajena (excepto las cuotas de accidentes de trabajo y enfermedades profesionales y la aportación de los trabajadores), podrán solicitar ante la TGSS el aplazamiento de las mismas.

 **Normativa**

Art. 30 y 147 de la LGSS.

8. Resumen

El **recibo de salarios** es el documento justificativo del pago del salario al trabajador. El empresario está obligado a formalizarlo a través del modelo oficial recogido en la norma legal que lo regula.

La estructura del recibo de salarios es:

- Encabezamiento:

    - Datos de la empresa y del trabajador.
    - Periodo de liquidación.

- Parte central:

    - Devengos
    - Deducciones

- Parte final:

    - Base de cotización por contingencias comunes + MEI.
    - Base de cotización por contingencias profesionales (AT y EP) y conceptos de recaudación conjunta (desempleo, formación profesional, FOGASA).
    - Base de cotización por horas extraordinarias.
    - Base sujeta a retención del IRPF.

El **salario** incluye la totalidad de las percepciones económicas de los trabajadores, en dinero o en especie, por la prestación profesional de los servicios laborales por cuenta ajena, ya retribuyan el trabajo efectivo, cualquiera que sea la forma de remuneración, o los períodos de descanso computables como de trabajo.

El salario líquido o neto se obtiene minorando el salario bruto en las distintas deducciones. En cada concepto se incluye:

SALARIO BRUTO (Total Devengado)

- Salario Base. Parte de la retribución del trabajador fijada por unidad de tiempo o de obra sin atender a ninguna otra circunstancia, pudiendo estar referenciado sobre el salario por convenio o el salario pactado o mejora voluntaria.
- Complementos salariales. Aquellos que no han sido valorados al determinar el salario base. Se clasifican en:

    - Complementos personales: antigüedad y conocimientos especiales.
    - Complementos de puesto de trabajo: penosidad, toxicidad, peligrosidad trabajo a turnos, nocturnidad y de residencia.
    - Complemento por calidad o cantidad de trabajo: incentivos, actividad, asistencia, puntualidad.

  ▪ Horas extraordinarias.

  ▪ Gratificaciones extraordinarias.

  ▪ Salario en especie.

  ▪ Otros complementos: desgaste de herramientas, prendas de vestir, etc.

■ Percepciones no salariales. Retribuciones que percibe el trabajador como consecuencia de la realización de trabajo.

  ▪ Asignaciones por desplazamiento fuera del centro de trabajo (dietas, alojamiento y gastos de locomoción).

  ▪ Indemnizaciones.

  ▪ Prestaciones de la Seguridad Social.

DEDUCCIONES

■ Cotizaciones a la Seguridad Social.

  ▪ Contingencias comunes + MEI.

  ▪ Contingencias profesionales (AT y EP).

  ▪ Desempleo.

  ▪ FOGASA.

  ▪ Formación profesional.

  ▪ Cotización adicional por horas extraordinarias.

  ▪ Cotización adicional de solidaridad.

■ Retenciones de IRPF.

En el cálculo de las **cotizaciones** a la Seguridad Social intervienen el grupo de cotización (clasificación de las categorías profesionales), las bases de cotización (importe sobre el que se aplica el tipo de cotización) y el tipo de cotización (porcentaje que se aplica sobre la base).

Existen determinados supuestos donde la determinación de las bases de cotización tiene determinadas peculiaridades, tales como, IT, contratos a tiempo parcial, vacaciones no disfrutadas y abonadas a la extinción del contrato, contrato formativo en alternancia, pluriempleo, etc.

La liquidación de las cotizaciones a la Seguridad Social se tramita a través de la aplicación **SILTRA** mediante el **Sistema de Liquidación Directa** por medio del Recibo de Liquidación de Cotizaciones (RLC) y de la Relación Nominal de Trabajadores (RNT). El incumplimiento de estas liquidaciones por parte del empresario conlleva la aplicación de determinados recargos.

Ejercicios de repaso y autoevaluación

1. **Señale si las siguientes afirmaciones son verdaderas o falsas.**

   a. El salario se establece entre la empresa y el trabajador, no pudiendo ser menor que el salario establecido para cada categoría profesional.

      ☐ Verdadero
      ☐ Falso

   b. El número de días que se indica en la nómina no depende del carácter mensual o diario de esta.

      ☐ Verdadero
      ☐ Falso

   c. El salario base es la retribución del trabajador fijada por unidad de tiempo o de obra sin atender a ninguna otra circunstancia.

      ☐ Verdadero
      ☐ Falso

   d. Las percepciones extrasalariales se computan en la base de cotización.

      ☐ Verdadero
      ☐ Falso

   e. El empresario tiene la obligación de cotizar al FOGASA por el trabajador.

      ☐ Verdadero
      ☐ Falso

   f. Por desempleo solo cotiza la empresa.

      ☐ Verdadero
      ☐ Falso

g. El % a cargo del trabajador por horas extraordinarias estructurales es del 4,70 %.

☐ Verdadero
☐ Falso

h. Por Formación Profesional cotiza tanto la empresa como el trabajador.

☐ Verdadero
☐ Falso

2. ¿Qué prestación económica corresponde por incapacidad temporal derivada de accidente de trabajo o enfermedad profesional?

_____
_____

3. Se produce una baja por incapacidad temporal derivada de enfermedad común o accidente no laboral. La prestación del 4º al 15º día ¿a cargo de quién corre?

_____
_____

4. ¿Qué es el tipo de cotización?

_____
_____
_____
_____

5. Partiendo de las siguientes situaciones determina el salario bruto y líquido:

a.

Salario base	951,27 €.
Antigüedad	37,56 €.

Incentivos	24,04 €.
Gastos locomoción	21,04 €.
Plus transporte	18,03 €.

Percibe 2 pagas extras prorrateadas mensualmente equivalente al salario base y antigüedad.

Aportación trabajador a la S.S.	60,44 €.
IRPF	64,99 €.

b.

Salario base	915,00 €.
Nocturnidad	48,08 €.
Prestaciones e indemnizaciones S.S.	210,35 €.
Plus de transporte	30,05 €.
Aportación trabajador S.S.	91,35 €.
IRPF	67,91 €

6. Partiendo de las siguientes situaciones calcule el importe de la baja:

   a. Un trabajador con salario diario presenta baja por accidente de trabajo el día 12 de febrero hasta final de mes. Base de cotización de enero: 859,45 €.

   b. Un trabajador con salario mensual presenta baja por enfermedad común el día 19 de marzo hasta final de mes. Base de cotización de febrero: 665,32 €.

   c. Un trabajador con salario mensual presenta baja por accidente de trabajo el día 8 de marzo permaneciendo en dicha situación hasta el día 20 del mismo mes. Base de cotización febrero: 773,50 €.

d. Un trabajador con salario diario presenta baja por accidente no laboral el día 3 de junio. Este día no trabajó y permaneció en dicha situación hasta el 28 del citado mes. Base de cotización mayo: 825,79 €.

7. Calcule la prorrata de pagas extras en los siguientes supuestos:

a. Un trabajador con retribución mensual tiene derecho a percibir 2 pagas extras al año a razón de 810,30 € cada una con devengo semestral y además tiene otra paga de beneficio con devengo anual de 900 €. Realice el cálculo de la prorrata para el mes de enero.

b. Un trabajador con retribución diaria percibe 2 pagas extraordinarias al año a razón de 30 días de salario base cada una. Realice el cálculo de la prorrata para el mes de febrero. Salario base: 35,03 €.

8. Calcule la base de cotización en los siguientes supuestos:

a. Un trabajador percibe en el mes de mayo:

  ı Salario base: 1.081,32 €.
  ı Conocimientos especiales: 48,08 €.
  ı Responsabilidad: 60,10 €.
  ı Asistencia y puntualidad: 30,05 €.
  ı Dietas: 18,03 €.

ı Plus de transporte: 72,12 €.

ı Además tiene 3 pagas extraordinarias por importe de salario base cada una.

b. Un trabajador percibe en el mes de enero:

ı Salario base: 33,00 €/ día.

ı Antigüedad: 60,10 €.

ı Plus de transporte: 0,90 €/ día hábil (22 días hábiles).

ı Percibe 2 pagas extras que serán igual a 30 días de salario base más antigüedad.

Unidad Didáctica 6
Retenciones e ingresos a cuenta del IRPF

Contenido

1. Introducción

Los rendimientos del trabajo que los empleados perciben del empresario, derivados de la prestación de servicios, están sujetos a una obligación fiscal, las retenciones. La Ley 35/2006, de 28 de diciembre que desarrolla el Impuesto sobre la Renta de las Personas Físicas regula las normas por las que se rige esta obligación.

El empresario, por su parte, está obligado a practicar dicha retención en la nómina del trabajador, a presentar y liquidar los modelos tributarios derivados de dicha obligación y a suministrar al trabajador información sobre este concepto.

2. Objeto de la tributación

El empresario está obligado a efectuar retención, a cuenta del IRPF, de las retribuciones dinerarias que abona a sus trabajadores, por razón de los servicios que le prestan. Asimismo, está obligado a efectuar ingresos a cuenta del IRPF, por las retribuciones que satisfaga en especie. Es obligación complementaria de las anteriores, asumida por el empresario retenedor, la de declarar e ingresar en la Agencia Tributaria las cantidades retenidas.

Se consideran rendimientos íntegros del trabajo todas las contraprestaciones o utilidades fijas y variables, cualquiera que sea su denominación o naturaleza (tanto dinerarias como en especie), que deriven, directa o indirectamente del trabajo y retribuyan o se deriven del trabajo personal o sean consecuencia de la relación laboral.

Se pueden considerar como **rendimientos del trabajo,** entre otros, los siguientes:

- Los sueldos y salarios (salario base y complementos salariales).
- Las retribuciones por gastos de representación.
- Las prestaciones de desempleo, salvo que se perciban en la modalidad de pago único.

- Las pensiones y haberes pasivos percibidos por la Seguridad Social.
- Las becas, salvo los importes considerados exentos.
- Las dietas y asignaciones para gastos de viaje, excepto los de locomoción y los normales de manutención y estancia en establecimientos de hostelería con los límites que reglamentariamente se establezcan.

Constituyen **retribuciones en especie** la utilización, consumo u obtención, para fines particulares, de bienes, derechos o servicios de forma gratuita o por precio inferior al normal de mercado, aun cuando no supongan un gasto real para quien las conceda. Es importante destacar que cuando el empresario entregue al trabajador importes en metálico para que este adquiera los bienes, derechos o servicios, la renta tendrá la consideración de dineraria.

 **Normativa**

Arts. 17 y 42 Ley 35/2006.

Art. 75 Real Decreto 439/2007.

3. Obligados a retener

Con carácter general, están obligados a retener o ingresar en cuenta, entre otros, los siguientes sujetos o entidades, desde el momento en el que satisfacen rentas sometidas a esta obligación (rentas del trabajo o actividades económicas):

- Las personas jurídicas y demás entidades, incluidas las comunidades de propietarios y las entidades en régimen de atribución de rentas.
- Los empresarios individuales y los profesionales, cuando satisfagan o abonen rentas en el ejercicio de sus actividades.

- Las personas físicas, jurídicas y demás entidades no residentes en territorio español que operen en dicho territorio mediante establecimiento permanente.

- Las personas físicas, jurídicas y demás entidades no residentes en territorio español que operen sin mediación de establecimiento permanente, en cuanto a los rendimientos de trabajo que satisfagan.

- El representante designado, en el caso de operaciones realizadas en España por fondos de pensiones domiciliados en otro Estado miembro de la UE, cuando desarrollen planes de pensiones de empleo sujeto a la normativa española.

 Normativa

Art. 76 del RIRPF.

4. Tipos de retención

El empresario está obligado a practicar las retenciones correspondientes a sus trabajadores, durante todo el periodo de contratación. Asimismo, deberá regularizar la situación si existiese cualquier modificación en las circunstancias personales o económicas del trabajador.

Las retenciones e ingresos a cuenta sobre los rendimientos del trabajo derivados de las relaciones laborales se calculan según lo establecido en el Reglamento de IRPF.

La Agencia Tributaria pone a disposición del contribuyente una aplicación informática para el cálculo automático del tipo de retención, atendiendo a los datos personales (estado civil, ascendientes, descendientes, etc.) y económicos (ingresos brutos anuales, aportación anual a la Seguridad Social, etc.).

 **Nota**

En la página Web de la Agencia Tributaria https://sede.agenciatributaria.gob.es, en el módulo IRPF se encuentra toda la información referente a este impuesto, así como el servicio de cálculo de las retenciones.

Existen unos tipos de retención fijos que se aplicarán, en cada caso, a la cuantía total de las retribuciones que se satisfagan o abonen. Estos son:

- Con carácter general, el tipo de retención que se obtenga con los cálculos realizados según el artículo 86 del RIRPF.
- El resultante de la aplicación del procedimiento especial para sujetos perceptores de prestaciones pasivas (art. 89 aptdo A del RIRPF).
- 35 %: si se tratan de administradores y miembros del consejo de administración, de juntas con similares funciones y del resto de miembros de otros órganos representativos, en empresas cuyo importe neto de la cifra de negocio del período impositivo finalizado es superior a 100.000 €.
- 19 %: cuando las personas trabajadoras tienen algunas de las condiciones del apartado anterior y el importe neto de la cifra de negocio del período impositivo finalizado es inferior a 100.000 €.
- 15 %: cuando se correspondan con atrasos a imputar en períodos anteriores; y los rendimientos derivados de impartir cursos, conferencias, coloquios, seminarios y similares, o de la elaboración de obras literarias, artísticas o científicas, siempre que exista cesión del derecho a su explotación.
- 7 %: por los rendimientos derivados de la elaboración de obras literarias, artísticas o científicas cuando exista cesión del derecho de explotación y el importe de los rendimientos íntegros del ejercicio anterior sea inferior a 15.000 € y representen más del 75 % de la suma de los rendimientos del trabajo y de los derivados de actividades económicas.
- 0 %: se aplica este porcentaje cuando la diferencia entre la base de cálculo del tipo de retención y el mínimo personal y familiar es cero o negativa.

Importante

Cuando se trate de contratos o relaciones laborales de duración inferior al año o de relaciones especiales de los artistas, técnicos o auxiliares, el tipo de retención no podrá ser inferior al 2 %.

Normativa

Art. 80 a 89 RIRPF.
Art. 101 LIRPF.

5. Modelos de declaración-liquidación

En la liquidación e ingresos de las retenciones y pagos a cuenta se deben cumplimentar una serie de impresos, que se corresponde con el modelo 111, modelo 190, modelo 145 y el certificado de retenciones e ingresos a cuenta del IRPF.

Modelos de retención a cuenta del IRPF	
Mod. 111	Retenciones e ingresos a cuenta. Rendimientos del trabajo y de actividades económicas, premios y determinadas ganancias patrimoniales e imputaciones de Renta. Periodicidad mensual (grandes empresas y Administraciones Públicas) y trimestral (pequeña y mediana empresa).
Mod. 190	Resumen anual de retenciones e ingresos a cuenta. Se presenta en enero del ejercicio siguiente al que se liquida.
Mod. 145	IRPF. Retenciones sobre rendimientos del trabajo. Comunicación de datos al pagador.
Modelo de certificado de retenciones e ingresos a cuenta del IRPF. Anual.	

5.1. Declaración de retenciones mensual y trimestral: modelo 111

Están obligados a presentar el modelo 111 las personas o entidades en cuanto hayan satisfecho durante el trimestre o mes natural objeto de la declaración, rentas (dinerarias o en especie) sujetas a retención o a ingreso a cuenta del IRPF que no constituyen rendimientos del capital mobiliario.

Deberá igualmente presentar el modelo 111, como **declaración negativa,** a pesar de haber satisfecho en el trimestre rentas sujetas a retención o a ingreso a cuenta, cuando las reglas de cálculo establecidas en la normativa vigente determinen la aplicación de un tipo de retención o de ingreso a cuenta igual a cero, de forma que no proceda ingresar en el Tesoro Público cantidad alguna por este concepto.

Las personas o entidades obligadas a retener o a ingresar a cuenta cuyo volumen de operaciones haya superado en el año natural inmediato anterior la cifra de 6.010.121,04 € (grandes empresas) y las Administraciones Públicas (presupuesto anual aprobado anterior al inicio del ejercicio, superior a 6 millones de euros), deberán efectuar **mensualmente** la declaración y el ingreso de las retenciones e ingresos a cuenta del IRPF, utilizando al efecto el modelo 111.

 Nota

Las grandes empresas y las Administraciones Públicas deberán presentar la declaración mensual y con carácter obligatorio por vía telemática.

Las pequeñas o medianas empresas, así como los empresarios y profesionales personas físicas deberán presentar la declaración de forma trimestral, pudiendo optar o no por la presentación telemática, salvo las S. A. y las S. L. que sí deberán hacerlo obligatoriamente por este medio.

La declaración-documento de ingreso (modelo 111) será única para cada retenedor u obligado a ingresar a cuenta y comprenderá la totalidad de las retenciones e ingresos a cuenta del IRPF correspondiente a las rentas satisfechas en el trimestre natural objeto de declaración.

En cuanto al **plazo** de presentación se distingue entre:

- **Autoliquidación trimestral:** la declaración-documento de ingreso deberá presentarse en los primeros 20 días naturales de los meses de abril, julio, octubre y enero, en relación con las cantidades retenidas y de los ingresos a cuenta que correspondan por el trimestre natural inmediato anterior.
- **Autoliquidación mensual:** los sujetos retenedores, cuyo volumen de operaciones hubiera excedido, durante el año anterior, de 6.010.121,04 € (grandes empresas) y Administraciones Públicas, presentarán esta declaración en los 20 primeros días naturales del mes siguiente al periodo de autoliquidación correspondiente.

La forma de presentación del modelo 111 se deberá realizar:

- Obligatoriamente por vía electrónica por Internet, para los obligados tributarios que tengan el carácter de Administración Pública, aquellos obligados tributarios inscritos en el Registro de Grandes Empresas (volumen de operaciones durante el año natural inmediato anterior supere la cifra de 6.010.121,04 €) o bien tengan la forma de sociedad anónima o de responsabilidad limitada.
- Para el resto de obligados podrá ser mediante papel impreso generado exclusivamente mediante la utilización del servicio de impresión desarrollado por la Agencia Tributaria en su Sede Electrónica.

 Normativa

Orden HAP/2194/2013.
Orden EHA/586/2011.

Como se ha indicado anteriormente, el modelo 111 se puede presentar por vía telemática o de forma presencial. En la siguiente imagen se muestra la página web de la Sede Electrónica de la Agencia Tributaria donde se puede elegir la opción que corresponda.

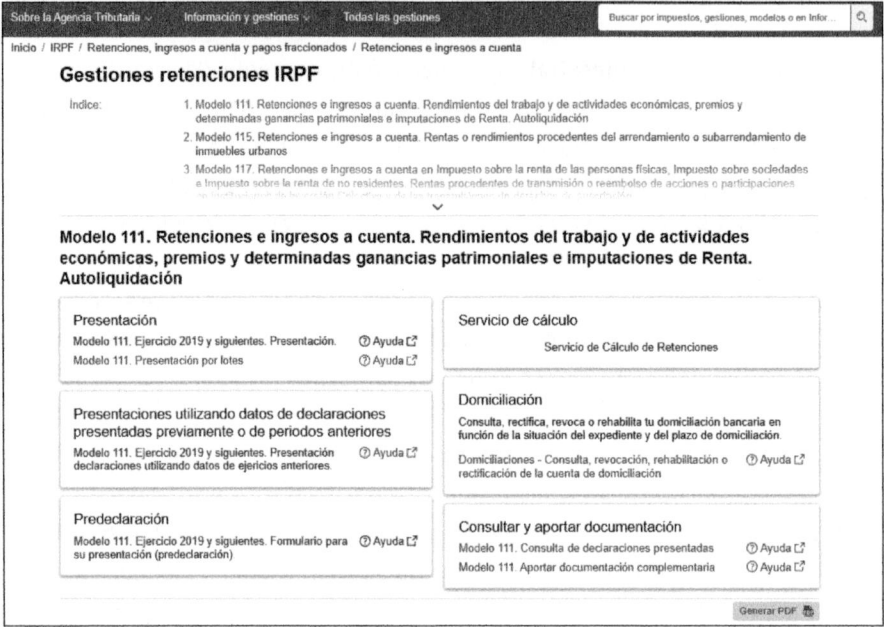

5.2. Resumen anual de retenciones: modelo 190

Todo retenedor u obligado a ingresar a cuenta deberá presentar un resumen anual de las retenciones e ingresos a cuenta efectuados en el que, además de sus datos de identificación, podrá exigirse que conste una relación nominativa de los perceptores en la que figuren para cada uno de ellos los datos que hayan sido tenidos en cuenta para determinar el tipo de retención o ingreso a cuenta. Las rentas que van a figurar en el modelo son las sometidas a retención o ingreso a cuenta, las que no han sido objeto de retención o ingreso a cuenta por su cuantía, además de aquellas cuyo tipo de retención aplicable haya sido cero.

Cada obligado a retener solo podrá presentar un único resumen anual modelo 190, en referencia a un mismo periodo.

La forma de presentar este modelo es a través de la Sede Electrónica de la Agencia Tributaria. La identificación para acceder al trámite se puede realizar con Cl@ve Móvil (que incluye Cl@ve PIN), certificado electrónico o DNIe.

Normativa

Orden HAP/2194/2013.
Orden EHA/3127/2009.

La página web de la Sede Electrónica de la AEAT donde se puede elegir la forma de presentación del modelo es la siguiente:

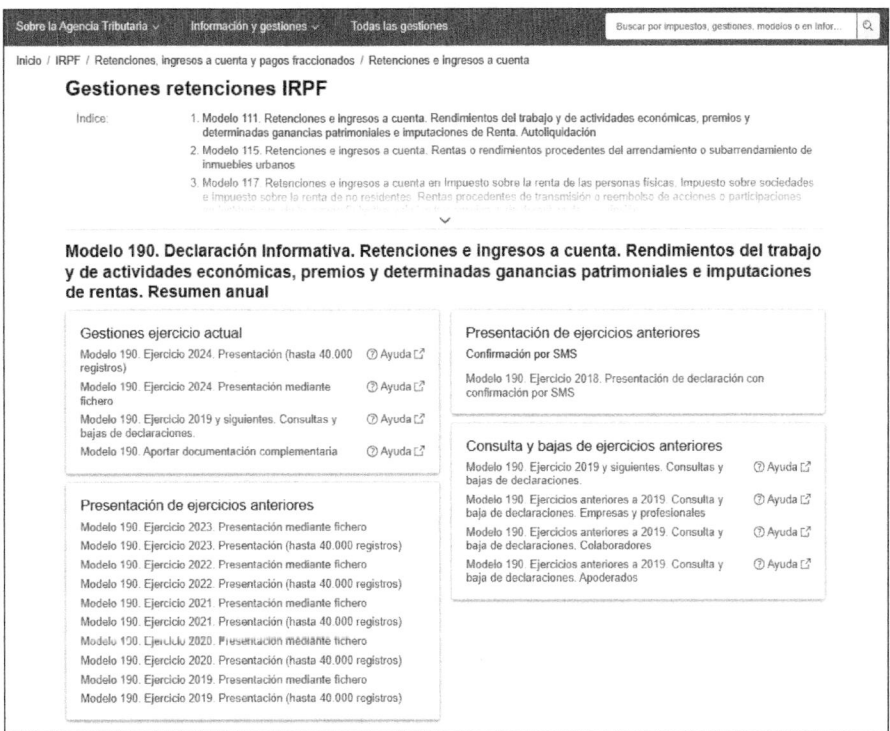

5.3. Comunicación de datos al pagador: Modelo 145

A efectos de practicar las retenciones a cuenta del IRPF, los trabajadores tienen que comunicar a la empresa los datos referentes a su situación personal y familiar, cumplimentando el **Modelo de comunicación de datos al pagador** (modelo 145).

También habrá de comunicarse al pagador la variación de las siguientes circunstancias: incremento del número de descendientes, modificación de la situación de los ascendientes con derecho a deducción, aumento de grado de discapacidad, cuando el cónyuge deje de tener la consideración de "a cargo"; cuando por resolución judicial quedase obligado a satisfacer pensión compensatoria o anualidades por alimentos a favor de hijos, etc.

La falta de comunicación al pagador de las circunstancias personales y familiares, o su variación, determinará que se aplique el tipo de retención correspondiente sin tener en cuenta tales circunstancias, sin perjuicio de la responsabilidad en que pudiera incurrir el perceptor en cuanto esa falta de comunicación determine la aplicación de un tipo inferior al que corresponda.

Impuesto sobre la Renta de las Personas Físicas Retenciones sobre rendimientos del trabajo	Modelo
Comunicación de datos al pagador (artículo 88 del Reglamento del IRPF)	**145**

Si prefiere no comunicar a la empresa o entidad pagadora alguno de los datos a que se refiere este modelo, la retención que se le practique podría resultar superior a la procedente. En tal caso, podrá recuperar la diferencia, si procede, al presentar su declaración del IRPF correspondiente al ejercicio de que se trate.

Atención: la inclusión de datos falsos, incompletos o inexactos en esta comunicación, así como la falta de comunicación de variaciones en los mismos que, de haber sido conocidas por el pagador, hubieran determinado una retención superior, constituye infracción tributaria sancionable con multa del 35 al 150 por 100 de las cantidades que se hubieran dejado de retener por esta causa. (Artículo 205 de la Ley 58/2003, de 17 de diciembre, General Tributaria).

1. Datos del perceptor que efectúa la comunicación

NIF   Apellidos y Nombre   Año de nacimiento

Situación familiar:

- Soltero/a, viudo/a, divorciado/a o separado/a legalmente con hijos solteros menores de 18 años o incapacitados judicialmente y sometidos a patria potestad prorrogada o rehabilitada que conviven exclusivamente con Vd., sin convivir también con el otro progenitor, siempre que proceda consignar al menos un hijo o descendiente en el apartado 2 de este documento . ___ [1]

- Casado/a y no separado/a legalmente cuyo cónyuge no obtiene rentas superiores a 1.500 euros anuales, excluidas las exentas .... [2]

  NIF del cónyuge (si ha marcado la casilla 2, deberá consignar en esta casilla el NIF de su cónyuge) ....

- Situación familiar distinta de las dos anteriores (solteros sin hijos, casados cuyo cónyuge obtiene rentas superiores a 1.500 euros anuales, ..., etc.) .... [3]
  (Marque también esta casilla si no desea manifestar su situación familiar).

Discapacidad (grado de discapacidad reconocido)   Igual o superior al 33% e inferior al 65% ......   Además, tengo acreditada la necesidad de ayuda de terceras personas o movilidad reducida ....   Igual o superior al 65% .....

Movilidad geográfica: Si anteriormente estaba Vd. en situación de desempleo e inscrito en la oficina de empleo y la aceptación del puesto de trabajo actual ha exigido el traslado de su residencia habitual a un nuevo municipio, indique la fecha de dicho traslado

Obtención de rendimientos con período de generación superior a 2 años durante los 5 períodos impositivos anteriores.
Marque esta casilla si, en el plazo comprendido en los 5 períodos impositivos anteriores al ejercicio al que corresponde la presente comunicación, ha percibido rendimientos del trabajo con período de generación superior a 2 años, a los que, a efectos del cálculo del tipo de retención le haya sido aplicada la reducción por irregularidad contemplada en el artículo 18.2 de la Ley del Impuesto y, sin embargo, posteriormente usted no haya aplicado la citada reducción en su correspondiente autoliquidación del Impuesto sobre la Renta

2. Hijos y otros descendientes menores de 25 años, o mayores de dicha edad si son discapacitados, que conviven con el perceptor

Datos de los hijos o descendientes menores de 25 años (o mayores de dicha edad si son discapacitados) que conviven con Vd. y que no tienen rentas anuales superiores a 8.000 euros.

		Hijos o descendientes con discapacidad (grado de discapacidad reconocido)			Cómputo por entero de hijos o descendientes
		Si alguno de los hijos o descendientes tiene reconocido un grado de discapacidad igual o superior al 33 por 100, marque con una "X" la/s casilla/s que correspondiv/h a su situación.			En caso de hijos que convivan únicamente con Vd., sin convivir también con el otro progenitor (padre o madre), o de nietos que convivan únicamente con Vd., sin convivir también con ningún otro de sus abuelos, indíquelo marcando con una "X" esta casilla.
Año de nacimiento	Año de adopción o acogimiento (1)	Grado igual o superior al 33% e inferior al 65%	Además, tiene acreditada la necesidad de ayuda de terceras personas o movilidad reducida	Grado igual o superior al 65%	
					Atención: Si tiene más de cuatro hijos o descendientes, adjunte otro ejemplar con los datos del quinto y sucesivos.

(1) Solamente en el caso de hijos adoptados o de menores acogidos. Tratándose de hijos adoptados que previamente hubieran estado acogidos, indique únicamente el año del acogimiento.

3. Ascendientes mayores de 65 años, o menores de dicha edad si son discapacitados, que conviven con el perceptor

Datos de los ascendientes mayores de 65 años (o menores de dicha edad si son discapacitados) que conviven con Vd. durante, al menos, la mitad del año y que no tienen rentas anuales superiores a 8.000 euros.

	Ascendientes con discapacidad (grado de discapacidad reconocido)			Convivencia con otros descendientes
	Si alguno de los ascendientes tiene reconocido un grado de discapacidad igual o superior al 33 por 100, marque con una "X" la/s casilla/s que correspondа/n a su situación.			Si alguno de los ascendientes convive también, al menos durante la mitad del año, con otros descendientes del mismo grado que Vd., indíquelo con una "X" (marque el número total de descendientes con los que convive, incluido Vd. (Si los ascendientes sólo conviven con Vd., no rellene esta casilla).
Año de nacimiento	Grado igual o superior al 33% e inferior al 65%	Además, tiene acreditada la necesidad de ayuda de terceras personas o movilidad reducida	Grado igual o superior al 65%	

4. Pensiones compensatorias en favor del cónyuge y anualidades por alimentos en favor de los hijos, fijadas ambas por decisión judicial

Pensión compensatoria en favor del cónyuge. Importe anual que está Vd. obligado a satisfacer por resolución judicial ....

Anualidades por alimentos en favor de los hijos. Importe anual que está Vd. obligado a satisfacer por resolución judicial ....

5. Pagos por la adquisición o rehabilitación de la vivienda habitual utilizando financiación ajena, con derecho a deducción en el IRPF

Importante: sólo podrán cumplimentar este apartado los contribuyentes que hayan adquirido su vivienda habitual, o hayan satisfecho cantidades por obras de rehabilitación de la misma, antes del 1 de enero de 2013.

Si está Vd. efectuando pagos por préstamos destinados a la adquisición o rehabilitación de su vivienda habitual con derecho a deducción por inversión en vivienda habitual en el IRPF y la cuantía total de sus retribuciones íntegras en concepto de rendimientos del trabajo procedentes de todos sus pagadores es inferior a 33.007,20 euros anuales, marque con una "X" esta casilla ....

6. Fecha y firma de la comunicación

Manifiesto ser contribuyente del IRPF y declaro que son ciertos los datos arriba indicados, presentando ante la empresa o entidad pagadora la presente comunicación de mi situación personal y familiar, o de su variación, a los efectos previstos en el artículo 88 del Reglamento del IRPF.

En _____ , día ____ de ____ de ____

Firma del perceptor:

Fdo.: D / D.ª _____

7. Acuse de recibo

La empresa o entidad: _____
acusa recibo de la presente comunicación y documentación.

En _____ , día ____ de ____ de ____

Firma autorizada y sello de la empresa o entidad pagadora:

Fdo.: D / D.ª _____

De conformidad con lo dispuesto en el artículo 11 de la Ley Orgánica 3/2018, de 5 de diciembre, de Protección de Datos Personales y garantía de los derechos digitales, el perceptor tendrá derecho a ser informado previamente de la existencia de un fichero o tratamiento de datos de carácter personal, de la finalidad de la recogida de éstos y de los destinatarios de la información, de la identidad y dirección del responsable del tratamiento o, en su caso, de su representante, así como de la posibilidad de ejercitar sus derechos de acceso, rectificación o cancelación de los mismos.

Modelo oficial de comunicación de datos a la empresa

 **Normativa**

Art. 88 RIRPF.

Resolución de 3 de enero de 2011.

5.4. Certificado anual de retenciones practicadas al trabajador

El retenedor u obligado deberá expedir a favor del trabajador certificación acreditativa de la retención practicada, o de los ingresos a cuenta efectuados, así como de los restantes datos que deben incluirse en el resumen anual de retenciones. La citada certificación deberá ponerse a disposición del trabajador con anterioridad a la apertura del plazo de declaración de este impuesto. Los pagadores deberán comunicar asimismo a los trabajadores la retención o ingreso a cuenta practicados en el momento en que satisfagan las rentas, indicando el porcentaje aplicado.

Certificado de retenciones e ingresos a cuenta del Impuesto sobre la Renta de las Personas Físicas

• Datos del perceptor

NIF

Apellidos y nombre

• Datos de la persona o entidad pagadora

NIF

Apellidos y nombre, denominación o razón social

Rendimientos del trabajo, dietas exceptuadas de gravamen y rentas exentas | **Datos correspondientes al ejercicio**

• Rendimientos del trabajo: detalle de las percepciones y de las retenciones e ingresos a cuenta

Rendimientos correspondientes al ejercicio.

Retribuciones NO derivadas de incapacidad laboral:

Dinerarias .... | Importe íntegro satisfecho | Retenciones practicadas

En especie .... | Valoración | Ingresos a cuenta efectuados | Ingresos a cuenta repercutidos

Retribuciones derivadas de incapacidad laboral:

Dinerarias .... | Importe íntegro satisfecho | Retenciones practicadas

En especie .... | Valoración | Ingresos a cuenta efectuados | Ingresos a cuenta repercutidos

Contribuciones empresariales a planes de pensiones, planes de previsión social empresarial y mutualidades de previsión social, así como aportaciones a estos sistemas de previsión social que deriven de una decisión del trabajador, que reduzcan la base imponible del IRPF (excepto a seguros colectivos de dependencia) .. | Importe imputado al perceptor

Contribuciones empresariales a seguros colectivos de dependencia .... | Importe imputado al perceptor

Reducciones a que se refieren el artículo 18, apartados 2 y 3, y/o las disposiciones transitorias 11.ª y 12.ª de la Ley del impuesto .... | Importe de las reducciones

Gastos fiscalmente deducibles a que se refiere el artículo 19.2 [letras a), b) y c)] de la Ley del Impuesto .... | Importe de los gastos

(Cotizaciones a la Seguridad Social o a mutualidades generales obligatorias de funcionarios, detracciones por derechos pasivos y cotizaciones a Colegios de Huérfanos o entidades similares)

Otras reducciones por irregularidad en rendimientos del trabajo sometidos a tipo fijo de retención .... | Importe de las reducciones

Rendimientos satisfechos en el ejercicio correspondientes a ejercicios anteriores (atrasos).

Se hace constar asimismo que, con independencia de las retribuciones anteriormente detalladas, en el ejercicio a que este certificado se refiere le han sido satisfechas al perceptor que figura en el encabezamiento otras cantidades en concepto de atrasos correspondientes a ejercicios anteriores cuyos datos, a efectos de lo dispuesto en el artículo 14.2.b) de la Ley del Impuesto, se desglosan como sigue:

Ejercicio de devengo	Importe íntegro satisfecho	Retenciones practicadas	Reducciones (art.º 18, 2 y 3, y DT 11.ª y 12.ª de la Ley del Impuesto)	Gastos deducibles (art.º 19.2 [letras a), b) y c)] de la Ley del Impuesto)	Otras reducciones por irregularidad

Información de interés para el perceptor.- La percepción de cantidades en concepto de atrasos de rendimientos del trabajo dará lugar a la presentación de una declaración complementaria del IRPF por cada uno de los ejercicios a los que estas cantidades se refieran, sin que estas declaraciones complementarias comporten la exigencia de intereses de demora ni recargo alguno.

Cantidades reintegradas por el perceptor en el ejercicio por haber sido indebida o excesivamente percibidas en ejercicios anteriores (reintegros).

Se hace constar también que, con independencia de los rendimientos anteriormente detallados, el perceptor que figura en el encabezamiento ha reintegrado en el ejercicio a que este certificado se refiere las cantidades que a continuación se detallan, que fueron indebida o excesivamente percibidas en cada uno de los ejercicios que se indican. Asimismo, se hace constar el importe de las reducciones que, en su caso, correspondieron a dichas cantidades.

Ejercicio de percepción	Importe íntegro reintegrado	Reducciones que correspondieron

Información de interés para el perceptor.- El reintegro de cantidades incluidas en declaraciones del IRPF ya presentadas por el contribuyente, dará derecho a éste a solicitar de la Administración tributaria la rectificación de dichas declaraciones y, en su caso, la devolución de los ingresos indebidamente realizados en el Tesoro por esta causa, con arreglo a lo dispuesto en los artículos 120.3 y 221.4 de la Ley 58/2003, de 17 de diciembre, General Tributaria.

Dietas exceptuadas de gravamen y rentas exentas del Impuesto.

	Importe satisfecho
Dietas y asignaciones para gastos de viaje, en las cuantías exceptuadas de gravamen del IRPF	
Rentas exentas del IRPF incluidas por la empresa o entidad pagadora en el resumen anual de retenciones e ingresos a cuenta (mod. 190)	

Ganancias patrimoniales de los vecinos derivadas de los aprovechamientos forestales en montes públicos | **Datos correspondientes al ejercicio**

• Detalle de las percepciones y de las retenciones e ingresos a cuenta

Contraprestaciones dinerarias .... | Importe íntegro satisfecho | Retenciones practicadas

Contraprestaciones en especie .... | Valoración | Ingresos a cuenta efectuados | Ingresos a cuenta repercutidos

Modelo oficial de comunicación de retenciones practicadas al trabajador

6. Resumen

El empresario está obligado a efectuar retención, a cuenta del IRPF, de las retribuciones dinerarias que abona a sus trabajadores, por razón de los servicios que le prestan. Los rendimientos del trabajo que están sometidos a tributación por este impuesto son:

- Sueldos y salarios
- Retribuciones por gastos de representación
- Prestaciones por desempleo
- Pensiones
- Becas
- Dietas y asignaciones para gastos de viaje

El tipo de retención a aplicar va a depender de las circunstancias personales de los trabajadores, aunque existen determinados tipos preestablecidos, tales como: 35 % o 19 % para administradores, 15 % para los atrasos, etc.

Los modelos que el empresario está obligado a presentar a la administración por este concepto son modelo 111 (Retenciones e ingresos a cuenta) y modelo 190 (Resumen anual). Además, utilizará el modelo 145 (Comunicación de datos al pagador) para recabar información del trabajador relevante para el cálculo correcto de la retención.

El empresario debe expedir una certificación acreditativa sobre la retención practicada al trabajador y suministrársela a este.

Ejercicios de repaso y autoevaluación

1. Enumere aquellos rendimientos del trabajo sujetos a retención.

_____
_____
_____
_____
_____
_____
_____

2. ¿Qué es un rendimiento en especie? Enumere algún ejemplo.

_____
_____
_____
_____
_____
_____
_____

3. Indique en cada caso qué tipo de retención le corresponde a los siguientes sujetos:

    a. El miembro de un Consejo de Administración.
    b. Un sujeto que recibe retribución por seminario impartido.
    c. Un sujeto que recibe atrasos.

4. ¿Cuál es el plazo de presentación del modelo 111?

_____
_____
_____
_____

5. ¿Para qué sirve el modelo 190 y cuál es su forma de presentación?

_____
_____
_____
_____
_____
_____
_____

Unidad Didáctica 7
Supuestos prácticos

Contenido

1. Nómina diaria

Datos empresa:

Empresa o razón social: "Compañía Belpes".
Domicilio: Valencia.
NIF: A-89871342.
Código de Cuenta de Cotización: 52/002233476.
Actividad: Fabricación de productos de caucho y plástico.
CNAE: 22
Tarifa de primas por AT y EP:

■ IT: 1,75
■ IMS: 1,25

Datos trabajador:

Nombre: José Luís Durán González.
NIF: 75909087D.
Nº Seg. Social: 01/4567154.
Categoría: Oficial de 1.ª
Grupo de cotización: 8.
Periodo: Del 1 al 31 marzo.
Retribuciones en el mes:

■ Salario base: 40,00 € / día.
■ Plus de transporte: 2,40 € / día hábil.

IRPF: 7 %.
Días del mes: 31.
Días hábiles: 23.

El trabajador tiene derecho a 2 pagas que se cobraran mensualmente, por un equivalente de 30 días de salario base cada una.

1.1. Datos a saber en la nómina

Con este supuesto, se va a caracterizar la nómina, para que resulte más fácil su cálculo.

Lo primero que se verá será el tipo de nómina que es: diaria o mensual. En este primer ejercicio simulado, es **diaria.**

A continuación, se tratarán los cálculos a realizar en la nómina, como el cálculo del salario base, el plus de transporte (como en este caso) u otras percepciones salariales.

También habrá que tener muy en cuenta, la posibilidad de que exista una incapacidad laboral transitoria. En este ejercicio no existe ninguna.

Por último, habrá que saber el número de pagas que le corresponden al trabajador. En el supuesto planteado le corresponden 2 pagas extraordinarias, las cuales se cobran mensualmente.

En las próximas unidades didácticas, se enumerarán los datos de la nómina a tener en consideración y no se realizará comentarios sobre ellos.

1.2. Primeros cálculos a realizar

Cálculo del salario base:
Como el tipo de salario es diario, solo habrá que multiplicar el salario diario por el número de días que tenga el mes cuya nómina se está calculando.

40,00 € x 31 días = **1.240,00 €.**

Cálculo del plus de transporte:
El plus de transporte es de 2,40 € por día hábil.

2,40 € x 23 días = **55,20 €.**

Cálculo de pagas extras:

A continuación se calculan las pagas de este trabajador. Como se sabe, le corresponden 2 pagas: Navidad y verano. Según los datos del enunciado del ejercicio, las pagas son iguales a 30 días de salario base cada una. Luego:

$$40,00 \text{ € x 30 días} = 1.200,00 \text{ €.}$$

El importe por tanto, de cada una de las 2 pagas, es de 1.200,00 €.

$$1.200,00 \text{ € x 2 pagas} = 2.400 \text{ €.}$$

A continuación se calcula cuánto corresponde por día, como la nómina es de tipo diario, se divide el importe anterior entre 365 días.

$$2.400 \text{ €/ 365 días} = 6,57 \text{ €/diarios.}$$

El resultado anterior, se multiplicará por el número de días del mes o días de cotización, es decir, 30, 31 o 28 (mes de febrero). Por ello, en este ejercicio se multiplicará por 31 días, que son los días que tiene este mes (marzo).

$$6,57 \text{ € x 31 días} = \mathbf{203,67 \text{ €.}}$$

Total devengado:

El total del salario se hallará sumando las distintas percepciones que tenga el trabajador. En este caso: salario base, plus de transporte y paga extra:

Salario base	1.240,00 €.
Plus de transporte	55,20 €.
Paga extra	203,67 €.
Total devengado	**1.498,87 €.**

1.3. Aportación del trabajador

El importe para la aportación del trabajador, vendrá dado por:

Salario base	1.240,00 €.
Plus de transporte	55,20 €.
Pagas extras	203,67 €.
Total	1.498,87 €.

Por lo tanto el importe de la **base de cotización** será de **1.498,87 €.**

Los **tipos de cotización** a aplicar se corresponden con los siguientes porcentajes:

Para Cont. Com. + MEI: 4,70 % + 0,13 %.
Para el desempleo: 1,55 %.
Para FP: 0,10 %.

Cuando se aplican estos porcentajes al importe de cotización, se obtiene la siguiente **aportación** en euros:

1.498,87 € x 4,83 % = 72,39 €.
1.498,87 € x 1,55 % = 23,23 €.
1.498,87 € x 0,10 % = 1,50 €.

Total   97,12 €.

En concepto de **retención a cargo del IRPF,** se aplica en este caso el 7 %.

1.498,87 € x 7 % = 104,92 €.

1.4. Resultado obtenido

El total a deducir será la suma de las aportaciones más la retención a cargo del IRPF.

Aportación	97,12 €.
Retención	104,92 €.
Total a deducir	202,04 €.

Por último, solo queda saber qué cantidad de dinero será la que perciba el trabajador. Se restará al total devengado, el total a deducir.

Total devengado	1.498,87 €.
Total a deducir	-202,04 €.
Líquido a percibir	**1.296,83 €.**

1.5. Aportación de la empresa

El importe para la aportación de la empresa, vendrá dado por la remuneración mensual que asciende a 1.498,87 € que se corresponde, en este caso, con la base de cotización.

Los tipos de cotización a aplicar son los siguientes porcentajes:

Cont. Com. + MEI: 23,60 % + 0,67 %.
AT y EP (1,75 + 1,25): 3 %.
Desempleo: 5,50 %.
Formación Profesional: 0,60 %.
FOGASA: 0,20 %.

Cuando se aplican estos porcentajes al importe de cotización, se obtiene la siguiente aportación en euros:

1.498,87 € x 24,27 % = 363,77 €.
1.498,87 € x 3 % = 44,97 €.
1.498,87 € x 5,50 % = 82,44 €.
1.498,87 € x 0,60 % = 8,99 €.
1.498,87 € x 0,20 % = 3,00 €.

Total Aportación = 503,17 €.

Empresa: COMPAÑÍA BELPES	Trabajador: JOSÉ LUIS DURÁN GONZÁLEZ
Domicilio: VALENCIA	NIF: 75909087D
	Núm. Afil. Seguridad Social: 01/4567154
CIF: A-89871342	Grupo Profesional: OFICIAL DE 1.ª
CCC: 52/002233476	Grupo de Cotización: 8

Periodo de liquidación: del __1__ de __marzo__ al __31__ de __marzo__ de 20 __XX__   Total días | 31 |

I.	DEVENGOS		IMPORTE	TOTALES
1.	Percepciones salariales			1.443,67
	Salario base.. (40 € x 31 días)		1.240,00	
	Complementos salariales:			
	....			
	....			
	....			
	Horas extraordinarias			
	Horas complementarias (Contratos a tiempo parcial)			
	Gratificaciones extraordinarias................................		203,67	
	Salario en especie			
2.	Percepciones no salariales			55,20
	Indemnizaciones o suplidos			
	Plus de transporte (2,40 € x 23 días hábiles)		55,20	
	Prestaciones e Indemnizaciones de la Seguridad Social			
	Indemnizaciones por traslados, suspensiones o despidos			
	Otras percepciones no salariales			
	A. TOTAL DEVENGADO			1.498,87
II.	DEDUCCIONES			
1.	Aportación del trabajador a las cotizaciones a la Seguridad Social y conceptos de recaudación conjunta			
		%		
	Cont. comunes + MEI	4,83	72,39	
	Desempleo	1,55	23,23	
	Formación Profesional	0,10	1,50	
	Horas extraordinarias			
	TOTAL APORTACIONES			97,12
2.	Impuesto sobre la renta de las personas físicas..................	7	104,92	
3.	Anticipos..			
4.	Valor de los productos recibidos en especie			
5.	Otra deducciones..			202,04
	B. TOTAL A DEDUCIR			202,04
	LÍQUIDO TOTAL A PERCIBIR (A — B)			1.296,83

                                                                31 de __marzo__ de 20 __XX__

Firma y sello de la empresa   RECIBÍ

COMPAÑÍA BELPES   Jose Luis Durán González

DETERMINACIÓN DE LAS BASES DE COTIZACIÓN A LA SEGURIDAD SOCIAL Y CONCEPTOS DE RECAUDACIÓN CONJUNTA Y DE LA BASE SUJETA A RETENCIÓN DEL IRPF Y APORTACIÓN DE LA EMPRESA

CONCEPTO	BASE	TIPO	APORTACIÓN EMPRESA
1. Contingencias comunes + MEI			
Importe remuneración mensual 1.498,87			
Importe prorratas pagas extraordinarias ...			
TOTAL..................	1.498,87	24,27	363,77
2. Contingencias profesionales y conceptos de recaudación conjunta			
AT y EP		3,00	44,97
Desempleo..........................	1.498,87	5,50	82,44
Formación Profesional		0,60	8,99
Fondo Garantía Salarial		0,20	3,00
3. Cotización adicional horas extraordinarias.................................			
4. Base sujeta a retención del IRPF	1.498,87		

2. Nómina mensual

Datos empresa:

Empresa o razón social: "Avimar S. A.".
Domicilio: Cartagena (Murcia).
NIF: 22876593C.
Código de Cuenta de Cotización: 1/478944458.
Actividad: Telecomunicaciones.
CNAE: 61
Tarifa de primas por AT y EP:

- IT: 0,80
- IMS: 0,70

Datos trabajador:

Nombre: Javier López Arroyo.
NIF: 24846433C.
Nº Seg. Social: 01/5224159.
Categoría: Jefe Administración.
Grupo de cotización: 3.
Periodo: Del 1 al 31 julio.
Retribuciones en el mes:

- Salario base: 1.500 € / mes.
- Plus de transporte: 45,08 € / mes.

IRPF: 11 %.
Días del mes: 31.
Días hábiles: 30.
Gratificaciones extraordinarias a efectos de prorrateo: 2 pagas, Navidad y de verano, de 1.500 € cada una.

Recuerde

En todas las nóminas mensuales, los días de cotización son siempre 30, por lo tanto este dato se debe tener en cuenta en el cómputo de días hábiles del mes correspondiente.

2.1. Datos a saber en la nómina

En primer lugar se debe introducir los nombres de la empresa, del trabajador y el periodo.

Los datos a tener en cuenta de esta nómina son:

- Nómina de tipo mensual.
- Cálculo del salario base y plus de transporte.
- Existencia de dos pagas extras, solo a efectos de cotización.

2.2. Primeros cálculos a realizar

Cálculo del salario base:
Como el salario es mensual, no hace falta multiplicar por el número de días, por ello el importe es **1.500 €.**

Cálculo del plus de transporte:
El plus de transporte también es mensual, ascendiendo a **45,08 €.**

Total devengado:
Sumando estas dos percepciones, se obtiene el total devengado.

Salario base	1.500,00 €.
Plus de transporte	45,08 €.
Total devengado	**1.545,08 €.**

2.3. Cálculo de la prorrata de paga extra

A continuación se calculan las pagas de este trabajador. Como se sabe, le corresponde dos pagas: Navidad y verano. Cada una de las cuales es de 1.500 €. El importe por tanto, de las dos pagas, será:

$$1.500 € \times 2 \text{ pagas} = 3.000 €.$$

Al ser el salario mensual, las pagas se prorratean en 12 mensualidades para su cotización y se liquidarán cuando corresponda.

$$3.000 € / 12 = 250 €.$$

Por lo tanto, el **importe de la prorrata para la cotización,** será de **250 €.**

2.4. Aportación del trabajador

Para calcular la aportación del trabajador, se parte de la base de cotización, que viene dada por la suma de la remuneración y de la prorrata de las pagas extras.

Salario base	1.500,00 €.
Plus de transporte	45,08 €.
Prorrata pagas extras	250,00 €.
Base de cotización	**1.795,08 €.**

Aplicando los tipos de cotización correspondientes a la base, se obtiene el total de la aportación del trabajador:

Para Cont. com. + MEI: 4,70 % + 0,13 %.
Para el desempleo: 1,55 %.
Para FP: 0,10 %.

Aplicando estos porcentajes a la base de cotización se obtiene:

1.795,08 € x 4,83 % = 86,70 €.
1.795,08 € x 1,55 % = 27,82 €.
1.795,08 € x 0,10 % = 1,79 €.

Total aportación   116,31 €.

Retención a cargo de IRPF:
Habrá que aplicar el 11 % al total devengado, en concepto de retención por el IRPF.

1.545,08 € x 11 % = **169,96 €.**

2.5. Resultado obtenido

El total a deducir será la suma de las aportaciones más la retención.

Aportación   116,31 €.
Retención   169,96 €.

Total a deducir   286,27 €.

Restando al total devengado, el total a deducir, se obtiene el líquido a percibir.

Total devengado   1.545,08 €.
Total a deducir   -286,27 €.

Líquido a percibir 1.258,81 €.

2.6. Aportación de la empresa

La base de cotización a utilizar para calcular la aportación de la empresa, vendrá dada por la remuneración mensual que asciende a 1.545,08 € más el importe de la prorrata de las pagas extras 250 €, resultando un total de 1.795,08 €.

Los tipos de cotización a aplicar son los siguientes porcentajes:

Contingencias comunes + MEI: 23,60 % + 0,67 %.
AT y EP (0,80 + 0,70):   1,50 %.
Desempleo: 5,50 %.
Formación Profesional: 0,60 %.
FOGASA: 0,20 %.

Cuando se aplican estos porcentajes al importe de cotización, se obtiene la siguiente aportación en euros:

1.795,08 € x 24,27 % = 435,66 €.
1.795,08 € x 1,50 % = 26,93 €.
1.795,08 € x 5,50 % = 98,73 €.
1.795,08 € x 0,60 % = 10,77 €.
1.795,08 € x 0,20 % = 3,59 €.

Total Aportación =   **575,68 €.**

Empresa: AVIMAR	Trabajador: JAVIER LÓPEZ ARROYO
Domicilio: CARTAGENA (MURCIA)	NIF: 24846433-C
	Núm. Afil. Seguridad Social: 01/5224159
CIF: 22876593C	Grupo Profesional: JEFE ADMINISTRACION
CCC: 01/478944458	Grupo de Cotización: 3

Período de liquidación: del __1__ de __julio__ al __31__ de __julio__ de 20 __XX__   Total días [30]

	IMPORTE	TOTALES
I. DEVENGOS		
1. Percepciones salariales		1.500,00
Salario base...	1.500,00	
Complementos salariales:		
....		
....		
....		
Horas extraordinarias		
Horas complementarias (Contratos a tiempo parcial)		
Gratificaciones extraordinarias...		
Salario en especie..		
2. Percepciones no salariales		45,08
Indemnizaciones o suplidos		
Plus de transporte	45,08	
Prestaciones e Indemnizaciones de la Seguridad Social		
Indemnizaciones por traslados, suspensiones o despidos		
Otras percepciones no salariales		
....		
A. TOTAL DEVENGADO		1.545,08
II. DEDUCCIONES		
1. Aportación del trabajador a las cotizaciones a la Seguridad Social y conceptos de recaudación conjunta		
	%	
Cont. comunes + MEI	4.83	86,70
Desempleo	1,55	27,82
Formación Profesional	0,10	1,79
Horas extraordinarias		
....		
TOTAL APORTACIONES		116,31
2. Impuesto sobre la renta de las personas físicas......................	11	169,96
3. Anticipos...		
4. Valor de los productos recibidos en especie		
5. Otra deducciones..		
B. TOTAL A DEDUCIR		286,27
LÍQUIDO TOTAL A PERCIBIR (A — B)		1.258,81

31   de ____julio____ de 20 __XX__

Firma y sello de la empresa   RECIBÍ

_____AVIMAR_____   Javier López Arroyo

DETERMINACIÓN DE LAS BASES DE COTIZACIÓN A LA SEGURIDAD SOCIAL Y CONCEPTOS DE RECAUDACIÓN CONJUNTA Y DE LA BASE SUJETA A RETENCIÓN DEL IRPF Y APORTACIÓN DE LA EMPRESA

CONCEPTO		BASE	TIPO	APORTACIÓN EMPRESA
1. Contingencias comunes + MEI				
Importe remuneración mensual.................	1.545,08			
Importe prorratas pagas extraordinarias ...	250,00			
TOTAL................................		1.795,08	24,27	435,66
2. Contingencias profesionales y conceptos de recaudación conjunta				
AT y EP			1,50	26,93
Desempleo...........................		1.795,08	5,50	98,73
Formación Profesional			0,60	10,77
Fondo Garantía Salarial......			0,20	3,59
3. Cotización adicional horas extraordinarias.............................				
4. Base sujeta a retención del IRPF		1.545,08		

3. Nómina con incapacidad temporal por accidente de trabajo (AT)

Datos empresa:

Empresa o razón social: "Compañía Belpes".
Domicilio: Valencia.
NIF: A-89871342.
Código de Cuenta de Cotización: 52/002233476.
Actividad: Fabricación de productos de caucho y plástico.
CNAE: 22
Tarifa de primas por AT y EP:

■ IT: 1,75
■ IMS: 1,25

Datos trabajador:

Nombre: José Luis Durán González.
NIF: 75090873D.
N° Seg. Social: 01/4567154.
Categoría: Oficial de 1.ª
Grupo de cotización: 8.
Periodo: Del 1 al 30 abril.
Retribuciones en el mes:

■ Salario base: 40,00 €/día.
■ Plus de transporte: 2,40 €/día hábil.

IRPF: 7 %.
Días del mes: 30.
Días hábiles: 15.
Días trabajados: 23.
IT: Del 14-04 al 21-04 por accidente de trabajo.
Tiene 2 gratificaciones extraordinarias, que son iguales a 30 días de salario base cada una, las cuales se cobrarán mensualmente.
Sigue correlación con la nómina del apartado **nómina diaria,** del supuesto 1.

Recuerde

La baja por accidente de trabajo se devenga a partir del día siguiente al del accidente.

3.1. Datos a saber en la nómina

Se introducen los datos proporcionados por el enunciado del ejercicio, es decir, el nombre de la empresa, el nombre del trabajador y el periodo de la nómina.

Los principales datos a saber de esta nómina son:

- Nómina de tipo diaria.
- Cálculo del salario base y plus de transporte.
- Periodo de baja provocada por un accidente de trabajo.
- Existencia de 2 pagas extraordinarias de 30 días de salario base, cada una, que se cobran mensualmente.

3.2. Primeros cálculos a realizar

Cálculo del salario base:
Para el cálculo del salario base se debe tener presente que los días que tiene el mes no son los mismos que los días trabajados. Por tanto, se multiplicará la cantidad que le corresponde por el número de días que realmente trabaja.

$$40,00 \text{ € x 23 días} = \textbf{920,00 €.}$$

Cálculo del plus de transporte:

El plus de transporte es de 2,40 € por día hábil, la operación por tanto a realizar será la siguiente:

2,40 € x 15 días = **36,00 €.**

Cálculo de pagas extras:

A continuación se calculan las pagas de este trabajador. Como ya se sabe le corresponden 2, Navidad y verano. Según los datos que aparecen en el enunciado del ejercicio, las pagas son iguales a 30 días de salario base cada una. Luego:

40,00 € x 30 días = 1.200,00 €/cada una.

1.200,00 € x 2 pagas = 2.400,00 €.

Para **prorratear las pagas,** se halla el importe que le corresponde por día, para luego hallar lo que le corresponderá por los 30 días de cotización del mes. Para ver cuánto le corresponde por día, se divide el importe anterior entre 365 días.

2.400,00 € / 365 = 6,57 € diarios.

El resultado se multiplicará por el número de días trabajados, obteniendo el importe que le corresponde al trabajador cobrar en concepto de pagas extras.

6,57 € x 23 días = **151,11 €.**

3.3. Cálculo del importe de la baja por accidente

El importe de la baja por accidente se calculará a partir de la base de cotización del mes anterior a la fecha de la baja.

La base de cotización del mes anterior, **marzo,** fue de **1.498,87 €** (dato calculado en el supuesto 1).

Este importe se divide entre los días de cotización o días del mes anterior. Si recuerda fueron 31 días; por tanto:

1.498,87 € / 31 = 48,35 € (Base de cotización diaria).

Por tratarse de una baja por accidente de trabajo, al trabajador le corresponderá el 75 % de la base de cotización diaria.

48,35 € x 75 % = 36,26 €.

Por último se multiplica este resultado por los días que el trabajador ha estado de baja en el mes; por ser una incapacidad laboral por accidente de trabajo se devenga a partir del día siguiente al del accidente, es decir, no se contará desde el día 14 de abril, sino desde el 15 de abril al 21 de abril, es decir, 7 días de baja.

36,26 € x 7 = **253,82 €.**

3.4. Cálculo total devengado

Una vez obtenido importe de la baja y demás conceptos, se puede calcular el total devengado:

Salario base	920,00 €.
Plus de transporte	36,00 €.
Paga extra	151,11 €.
Importe por AT	253,82 €.
Total devengado	**1.360,93 €.**

3.5. Cálculo de la base de cotización por IT

Para calcular la base de cotización del periodo que ha causado baja por accidente, se parte de la base de cotización para contingencias profesionales del mes anterior.

Base diaria: 1.498,87 € / 31 = 48,35 €.

Como el periodo de baja ha sido de 7 días, la base por IT será:

48,35 € x 7 días = **338,45 €.**

3.6. Aportación del trabajador a la Seguridad Social y al IRPF

Aportación a la Seguridad Social:
Para calcular la aportación del trabajador, se parte de la base de cotización, que viene dada por la suma de la remuneración, de la prorrata de las pagas extras y de la base por IT.

Remuneración mensual	1.107,11 €.
(920,00 + 151,11 + 36,00)	
Base por IT	338,45 €.
Base cotización	**1.445,56 €.**

Aplicando los tipos de cotización correspondientes a la base, se obtiene el total de la aportación del trabajador:

Cont. Com. + MEI: 4,83 %. -> 1.445,56 € x 4,83 % = 69,82 €.
Desempleo: 1,55 %.   -> 1.445,56 € x 1,55 % = 22,41 €.
FP: 0,10 %.   -> 1.445,56 € x 0,10 % = 1,44 €.

Total aportación   **93,67€.**

Retención a cargo del IRPF:
En este supuesto se aplica el 7 %, al total devengado:

1.360,93 € x 7 % = **95,26 €.**

3.7. Resultado obtenido

Para obtener el líquido de la nómina, se calcula el total a deducir que será la suma de las aportaciones más la retención.

Aportación   93,67 €.
Retención   95,26 €.

Total a deducir   188,93 €.

Por último, solo queda restar al total devengado, el total a deducir, obteniéndose así el importe que percibe el trabajador.

Total devengado   1.360,93 €.
Total a deducir   -188,93 €.

Líquido a percibir 1.172,00 €.

3.8. Aportación de la empresa

La **base de cotización** a utilizar para calcular la aportación de la empresa, vendrá dada por la remuneración mensual que asciende a 1.107,11 € más la base de cotización por IT 338,45 €, resultando un total de **1.445,56 €.**

Los tipos de cotización a aplicar son los siguientes porcentajes:

Cont. Com. + MEI: 24,27 %.
AT y EP (1,75 + 1,25):   3 %.
Desempleo: 5,50 %.
Formación Profesional: 0,60 %.
FOGASA: 0,20 %

Cuando se aplican estos porcentes al importe de cotización, se obtiene la siguiente aportación en euros:

1.445,56 € x 24,27 % = 350,84 €.
1.445,56 € x 3 % = 43,37 €.
1.445,56 € x 5,50 % = 79,50 €.
1.445,56 € x 0,60 % = 8,67 €.
1.445,56 € x 0,20 % = 2,89 €.

Total Aportación = 485,27 €.

Empresa: COMPAÑÍA BELPES	Trabajador: JOSÉ LUIS DURÁN GONZÁLEZ
Domicilio: VALENCIA	NIF: 75909087D
	Núm. Afil. Seguridad Social: 01/4567154
CIF: A-89871342	Grupo Profesional: OFICIAL DE 1.ª
CCC: 52/002233476	Grupo de Cotización: 8

Período de liquidación: del __1__ de __abril__ al __30__ de __abril__ de 20_XX_   Total días [30]

		IMPORTE	TOTALES
I.	DEVENGOS		1.071,11
1.	Percepciones salariales		
	Salario base..(40 € x 23 días)	920	
	Complementos salariales:		
	....		
	....		
	....		
	Horas extraordinarias		
	Horas complementarias (Contratos a tiempo parcial)		
	Gratificaciones extraordinarias...........	151,11	
	Salario en especie...........		289,82
2.	Percepciones no salariales		
	Indemnizaciones o suplidos		
	Plus de transporte (2,40 € x 15 días hábiles)	36,00	
	Prestaciones e Indemnizaciones de la Seguridad Social		
	IT por Accidente trabajo del 15-04 al 21-04	253,82	
	Indemnizaciones por traslados, suspensiones o despidos		
	Otras percepciones no salariales		
	....		
	A. TOTAL DEVENGADO		1.360,93
II.	DEDUCCIONES		
1.	Aportación del trabajador a las cotizaciones a la Seguridad Social y conceptos de recaudación conjunta		
		%	
	Cont. comunes + MEI	4,83	69,82
	Desempleo...........	1,55	22,41
	Formación Profesional	0,10	1,44
	Horas extraordinarias		
	....		
	TOTAL APORTACIONES		93,67
2.	Impuesto sobre la renta de las personas físicas...........	7	95,26
3.	Anticipos...........		
4.	Valor de los productos recibidos en especie		
5.	Otra deducciones...........		188,93
	B. TOTAL A DEDUCIR		188,93
	LÍQUIDO TOTAL A PERCIBIR (A – B)		1.172

30 de __abril__ de 20_XX_

Firma y sello de la empresa   RECIBÍ

COMPAÑÍA BELPES   José Luis Durán González

DETERMINACIÓN DE LAS BASES DE COTIZACIÓN A LA SEGURIDAD SOCIAL Y CONCEPTOS DE RECAUDACIÓN CONJUNTA Y DE LA BASE SUJETA A RETENCIÓN DEL IRPF Y APORTACIÓN DE LA EMPRESA

CONCEPTO	BASE	TIPO	APORTACIÓN EMPRESA
1. Contingencias comunes + MEI			
Importe remuneración mensual .... 1.107,11 + 338,45			
Importe prorratas pagas extraordinarias ...			
TOTAL...........	1.445,56	24,27	350,84
2. Contingencias profesionales y conceptos de recaudación conjunta			
AT y EP		3,00	43,37
Desempleo...........	1.445,56	5,50	79,50
Formación Profesional		0,60	8,67
Fondo Garantía Salarial......		0,20	2,89
3. Cotización adicional horas extraordinarias...........			
4. Base sujeta a retención del IRPF	1.360,93		

4. Nómina con incapacidad temporal por enfermedad común (EC)

Datos empresa:

Empresa o razón social: "Compañía Belpes".
Domicilio: Valencia.
NIF: A-89871342.
Código de Cuenta de Cotización: 52/002233476.
Actividad: Fabricación de productos de caucho y plástico.
CNAE: 22
Tarifa de primas por AT y EP:

- IT: 1,75
- IMS: 1,25

Datos trabajador:

Nombre: José Luis Durán González.
NIF: 75090873D.
Nº Seg. Social: 01/4567154.
Categoría: Oficial de 1.ª
Grupo de cotización: 8.
Periodo: Del 1 al 31 mayo.
Retribuciones en el mes:

- Salario base: 40,00 €/día.
- Plus de transporte: 2,40 €/día hábil.

IRPF: 7 %.
Días del mes: 31.
Días hábiles: 5.
Días trabajados: 12.
IT: Del 01-05 al 19-05 por enfermedad común.
Sigue correlación con la nómina del supuesto anterior, por lo que la base de cotización será 1.445,56 €.
Tiene 2 gratificaciones extraordinarias, que son iguales a 30 días de salario base cada una, las cuales se prorratean solo a efectos de cotización.

Recuerde

En la baja por enfermedad común se cuenta tanto el día de baja como el día de alta.

4.1. Datos a saber en la nómina

Los datos principales de esta nómina son:

- Nómina de tipo diaria.
- Cálculo del salario base y plus de transporte.
- Periodo de baja derivada de una enfermedad común.
- Existencia de 2 pagas extraordinarias de 30 días de salario base, cada una.

4.2. Primeros cálculos a realizar

Cálculo del salario base:
Lo primero que se calculará será el salario base. Si se multiplica el salario diario de este trabajador, 40,00 € por los días trabajados, se obtiene:

$$40,00 € \times 12 \text{ días} = \textbf{480,00 €.}$$

Cálculo del plus de transporte:
El plus de transporte es de 2,40 € por día hábil. Si se multiplica dicho importe por los días hábiles, el resultado es el importe de este plus:

$$2,40 € \times 5 \text{ días} = \textbf{12,00 €.}$$

4.3. Cálculo del importe de la baja por enfermedad común

El siguiente dato que se calculará será el importe de la baja por enfermedad común, ya que el trabajador estuvo 19 días de baja por este concepto.

Para calcular el importe se debe conocer la base de cotización diaria del mes anterior (abril), ya que es sobre esta sobre la que se calcula.

 **Recuerde**

En una baja por enfermedad común se pueden distinguir 4 periodos de percepción del salario durante el tiempo en que se esté de baja. Estos son:

I Primer periodo: consta de los 3 primeros días de baja, en los que no se percibe salario alguno.
I Segundo periodo: consta de 12 días, del 4º al 15º, en ellos se percibe el 60 % de la base reguladora. A cargo del empresario.
I Tercer periodo: consta de 5 días, es decir, del día 16º al 20º, en ellos se percibe el 60 % de la base reguladora. A cargo de la Seguridad Social.
I Cuarto periodo: consta de los restantes días hasta el cómputo total de la baja. En este periodo percibe el 75 % de la base reguladora. A cargo de la Seguridad Social.

Para calcular la baja por enfermedad común que tiene este trabajador se divide la base de cotización del mes anterior por los días de cotización de dicho mes (abril, 30 días):

$$1.445,56 € / 30 = 48,18 €.$$

Como se ha visto anteriormente, por ser baja por enfermedad común, los primeros 3 días el trabajador no percibe salario. Luego solo se calculará el importe que corresponda por los otros 16 días restantes.

El segundo periodo consta de 12 días (del 4º al 15º), que les corresponden el 60 %. A cargo del empresario:

$$48,18 € \times 60 \% = 28,91 € \text{ por día.}$$

Por tanto, en este segundo periodo, estarán comprendidos los 12 días de baja de este trabajador. Solo se tendrá que multiplicar el importe por día de baja por los días que ha estado enfermo, una vez descontados los 3 primeros días del primer periodo:

$$28{,}91 \ € \times 12 \ \text{días} = 346{,}92 \ €.$$

Aún quedan 4 días del tercer periodo. Para el cálculo del mismo, se multiplica la misma base que se calculó anteriormente (pues este tercer periodo sigue siendo al 60 %) por los 4 días que faltan.

$$28{,}91 \ € \times 4 \ \text{días} = 115{,}64 \ €.$$

Por tanto el importe total de la baja por enfermedad será la suma de estos 2 periodos:

$$346{,}92 \ € + 115{,}64 \ € = \mathbf{462{,}56 \ €.}$$

4.4. Cálculo total devengado

Una vez que se ha calculado el importe de la baja, ya se puede obtener el total devengado:

Salario base	480,00 €.
Plus de transporte	12,00 €.
Importe por EC	462,56 €.
Total devengado	**954,56 €.**

4.5. Cálculo de la prorrata de las pagas extras

A continuación se calculan las pagas de este trabajador. Como se conoce, le corresponden 2 pagas, Navidad y verano. Según los datos que aparecen en el enunciado del supuesto, las pagas son iguales a 30 días de salario base cada una.

$$40{,}00 \ € \times 30 \ \text{días} = 1.200{,}00 \ €.$$

El importe por tanto, de cada una de las 2 pagas, es de 1.200,00 €. Recuerde que tiene 2 pagas extraordinarias.

1.200,00 € x 2 pagas = 2.400,00 €.

Ahora se calculará qué cantidad le corresponde cotizar por día; como la nómina es de tipo diario, se divide el importe anterior entre 365 días.

2.400,00 € / 365 = 6,57 € diarios.

El resultado anterior, se multiplicará por el número de días trabajados, siendo en este supuesto, 12 días.

6,57 € x 12 días = **78,84 €.**

Este será el importe de la prorrata de pagas extras a efectos de cotización.

4.6. Cálculo de la base de cotización por IT

Se debe calcular la base de cotización del periodo que ha causado baja por enfermedad común. Esta base, se calcula a partir de la base de cotización para contingencias profesionales del mes anterior, siendo en este caso también de 1.445,56 €.

1.445,56 € / 30 días = 48,18 €.

Como el periodo de baja ha sido de 19 días, la **base por IT** será:

48,18 € x 19 días = **915,42 €.**

4.7. Aportación del trabajador

Aportación a la Seguridad Social:

Para calcular la aportación del trabajador, se parte de la base de cotización, que viene dada por la suma de la remuneración, de la prorrata de las pagas extras y de la base por IT.

Salario base   480,00 €.
Plus de transporte   12,00 €.
Prorrata pagas extras   78,84 €.
Importe por IT   915,42 €.

Base de cotización   1.486,26 €.

Aplicando a la base, los tipos de cotización correspondientes, se obtiene el total de la aportación del trabajador:

Cont. com. + MEI: 4,83 %. -> 1.486,26 € x 4,83 % = 71,79 €.
Desempleo: 1,55 %.   -> 1.486,26 € x 1,55 % = 23,04 €.
FP: 0,10 %.   -> 1.486,26 € x 0,10 % = 1,49 €.

Total aportación   96,32 €.

Retención a cargo del IRPF:
En este supuesto se aplica el 7 %, al total devengado:

$$954,56 \text{ € x } 7 \text{ \% } = 66,82 \text{ €.}$$

4.8. Resultado obtenido

El total a deducir será la suma de las aportaciones más la retención:

Aportación   96,32 €.
Retención   66,82 €.

Total a deducir   **163,14 €**

Por último, solo queda conocer qué cantidad de dinero será la que perciba el trabajador. Restándole al total devengado, el total a deducir, se tendrá el líquido a percibir de este trabajador.

Total devengado   954,56 €.
Total a deducir   -163,14 €.

Líquido a percibir   791,42 €.

4.9. Aportación de la empresa

La base de cotización a utilizar para calcular la aportación de la empresa, vendrá dada por la remuneración mensual 492,00 € más la prorrata de las pagas extras 78,84 € más la base de cotización por IT 915,42 €, resultando un total de 1.486,26 €.

Los tipos de cotización a aplicar son los siguientes porcentajes:

Contingencias comunes + MEI: 24,27 %.
AT y EP (1,75 + 1,25): 3 %.
Desempleo: 5,50 %.
Formación Profesional: 0,60 %.
FOGASA: 0,20 %

Cuando se aplican estos porcentajes al importe de cotización, se obtiene la siguiente aportación en euros:

1.486,26 € x 24,27 % =   360,71 €.
1.486,26 € x 3 % =   44,59 €.
1.486,26 € x 5,50 % =   81,74 €.
1.486,26 € x 0,60 % =   8,92 €.
1.486,26 € x 0,20 % =   2,97 €.

Total Aportación = 498,93 €.

Empresa: COMPAÑÍA BELPES	Trabajador: JOSÉ LUIS DURÁN GONZÁLEZ
Domicilio: VALENCIA	NIF: 75909087D
	Núm. Afil. Seguridad Social: 01/4567154
CIF: A-89871342	Grupo Profesional: OFICIAL DE 1.ª
CCC: 52/002233476	Grupo de Cotización: 8

Período de liquidación: del __1__ de __mayo__ al __31__ de __mayo__ de 20__XX__   Total días | 31 |

I.	DEVENGOS	IMPORTE	TOTALES
1.	Percepciones salariales		480,00
	Salario base.. (40 € x 12 días)	480,00	
	Complementos salariales:		
	Horas extraordinarias		
	Horas complementarias (Contratos a tiempo parcial)		
	Gratificaciones extraordinarias		
	Salario en especie		
2.	Percepciones no salariales		474,56
	Indemnizaciones o suplidos		
	Plus de transporte (2,40 € x 5 días hábiles)	12,00	
	Prestaciones e Indemnizaciones de la Seguridad Social		
	IT por enfermedad común del 01-05 al 19-05	462,56	
	Indemnizaciones por traslados, suspensiones o despidos		
	Otras percepciones no salariales		
	A. TOTAL DEVENGADO		954,56

II.	DEDUCCIONES	%		
1.	Aportación del trabajador a las cotizaciones a la Seguridad Social y conceptos de recaudación conjunta			
	Cont. comunes + MEI	4,83	71,79	
	Desempleo	1,55	23,04	
	Formación Profesional	0,10	1,49	
	Horas extraordinarias			
	TOTAL APORTACIONES			96,32
2.	Impuesto sobre la renta de las personas físicas	7	66,82	
3.	Anticipos			
4.	Valor de los productos recibidos en especie			
5.	Otra deducciones			163,14
	B. TOTAL A DEDUCIR			
	LÍQUIDO TOTAL A PERCIBIR (A — B)			791,42

31 de __mayo__ de 20 XX

Firma y sello de la empresa   RECIBÍ

COMPAÑÍA BELPES   José Luis Durán González

DETERMINACIÓN DE LAS BASES DE COTIZACIÓN A LA SEGURIDAD SOCIAL Y CONCEPTOS DE RECAUDACIÓN CONJUNTA Y DE LA BASE SUJETA A RETENCIÓN DEL IRPF Y APORTACIÓN DE LA EMPRESA

CONCEPTO	BASE	TIPO	APORTACIÓN EMPRESA
1. Contingencias comunes + MEI			
Importe remuneración mensual ... 492,00 + 915,42			
Importe prorratas pagas extraordinarias ... 78,84			
TOTAL	1.486,26	24,27	360,71
2. Contingencias profesionales y conceptos de recaudación conjunta			
AT y EP		3,00	44,59
Desempleo	1.486,26	5,50	81,74
Formación Profesional		0,60	8,92
Fondo Garantía Salarial		0,20	2,97
3. Cotización adicional horas extraordinarias			
4. Base sujeta a retención del IRPF	954,56		

5. Nómina de fin de contrato y vacaciones devengadas y no disfrutadas

Datos empresa:

Empresa o razón social: "Compañía Belpes".
Domicilio: Valencia.
NIF: A-89871342.
Código de Cuenta de Cotización: 52/002233476.
Actividad: Fabricación de productos de caucho y plástico.
CNAE: 22
Tarifa de primas por AT y EP:

- IT: 1,75
- IMS: 1,25

Datos trabajador:

Nombre: Nuria Álvarez Perea.
NIF: 25443312X.
Nº Seg. Social: 01/0235760.
Categoría: Oficial de 1.ª
Grupo de cotización: 8.
Contratado: 01-07-2024
Fecha baja definitiva: 10-06-2025
Periodo: Del 1 al 10 junio.
Causó baja en los siguientes períodos:

- 16 días en el mes de enero por Accidente de trabajo.
- 10 días en el mes de marzo por Enfermedad común.

Retribuciones en el mes:

- Salario base: 40,00 €/día.
- Plus de transporte: 2,40 €/día hábil.

IRPF: 7 %.

Días del mes: 10.

Días hábiles: 7.

Días trabajados: 10.

Tiene 2 gratificaciones extraordinarios con devengo anual, que son iguales a 30 días de salario base cada una, las cuales se prorratean solo a efectos de cotización.

La trabajadora no ha disfrutado sus 30 días de vacaciones por año de servicio, por lo que le son abonadas al finalizar.

5.1. Datos a saber en la nómina

Se introducen los datos proporcionados en el enunciado del supuesto, es decir, el nombre de la empresa, el nombre de la trabajadora y el periodo de la nómina.

Los datos principales de esta nómina son:

- Nómina de tipo diaria.
- Cálculo del salario base y plus de transporte.
- Consideración de la baja definitiva del trabajador.
- Existencia de 2 pagas extraordinarias de 30 días de salario base, cada una.
- Le corresponde 30 días de vacaciones por año trabajado.

5.2. Primeros cálculos a realizar

Cálculo del salario base:

El primer cálculo a realizar es el del salario base, como el salario es diario se multiplicará este por los días trabajados hasta su baja definitiva.

$$40,00 \text{ € x } 10 \text{ días} = \textbf{400,00 €.}$$

Cálculo del plus de transporte:

El plus de transporte es de 2,40 € por día hábil. Por tanto su cálculo es:

$$2,40 \text{ € x } 7 \text{ días} = \textbf{16,80 €.}$$

5.3. Consideración de la baja definitiva

Al causar baja en la empresa, se le deberá abonar la parte correspondiente a las pagas extraordinarias que no ha cobrado aún y las vacaciones que no ha disfrutado, así como, la indemnización de fin de contrato.

Cálculo de las pagas extras

Las pagas de este trabajador son:

■ **Paga de verano:**
Tal como dice el enunciado del supuesto, se trata de pagas con devengo anual, es decir que la paga de verano computa desde el 1 de julio hasta el 30 de junio del siguiente año.
Como el trabajador ha causado baja el 10 de junio, y no ha cumplido el año, le corresponderá la parte proporcional de dicha paga.
Los días que han transcurrido desde el 1 de julio del año 2024 hasta el 10 de junio de 2025, son 345 días.
A estos días habrá que descontarle los días en los que el trabajador haya estado de baja, bien sea por accidente o bien por enfermedad.

  ▪ Los días de baja por accidente de trabajo durante el mes de enero, fueron 16.
  ▪ Los días de baja por enfermedad común durante el mes de marzo, fueron 10.

En total fueron 26 días, los que estuvo este trabajador de baja.
A los 345 días se le deben descontar los 26 días de baja, por tanto, **345 - 26 = 319 días trabajados.**
Para calcular el importe que le corresponderá se hará una simple regla de tres, tal que si por 365 días trabajados sabemos que le corresponden 1.200,00 € de paga (40,00 € x 30 días); entonces, por 319 días trabajados le corresponderán:

Paga verano = (1.200,00 x 319) / 365 = **1.048,77 €.**

■ **Paga de Navidad:**

Para el cálculo de esta paga, se cuenta desde el 1 de enero hasta el 31 de diciembre.

Los días transcurridos desde el 1 de enero hasta la fecha que causó baja (10 junio) son: 161 días.

Si se descuentan los 26 días que ha estado de baja (meses de abril y mayo), se obtiene un total de días trabajados de 135 días.

Realizando los mismos cálculos mediante la regla de tres:

Paga Navidad = (1.200,00 x 135) / 365 = **443,83 €.**

■ **Paga de vacaciones:**

El periodo que se computa para las vacaciones, normalmente va desde el 1 de enero hasta el 31 de diciembre del año en curso.

Los días transcurridos desde el 1 enero hasta el 10 de junio, han sido 161 días.

En este caso hay que tener en cuenta que en el caso de las vacaciones no se deducirán los días de baja en los que haya estado el trabajador.

El trabajador tiene 30 días de vacaciones por año trabajado. Como no las ha disfrutado se le abonarán en proporción al tiempo trabajado en este año, por ello los días de vacaciones que le corresponden son:

Si 365 → 30 días

161 → x

x = (161 x 30)/365 = 13,232 días de vacaciones.

Tal como se ha visto en unidades didácticas anteriores, las fracciones en los días de vacaciones deberán ser redondeadas a números enteros. Por lo tanto en este caso le corresponden recibir 14 días del salario:

Paga vacaciones = 14 días x 40,00 € = **560,00 €.**

■ **Indemnización por fin de contrato:**

De acuerdo al tipo de contrato celebrado por las partes interesada y llegada la finalización del mismo, a los contratos de duración determinada le corresponden 12 días de salario por año de servicio.

 **Importante**

La indemnización por finalización de los contratos temporales está recogida en la Disposición Transitoria 8ª del Estatuto de los Trabajadores (R. D. Legislativo 2/2015, de 23 de octubre) y establece que equivale a 12 días por cada año de servicio.

Por lo que el importe será:

Si $365 \rightarrow 12$
$345 \rightarrow x$; $x = (345 \times 12) / 365 = 11,34$ días $\simeq 11$ días.

El día de salario es la suma de las retribuciones diarias y la parte correspondiente de pagas extras.

$40,00 + 2,40 + (40,00 \times 60) / 365 = 40,00 + 2,40 + 6,57 = 48,97$ €.

El importe de la indemnización es:

Indemnización $= 48,97$ € x 11 días = **538,67 €.**

5.4. Cálculo del total devengado

Una vez que se han calculado todos los importes necesarios, se puede hallar el total devengado:

Salario base	400,00 €.
Plus de transporte	16,80 €.
Paga de verano	1.048,77 €.
Paga de Navidad	443,83 €.
Paga de vacaciones	560,00 €.
Indemnización	538,67 €.
Total devengado	**3.008,07 €.**

5.5. Cálculo de la prorrata de las pagas extras

Se prorratean las pagas de verano y Navidad a efectos de su cotización. Como se sabe, estas son de 30 días de salario base cada una:

40,00 € x 30 días = 1.200,00 €/cada una.

Como son 2 pagas, se obtiene:

1.200,00 € x 2 = 2.400,00 €.

Para calcular cuanto le corresponde por día, se divide el importe anterior entre 365 días:

2.400,00 € / 365 = 6,57 € diarios.

Por último, para obtener el importe de la **prorrata de las pagas extras,** el resultado anterior se multiplicará por el número de días cotizados, en este caso 10:

6,57 € x 10 días = **65,70 €.**

5.6. Aportación del trabajador

Aportación a la Seguridad Social:
El importe para la aportación del trabajador, vendrá dado por la suma de la remuneración y de la prorrata de las pagas extras (a efectos de realización de los documentos de cotización):

Salario base	400,00 €.
Plus de transporte	16,80 €.
Prorrata de pagas	65,70 €.
Base cotización	**482,50 €.**

El importe de la aportación del trabajador, para la cumplimentación de los boletines correspondientes es:

Conting. Com. + MEI: 482,50 x 4,83 % = 23,30 €.
Desempleo: 482,50 x 1,60 % = 7,72 €.
FP: 482,50 x 0,10 % = 0,48 €.

 Recuerde

Las percepciones correspondientes a las vacaciones devengadas y no disfrutadas y que se retribuyen a la finalización del contrato de trabajo, serán objeto de liquidación complementaria a la del mes de extinción del contrato. Por ello, el importe cobrado por dicho concepto en nómina, generará documentos de cotización complementarios para ser liquidados en su debido momento.

Según lo anterior y en referencia a las vacaciones, los documentos de cotización complementarios se liquidarán por los siguientes importes:

Conting. Com. + MEI: 560,00 x 4,83 % = 27,05 €.
Desempleo: 560,00 x 1,60 % = 8,96 €.
FP: 560,00 x 0,10 % = 0,56 €.

En cuanto a la **nómina,** la base de cotización del trabajador, vendrá dada por la suma de la remuneración mensual y de la prorrata de las pagas extras:

Remuneración mensual   976,80 €.
(400,00 + 560,00 + 16,80)
Prorrata de pagas   65,70 €.

Base de cotización   **1.042,50 €.**

Retenciones a cargo del IRPF:
En este caso se debe tener en cuenta que el importe sobre el que se aplicará la retención es el total devengado menos la indemnización, ya que está exenta de IRPF.

$$2.469,40 \text{ € } x \text{ } 7 \text{ % } = 172,86 \text{ €.}$$

5.7. Resultado obtenido

El total a deducir será la suma de las aportaciones más la retención por IRPF:

Aportación:	68,07 €.
Conting. Com. + MEI (23,30 + 27,05)	50,35 €.
Desempleo (7,72 + 8,96)	16,68 €.
Formación Prof. (0,48 + 0,56)	1,04 €.
Retenciones	172,86 €.
Total a deducir	**240,93 €.**

Por último, solo queda saber qué cantidad liquida será la que perciba el trabajador. Para ello se restará al total devengado, el total a deducir.

T. devengado	3.008,07 €.
T. a deducir	-240,93 €.
Líquido a percibir	**2.767,14 €.**

5.8. Aportación de la empresa

La **base de cotización** a utilizar para calcular la aportación de la empresa, vendrá dada por la remuneración mensual 976,80 € (400,00 + 560,00 + 16,80) más la prorrata de las pagas extras 65,70 €, resultando un total de 1.042,50 €.

Los tipos de cotización a aplicar son los siguientes porcentajes:

Cont. com. + MEI: 24,27 %.
AT y EP (1,75 + 1,25):   3 %.
Desempleo: 6,70 %.
Formación Profesional: 0,60 %.
FOGASA: 0,20 %

Cuando se aplican estos porcentajes al importe de cotización, se obtiene la siguiente aportación en euros:

1.042,50 € x 24,27 % = 253,01 €.
1.042,50 € x 3 % =   31,27 €.
1.042,50 € x 6,70 % =   69,85 €.
1.042,50 € x 0,60 % =   6,25 €.
1.042,50 € x 0,20 % =   2,08 €.

Total Aportación =   362,46 €.

Empresa: COMPAÑÍA BELPES	Trabajador: NURIA ÁLVAREZ PEREA
Domicilio: VALENCIA	NIF: 25443312X
	Núm. Afil. Seguridad Social: 01/0235760
CIF: A-89871342	Grupo Profesional: OFICIAL DE 1.ª
CCC: 52/002233476	Grupo de Cotización: 8

Período de liquidación: del __1__ de __junio__ al __10__ de __junio__ de 20 __XX__ Total días [10]

		IMPORTE	TOTALES
I.	DEVENGOS		
1.	Percepciones salariales		2.452,60
	Salario base .(40 € x 10 días)	400,00	
	Complementos salariales:		
	P. P. vacaciones	560,00	
	Horas extraordinarias		
	Horas complementarias (Contratos a tiempo parcial)		
	Gratificaciones extraordinarias .(p. julio 1.048,77 € + p. navidad 443,83 €)	1.492,60	
	Salario en especie		
2.	Percepciones no salariales		555,47
	Indemnizaciones o suplidos		
	Indemnización 48,97 € x 11 días; Plus transporte 2,40 € x 7 días hábiles	555,47	
	Prestaciones e Indemnizaciones de la Seguridad Social		
	Indemnizaciones por traslados, suspensiones o despidos		
	Otras percepciones no salariales		
	A. TOTAL DEVENGADO		3.008,07
II.	DEDUCCIONES		
1.	Aportación del trabajador a las cotizaciones a la Seguridad Social y conceptos de recaudación conjunta		
		%	
	Cont. comunes + MEI	4,83	50,35
	Desempleo	1,55	16,68
	Formación Profesional	0,10	1,04
	Horas extraordinarias		
	TOTAL APORTACIONES		68,07
2.	Impuesto sobre la renta de las personas físicas	7	172,86
3.	Anticipos		
4.	Valor de los productos recibidos en especie		
5.	Otra deducciones		
	B. TOTAL A DEDUCIR		240,93
	LÍQUIDO TOTAL A PERCIBIR (A − B)		2.767,14

10 de junio de 20 XX

Firma y sello de la empresa	RECIBÍ
COMPAÑÍA BELPES	Nuria Álvarez Perea

DETERMINACIÓN DE LAS BASES DE COTIZACIÓN A LA SEGURIDAD SOCIAL Y CONCEPTOS DE RECAUDACIÓN CONJUNTA Y DE LA BASE SUJETA A RETENCIÓN DEL IRPF Y APORTACIÓN DE LA EMPRESA

CONCEPTO	BASE	TIPO	APORTACIÓN EMPRESA
1. Contingencias comunes + MEI			
Importe remuneración mensual	976,80		
Importe prorratas pagas extraordinarias	65,70		
TOTAL	1.042,50	24,27	253,01
2. Contingencias profesionales y conceptos de recaudación conjunta			
AT y EP		3,00	31,27
Desempleo	1.042,50	6,7	69,85
Formación Profesional		0,60	6,25
Fondo Garantía Salarial		0,20	2,08
3. Cotización adicional horas extraordinarias			
4. Base sujeta a retención del IRPF	2.469,40		

6. Nómina con paga extra

Datos empresa:

Empresa o razón social: "Avimar S. A.".
Domicilio: Cartagena (Murcia).
NIF: 22876593-C.
Código de Cuenta de Cotización: 01/478944458.
Actividad: Telecomunicaciones.
CNAE: 61
Tarifa de primas por AT y EP:

  ▪ IT: 0,80
  ▪ IMS: 0,70

Datos trabajador:

Nombre: Javier López Arroyo.
NIF: 24846433C.
Nº Seg. Social: 01/5224159.
Categoría: Ingeniero técnico.
Grupo de cotización: 2.
Periodo: Del 1 al 30 Junio.
Retribuciones en el mes:

  ▪ Salario base: 1.500 €/mes.
  ▪ Plus de transporte: 45,08 €/mes.

IRPF: 11 %.
Días del mes: 30.
Días de cotización: 30.
Gratificaciones extraordinarias a efectos de prorrateo: 2 pagas, Navidad y verano, de 1.500 € cada una.
Diferenciar las nóminas; por un lado la correspondiente al mes de junio y por otro la nómina de la paga extra de verano.

6.1. Datos a saber en la nómina

En primer lugar se debe introducir los nombres de la empresa, del trabajador y el periodo de liquidación.

Es importante tener muy claros los siguientes puntos:

- Nómina de tipo mensual.
- Cálculo del plus de transporte.
- Periodo del mes de junio, donde le corresponde la paga extra de verano.

6.2. Cálculo de la nómina

Para no ser muy reiterativos en el cálculo de la nómina, en este supuesto se presentará ya cumplimentada, y a partir de ella, se procederá al cálculo del importe correspondiente a la paga extraordinaria de verano.

Empresa: AVIMAR	Trabajador: JAVIER LÓPEZ ARROYO
Domicilio: CARTAGENA (MURCIA)	NIF: 24846433-C
	Núm. Afil. Seguridad Social: 01/5224159
CIF: 22876593C	Grupo Profesional: JEFE ADMINISTRACION
CCC: 01/478944458	Grupo de Cotización: 3

Período de liquidación: del __1__ de __julio__ al __31__ de __julio__ de 20_XX__   Total días __30__

		IMPORTE	TOTALES
I.	DEVENGOS		
1.	Percepciones salariales		1.500,00
	Salario base..	1.500,00	
	Complementos salariales:		
	....		
	....		
	....		
	Horas extraordinarias		
	Horas complementarias (Contratos a tiempo parcial)		
	Gratificaciones extraordinarias.................................		
	Salario en especie...		
2.	Percepciones no salariales		45,08
	Indemnizaciones o suplidos		
	Plus de transporte	45,08	
	Prestaciones e Indemnizaciones de la Seguridad Social		
	Indemnizaciones por traslados, suspensiones o despidos		
	Otras percepciones no salariales		
	....		
	A. TOTAL DEVENGADO		1.545,08
II.	DEDUCCIONES		
1.	Aportación del trabajador a las cotizaciones a la Seguridad Social y conceptos de recaudación conjunta		
		%	
	Cont. comunes + MEI	4,83	86,70
	Desempleo	1,55	27,82
	Formación Profesional	0,10	1,79
	Horas extraordinarias		
	....		
	TOTAL APORTACIONES		116,31
2.	Impuesto sobre la renta de las personas físicas.......................	11	169,96
3.	Anticipos..		
4.	Valor de los productos recibidos en especie		
5.	Otra deducciones..		
	B. TOTAL A DEDUCIR		286,27
	LÍQUIDO TOTAL A PERCIBIR (A — B)		1.258,81

31 de __julio__ de 20_XX__

Firma y sello de la empresa

AVIMAR

RECIBÍ

Javier López Arroyo

DETERMINACIÓN DE LAS BASES DE COTIZACIÓN A LA SEGURIDAD SOCIAL Y CONCEPTOS DE RECAUDACIÓN CONJUNTA Y DE LA BASE SUJETA A RETENCIÓN DEL IRPF Y APORTACIÓN DE LA EMPRESA

CONCEPTO		BASE	TIPO	APORTACIÓN EMPRESA
1.	Contingencias comunes + MEI			
	Importe remuneración mensual 1.545,08			
	Importe prorratas pagas extraordinarias ... 250,00			
	TOTAL..................	1.795,08	24,27	435,66
2.	Contingencias profesionales y conceptos de recaudación conjunta			
	AT y EP		1,50	26,93
	Desempleo..........................	1.795,08	5,50	98,73
	Formación Profesional		0,60	10,77
	Fondo Garantía Salarial		0,20	3,59
3.	Cotización adicional horas extraordinarias.................................			
4.	Base sujeta a retención del IRPF	1.545,08		

6.3. Cálculo de la paga extra de verano

Al trabajador le corresponde una paga de 1.500 €, y es sobre esta cantidad, sobre la que se aplica la retención del IRPF:

$$1.500 € \times 11 \% = 165 €.$$

El líquido total a percibir será la diferencia entre el importe de la paga y el total a deducir por IRPF, quedando:

$$1.500 € - 165 € = \textbf{1.335 €.}$$

Empresa: AVIMAR	Trabajador: JAVIER LÓPEZ ARROYO
Domicilio: CARTAGENA (MURCIA)	NIF: 24846433-C
	Núm. Afil. Seguridad Social: 01/5224159
CIF: 22876593C	Grupo Profesional: JEFE ADMINISTRACION
CCC: 01/478944458	Grupo de Cotización: 3

Período de liquidación: del _____ de __EXTRA__ al _____ de __JUNIO__ de 20____   Total días ☐

		IMPORTE	TOTALES
I.	DEVENGOS		
1.	Percepciones salariales		1.500
	Salario base........................		
	Complementos salariales:		
	....		
	....		
	Horas extraordinarias		
	Horas complementarias (Contratos a tiempo parcial)		
	Gratificaciones extraordinarias. Paga de verano	1.500	
	Salario en especie		
2.	Percepciones no salariales		
	Indemnizaciones o suplidos		
	Prestaciones e Indemnizaciones de la Seguridad Social		
	....		
	Indemnizaciones por traslados, suspensiones o despidos		
	Otras percepciones no salariales		
	....		
	A. TOTAL DEVENGADO		1.500
II.	DEDUCCIONES		
1.	Aportación del trabajador a las cotizaciones a la Seguridad Social y conceptos de recaudación conjunta		
		%	
	Contingencias comunes + MEI		
	Desempleo		
	Formación Profesional		
	Horas extraordinarias		
	....		
	TOTAL APORTACIONES		
2.	Impuesto sobre la renta de las personas físicas.....................	11	165
3.	Anticipos.........................		
4.	Valor de los productos recibidos en especie		
5.	Otra deducciones		
	B. TOTAL A DEDUCIR		165
	LÍQUIDO TOTAL A PERCIBIR (A – B)		1.335

<table>
<tr><td></td><td>30 de junio de 20 XX</td></tr>
<tr><td>Firma y sello de la empresa</td><td>RECIBÍ</td></tr>
<tr><td>AVIMAR</td><td>JAVIER LÓPEZ ARROYO</td></tr>
</table>

DETERMINACIÓN DE LAS BASES DE COTIZACIÓN A LA SEGURIDAD SOCIAL Y CONCEPTOS DE RECAUDACIÓN CONJUNTA Y DE LA BASE SUJETA A RETENCIÓN DEL IRPF Y APORTACIÓN DE LA EMPRESA

CONCEPTO	BASE	TIPO	APORTACIÓN EMPRESA
1. Contingencias comunes + MEI			
Importe remuneración mensual .... _____			
Importe prorratas pagas extraordinarias ... _____			
TOTAL............................			
2. Contingencias profesionales y conceptos de recaudación conjunta			
AT y EP			
Desempleo..........................			
Formación Profesional			
Fondo Garantía Salarial......			
3. Cotización adicional horas extraordinarias................................			
4. Base sujeta a retención del IRPF			

7. Nómina de pluriempleo

Datos trabajador:

Nombre: Alejandra Ortiz Sánchez.
NIF: 14374546B.
Nº Seg. Social: 14/3574894.

Datos empresa A:

Empresa o razón social: "Asesoría Pérez S. L.".
Domicilio: Segovia.
NIF: B45047832.
Código de Cuenta de Cotización: 14/555888741.
Actividad: Actividades jurídicas y de contabilidad.
CNAE: 69
Tarifa de primas por AT y EP:

- IT: 0,80
- IMS: 0,70

Categoría: Economista.
Grupo de cotización: 1.
Periodo: de 1 al 31 de marzo.
Contrato duración determinada con una jornada laboral de 6 h diarias, de 9.00 a 15.00 h, de lunes a viernes.
Retribuciones en el mes:

- Salario base: 2.050 €/mes.
- Plus convenio: 210 €/mes.

IRPF: 14 %.
Tiene 3 gratificaciones extraordinarias las cuales se cobran mensualmente, de salario base cada una.

Datos empresa B:

Empresa o razón social: "Estudios empresariales S. L.".
Domicilio: Segovia.
NIF: B45896412.
Código de Cuenta de Cotización: 14/44477758.
Actividad: Educación.
CNAE: 85
Tarifa de primas por AT y EP:

- IT: 0,80
- IMS: 0,70

Categoría: Profesora.
Grupo de cotización: 2.
Periodo: de 1 al 31 de marzo.
Contrato duración determinada con una jornada laboral de 5 h diarias, de 16.30 a 21.30 h, de lunes a viernes.
Retribuciones en el mes:

- Salario base: 1.780 €/mes.
- Plus convenio: 109 €/mes.

IRPF: 11 %.
Tiene 3 gratificaciones extraordinarias las cuales se cobran mensualmente, de salario base cada una.

7.1. Datos a saber en la nómina

En primer lugar se debe introducir los nombres de la empresa, del trabajador y el periodo de liquidación.

- Las nóminas son mensuales.
- Se deberá determinar si la suma de las remuneraciones del trabajador en las 2 empresas, se encuentra dentro de las bases máximas y mínimas, por lo que cada empresa cotizará por la remuneración mensual del

trabajador. En caso contrario, se deberá solicitar a la Tesorería General de la Seguridad Social, el reparto de las bases de cotizaciones máximas y mínimas por las que tendría que cotizar cada empresa.

7.2. Primeros cálculos a realizar

Empresa "Asesoría Pérez S. L.":

- Cálculo salario base: el salario ya viene dado, porque es mensual, 2.050 €.
- Cálculo plus convenio: también viene dado, 210 €.
- Cálculo gratificaciones extraordinarias: tiene derecho a 3 pagas, las cuales se cobran mensualmente.

(2.050 € x 3) / 12 = 512,50 €/mes.

Total devengado: se hallará sumando las distintas percepciones que tiene el trabajador.

Salario base	2.050,00 €.
Plus convenio	210,00 €.
Prorrata pagas	512,50 €.
Total	**2.772,50 €.**

Empresa "Estudios empresariales S. L.":

- Cálculo salario base: el salario ya viene dado, porque es mensual, 1.780 €.
- Cálculo plus convenio: también viene dado, 109 €.
- Cálculo gratificaciones extraordinarias: tiene derecho a 3 pagas, las cuales se cobran mensualmente.

(1.780 € x 3) / 12 = 445 €/mes.

Total devengado: se hallará sumando las distintas percepciones que tiene el trabajador.

Salario base	1.780 €.
Plus convenio	109 €.
Prorrata pagas	445 €.
Total	**2.334 €.**

Bases de cotización:

En los contratos a tiempo parcial, se debe calcular la base de cotización mínima para saber si la remuneración mensual está por encima o por debajo de ella. En cada caso será:

- Empresa "Asesoría Pérez, S. L.": la trabajadora tiene grupo de cotización 1 y le corresponde 11,62 €/hora. Base mínima cotización = (6 x 5 x 4) x 11,62 = 1.394,40 €. Se comprueba por tanto que: 2.772,50 € > 1.394,40 €.
- Empresa "Estudios empresariales, S. L.": como la trabajadora tiene grupo de cotización 2, le corresponde 9,64 €/hora. Base mínima cotización = (5 x 5 x 4) x 9,64 = 964 €. Se comprueba por tanto que: 2.334 € > 964€.

Al superar la remuneración mensual de cada empresa, la base mínima calculada, se deben reducir las bases de cotización para que la suma de ambas dé como resultado el tope máximo de cotización (4.909,50 €). Para ello, se comprueba que la suma de las bases supera el tope máximo, es decir:

2.772,50 + 2.334,00 = 5.106,50 € > 4.909,50 €

Para calcular las bases por las que cotizarán cada una de las empresas, se hará:

Empresa "Asesoría Pérez, S. L."
Base de cotización = (2.772,50 X 4.909,50) / 5.106,50 = **2.665,54 €**
Empresa "Estudios empresariales, S. L."
Base de cotización = (2.334,00 X 4.909,50) / 5.106,50 = **2.243,96 €**

7.3. Aportación del trabajador

Tipos de cotización:

La aportación del trabajador en concepto de Seguridad Social vendrá dada por la aplicación de los siguientes tipos, sobre la base de cotización calculada en proporción a la remuneración mensual y al tope máximo de cotización, para cada empresa:

Para Conting. Comunes + MEI: 4,70 € + 0,13 %.
Para el desempleo: 1,60 % (por ser contrato de duración determinada).
Para FP: 0,10 %.

Aportación en la empresa "Asesoría Pérez S. L.":

2.665,54 € x 4,83 € =128,74 €.
2.665,54 € x 1,60 % = 42,65 €.
2.665,54 € x 0,10 % = 2,66 €.

Aportación en la empresa "Estudios empresariales S. L.":

2.243,96 € x 4,83 % = 108,38 €.
2.243,96 € x 1,60 % = 35,90 €.
2.243,96 € x 0,10 % = 2,24 €.

Retención a cargo del IRPF:

Las retenciones en estos casos se aplicarán sobre el total devengado de cada empresa.

Empresa "Asesoría Pérez S. L.": 2.772,50 € x 14 % = **388,15 €.**
Empresa "Estudios empresariales S. L.": 2.334,00 € x 11 % = **256,74 €.**

7.4. Resultado obtenido

El total a deducir será la suma de las aportaciones más la retención por IRPF.

Empresa "Asesoría Pérez S. L.":

Aportación	174,05 €.
(128,74 + 42,65 + 2,66)	
Retención	388,15 €.
Total a deducir	562,20 €.

Empresa "Estudios empresariales S. L.":

Aportación	146,52 €.
(108,38 + 35,90 + 2,24)	
Retención	256,74 €.
Total a deducir	403,26 €.

Por último, solo queda saber el líquido a percibir por el trabajador, en cada una de las empresas:

Empresa "Asesoría Pérez S. L.":

Total devengado	2.772,50 €.
Total a deducir	562,20 €.
Líquido a percibir	**2.210,30 €.**

Empresa "Estudios empresariales S. L":

Total devengado	2.334,00 €.
Total a deducir	403,26 €.
Líquido a percibir	**1.930,74 €.**

7.5. Aportación empresarial

Para el cálculo de la aportación empresarial, se toman para cada una de las empresas, las bases de cotización calculadas en proporción al tope máximo y a la remuneración mensual.

Asesoría Pérez S. L.	
Contingencias comunes + MEI	2.665,54 € x 24,27 % = 646,93 €
Contingencias profesionales (AT y EP)	Por IT: 2.665,54 € x 0,80 % = 21,32 €
	Por IMS: 2.665,54 € x 0,70 % = 18,66 €
Desempleo	2.665,54 € x 6,70 % = 178,59 €
FOGASA	2.665,54 € x 0,20 % = 5,33 €
Formación Profesional	2.665,54 € x 0,60 % = 15,99 €
Estudios empresariales, S.L.	
Contingencias comunes + MEI	2.243,96 € x 24,27 % = 544,61 €
Contingencias profesionales (AT y EP)	Por IT: 2.243,96 € x 0,80 % = 17,95 €
	Por IMS: 2.243,96 € x 0,70 % = 15,71 €
Desempleo	2.243,96 € x 6,70 % = 150,34 €
FOGASA	2.243,96 € x 0,20 % = 4,49 €
Formación Profesional	2.243,96 € x 0,60 % = 13,46 €

Empresa: ASESORÍA PEREZ, S. L.	Trabajador: ALEJANDRA ORTIZ SÁNCHEZ
Domicilio: SEGOVIA	NIF: 14374546B
	Núm. Afil. Seguridad Social: 14/3574894
CIF: B45047832	Grupo Profesional: ECONOMISTA
CCC: 14/555888741	Grupo de Cotización: 1

Período de liquidación: del __1__ de __marzo__ al __31__ de __marzo__ de 20 __XX__   Total días __30__

		IMPORTE	TOTALES
I.	DEVENGOS		
1.	Percepciones salariales		2.772,50
	Salario base...	2.050,00	
	Complementos salariales:		
	Plus convenio	210,00	
	Horas extraordinarias		
	Horas complementarias (Contratos a tiempo parcial)		
	Gratificaciones extraordinarias	512,50	
	Salario en especie		
2.	Percepciones no salariales		
	Indemnizaciones o suplidos		
	Prestaciones e indemnizaciones de la Seguridad Social		
	Indemnizaciones por traslados, suspensiones o despidos		
	Otras percepciones no salariales		
	A. TOTAL DEVENGADO		2.772,50
II.	DEDUCCIONES		
1.	Aportación del trabajador a las cotizaciones a la Seguridad Social y conceptos de recaudación conjunta		
		%	
	Cont. comunes + MEI	4,83	128,74
	Desempleo	1,60	42,65
	Formación Profesional	0,10	2,66
	Horas extraordinarias		
	TOTAL APORTACIONES		174,05
2.	Impuesto sobre la renta de las personas físicas......................	14	388,15
3.	Anticipos..		
4.	Valor de los productos recibidos en especie		
5.	Otra deducciones..		
	B. TOTAL A DEDUCIR		562,20
	LÍQUIDO TOTAL A PERCIBIR (A − B)		2.210,30

31 de marzo de 20 XX

Firma y sello de la empresa   RECIBÍ

ASESORÍA PÉREZ, S. L.   ALEJANDRA ORTIZ

DETERMINACIÓN DE LAS BASES DE COTIZACIÓN A LA SEGURIDAD SOCIAL Y CONCEPTOS DE RECAUDACIÓN CONJUNTA Y DE LA BASE SUJETA A RETENCIÓN DEL IRPF Y APORTACIÓN DE LA EMPRESA

CONCEPTO		BASE	TIPO	APORTACIÓN EMPRESA
1.	Contingencias comunes + MEI			
	Importe remuneración mensual 2.772,50			
	Importe prorratas pagas extraordinarias ...			
	TOTAL................................	2.665,54	24,27	646,93
2.	Contingencias profesionales y conceptos de recaudación conjunta			
	AT y EP		1,50	39,98
	Desempleo...........................	2.665,54	6,70	178,59
	Formación Profesional		0,60	15,99
	Fondo Garantía Salarial......		0,20	5,33
3.	Cotización adicional horas extraordinarias.......................................			
4.	Base sujeta a retención del IRPF	2.772,50		

Empresa: ESTUDIOS EMPRESARIALES, S. L.	Trabajador: ALEJANDRA ORTIZ SÁNCHEZ
Domicilio: SEGOVIA	NIF: 14374546B
	Núm. Afil. Seguridad Social: 14/3574894
CIF: B45896412	Grupo Profesional: PROFESORA
CCC: 4/44477758	Grupo de Cotización: 2

Período de liquidación: del __1__ de __marzo__ al __31__ de __marzo__ de 20 XX   Total días [30]

		IMPORTE	TOTALES
I.	DEVENGOS		2.334,00
1.	Percepciones salariales		
	Salario base..	1.780,00	
	Complementos salariales:		
	plus convenio	109,00	
	....		
	....		
	Horas extraordinarias		
	Horas complementarias (Contratos a tiempo parcial)		
	Gratificaciones extraordinarias...	445,00	
	Salario en especie		
2.	Percepciones no salariales		
	Indemnizaciones o suplidos		
	....		
	Prestaciones e Indemnizaciones de la Seguridad Social		
	....		
	Indemnizaciones por traslados, suspensiones o despidos		
	....		
	Otras percepciones no salariales		
	A. TOTAL DEVENGADO		2.334,00
II.	DEDUCCIONES		
1.	Aportación del trabajador a las cotizaciones a la Seguridad Social y conceptos de recaudación conjunta		
		%	
	Cont. comunes + MEI	4,83	108,38
	Desempleo	1,60	35,90
	Formación Profesional	0,10	2,24
	Horas extraordinarias		
	....		
	TOTAL APORTACIONES		146,52
2.	Impuesto sobre la renta de las personas físicas.......................	11	256,74
3.	Anticipos		
4.	Valor de los productos recibidos en especie		
5.	Otra deducciones..		
	B. TOTAL A DEDUCIR		403,26
	LÍQUIDO TOTAL A PERCIBIR (A — B)		1.930,74

__31__ de __marzo__ de 20 XX

Firma y sello de la empresa   RECIBÍ

ESTUDIOS EMPRESARIAL   ALEJANDRA ORTIZ

DETERMINACIÓN DE LAS BASES DE COTIZACIÓN A LA SEGURIDAD SOCIAL Y CONCEPTOS DE RECAUDACIÓN CONJUNTA Y DE LA BASE SUJETA A RETENCIÓN DEL IRPF Y APORTACIÓN DE LA EMPRESA

	CONCEPTO	BASE	TIPO	APORTACIÓN EMPRESA
1.	Contingencias comunes + MEI			
	Importe remuneración mensual 2.334,00			
	Importe prorratas pagas extraordinarias ...			
	TOTAL..................	2.243,96	24,27	544,61
2.	Contingencias profesionales y conceptos de recaudación conjunta			
	AT y EP		1,50	33,66
	Desempleo...........................	2.243,96	6,70	150,34
	Formación Profesional		0,60	13,46
	Fondo Garantía Salarial		0,20	4,49
3.	Cotización adicional horas extraordinarias...............................			
4.	Base sujeta a retención del IRPF	2.334,00		

8. Horas extraordinarias

Un trabajador con un contrato de duración determinada a tiempo completo, con categoría profesional de oficial administrativo (realiza exclusivamente tareas de oficina), pertenece al grupo de cotización 5 y tiene las siguientes retribuciones durante el mes de junio:

Salario base: 1.390,65 €.
Antigüedad: 100,01 €.
Plus actividad: 190,90 €.

También se le suponen realizadas horas extraordinarias por los siguientes importes:

Horas extraordinarias por fuerza mayor: 50,51 €.
Horas extraordinarias estructurales: 70,71 €.

Además tiene reconocidas 2 pagas extraordinarias de salario base y antigüedad de devengo anual, las cuales solo se prorratearán a efectos de cotización.

De acuerdo a su situación personal, se le practica una retención de IRPF del 5 %.

Con estos datos, se calcula las bases de cotización para la Seguridad Social del trabajador, así como las retenciones a cargo del IRPF. Posteriormente se confecciona el recibo de salario y un cuadro indicativo de los costes empresariales correspondientes a este trabajador durante el mes de junio.

8.1. Solución

Calculo de las bases de cotización:

- Para contingencias comunes:

Conceptos computables: salario base, antigüedad y plus actividad.
Conceptos no computables: horas extraordinarias.
Cálculo:

Salario base	1.390,65 €.
Antigüedad	100,01 €.
Plus actividad	190,90 €.
Prorrata pagas extras	248,44 €.

(1.490,66 € x 2 pagas =2.981,32 €.
2.981,32 € / 12 = 248,44 €)

BCCC	**1.930,00 €.**

El resultado está comprendido entre la base mínima y máxima del grupo de cotización 5, por lo tanto dicho importe se considera válido.

■ Para contingencias profesionales (AT y EP):

Conceptos computables: salario base, antigüedad, plus actividad y horas extraordinarias.
Conceptos no computables: ninguno.
Cálculo:

Salario base	1.390,65 €.
Antigüedad	100,01 €.
Plus actividad	190,90 €.
Prorrata pagas extras	248,44 €.
Horas extraordinarias	121,22 €.

(Fuerza mayor + estructurales:
50,51 + 70,71)

BCCP	**2.051,22 €.**

El resultado obtenido se puede considerar correcto porque está comprendido entre el mínimo y máximo establecido para estas contingencias.

- Para desempleo, FOGASA y FP:

  La base de cotización es la misma que para las contingencias profesionales, **2.051,22 €.**

- Para cotización adicional por horas extraordinarias:
  Base de cotización horas extraordinarias por fuerza mayor: **50,51 €.**
  Base de cotización horas extraordinarias estructurales: **70,71 €.**

Cálculo de las cuotas de cotización:

Cont. com. + MEI: 1.930,00 € x 4,83 % = 93,22 €.
Desempleo: 2.051,22 € x 1,60 % = 32,82 €.
Formación Profesional: 2.051,22 € x 0,10 % = 2,05 €.
Cotización adicional por horas extraordinarias:

Por fuerza mayor: 50,51 € x 2 % = 1,01 €.
Estructurales: 70,71 € x 4,70 % = 3,32 €.

Importe de las retenciones del mes:

Todas las retribuciones de este trabajador durante el mes de junio, son computables a efectos de retenciones:

Salario base	1.390,65 €.
Antigüedad	100,01 €.
Plus actividad	190,90 €.
Horas extraordinarias	121,22 €.
Base sujeta a retención	**1.802,78 €.**

Por tanto, el importe de la retención será:

1.802,78 € x 5 % = 90,14 €.

Confección del recibo de salario:

Empresa: XXXXXXXXXXX	Trabajador: XXXXX XXXXXXX XXX
Domicilio: XXXXXXXXXXX	NIF: XXXXXXXX-X
	Núm. Afil. Seguridad Social: XX/XXXXXXX
CIF: XXXXXXXX	Grupo Profesional: OFICIAL ADMINISTRATIVO
CCC: XX/XXXXXXXXXX	Grupo de Cotización: 5

Período de liquidación: del __1__ de __junio__ al __30__ de __junio__ de 20__XX__   Total días [30]

		IMPORTE	TOTALES
I.	DEVENGOS		
1.	Percepciones salariales		1.802,78
	Salario base..	1.390,65	
	Complementos salariales:		
	Antigüedad	100,01	
	Plus actividad	190,90	
	Horas extraordinarias .(Fuerza mayor 50,51 + Estructurales 70,71)	121,22	
	Horas complementarias (Contratos a tiempo parcial)		
	Gratificaciones extraordinarias..		
	Salario en especie...		
2.	Percepciones no salariales		
	Indemnizaciones o suplidos		
	Prestaciones e Indemnizaciones de la Seguridad Social		
	Indemnizaciones por traslados, suspensiones o despidos		
	Otras percepciones no salariales		
	A. TOTAL DEVENGADO		1.802,78
II.	DEDUCCIONES		
1.	Aportación del trabajador a las cotizaciones a la Seguridad Social y conceptos de recaudación conjunta		

		%		
	Cont. comunes + MEI	4,83	93,22	
	Desempleo	1,60	32,82	
	Formación Profesional	0,10	2,05	
	Horas extraordinarias .....Fuerza mayor	2	1,01	
	Estructurales	4,7	3,32	
	TOTAL APORTACIONES			132,42
2.	Impuesto sobre la renta de las personas físicas................	5	90,14	
3.	Anticipos..			
4.	Valor de los productos recibidos en especie			
5.	Otra deducciones..			
	B. TOTAL A DEDUCIR			222,56
	LÍQUIDO TOTAL A PERCIBIR (A — B)			1.580,22

30 de junio de 20 XX

Firma y sello de la empresa	RECIBÍ
XXXXXXXXXXX	XXXX XXXXXXX XXX

DETERMINACIÓN DE LAS BASES DE COTIZACIÓN A LA SEGURIDAD SOCIAL Y CONCEPTOS DE RECAUDACIÓN CONJUNTA Y DE LA BASE SUJETA A RETENCIÓN DEL IRPF Y APORTACIÓN DE LA EMPRESA

CONCEPTO	BASE	TIPO	APORTACIÓN EMPRESA
1. Contingencias comunes + MEI			
Importe remuneración mensual 1.681,56			
Importe prorratas pagas extraordinarias ... 248,44			
TOTAL..........................	1.930,00	24,27	468,41
2. Contingencias profesionales y conceptos de recaudación conjunta			
AT y EP		1,50	30,77
Desempleo.............................	2.051,22	6,7	137,43
Formación Profesional		0,60	12,31
Fondo Garantía Salarial		0,20	4,10
3. Cotización adicional horas extraordinarias..............................	50,51	12	6,06
	70,71	23,60	16,69
4. Base sujeta a retención del IRPF	1.802,78		

COSTES EMPRESARIALES	
Contingencias comunes + MEI	1.930,00 € x 24,27 % = 468,41 €.
Contingencias profesionales (AT y EP):	Por IT: 2.051,22 € x 0,80 % = 16,41 €. Por IMS: 2.051,22 € x 0,70 % = 14,36 €. (El tipo aplicable a la ocupación o actividad que le corresponde es la "a")
Desempleo	2.051,22 € x 6,70 % = 137,43 €.
FOGASA	2.051,22 € x 0,20 % = 4,10 €.
Formación Profesional	2.051,22 € x 0,60 % = 12,31 €.
Cotización adicional por horas extraordinarias:	Fuerza mayor: 50,51 € x 12 % = 6,06 €. Estructurales: 70,71 € x 23,60 % = 16,69 €.

9. Contrato formativo en alternancia

Un trabajador es contratado el 1 de abril por una empresa con un contrato de formación para prestar sus servicios todos los días laborables, a tiempo completo y dedicando a labores formativas el 35 % de su jornada, con categoría profesional de oficial de 3.ª (grupo 9 de cotización).

La retribución del tiempo de trabajo efectivo del trabajador es de 33 € diarios, con 2 pagas extras de 30 días de salario cada una de ellas. El trabajador recibe todos los meses un plus convenio por importe de 50,23 €. El porcentaje de retención por IRPF, que le corresponde al trabajador es del 2 %.

En primer lugar, se calcula la retribución mensual que le va a corresponder a este trabajador, así como se reflejará el importe de la cotización a la que está obligado. Una vez calculados todos estos datos, se realizará el recibo de salario correspondiente al mes de abril.

9.1. Solución

Cálculo de la prorrata de pagas extras:

El trabajador cobra mensualmente el importe correspondiente a las dos pagas extras. Como se sabe, estas son de 30 días de salario base cada una:

33 €/día x 30 días = 990 €/cada una.

Como son 2 pagas, se obtiene:

990 € x 2 = 1.980 €

Para calcular cuánto le corresponde por día, se divide el importe anterior entre 365 días:

1.980 € / 365 = 5,42 €/día

Por último, para obtener el importe de la **prorrata de las pagas extras**, el resultado anterior se multiplicará por los días del mes de abril:

5,42 € x 30 días = **162,60 €/mes.**

Cálculo de la remuneración mensual:

La remuneración mensual viene dada por el salario base más el plus convenio, y la prorrata de las pagas extras, es decir:

Salario base = 33 x 30 días = 990 €/mes
Remuneración mensual = 990,00 € + 50,23 € + 162,60 € =
1.202,83 €/mes

Cálculo de la retención del IRPF:

Retención = 1.202,83 x 2 % = **24,06 €**

Cálculo de la base de cotización:

La base de cotización de este trabajador en formación se calcula a partir de comparar su base de cotización por contingencias comunes mensual (BCCC) y la base mínima mensual establecida en la norma legal (Bmin.) para el grupo de cotización 9 (46,04 €/día) En este caso se cumple que su BCCC es menor que la Bmin. mensual: 1.202,83 < 1.381,20. Por ello, la base de cotización que corresponde es 1.381,20 €/mes.

Aportación empresarial y del trabajador a la Seguridad Social

Como se cumple que la BCCC mensual no es superior a la Base de cotización mínima mensual establecida por la norma, las **aportaciones del trabajador a las cotizaciones** a la Seguridad Social son:

Contingencias comunes + MEI: [11,16 + (1.381,20 x 0,13 %)]	12,95 €
Desempleo:	21,41 €
Formación Profesional:	0,27 €
Total Aportación:	**34,63 €**

La **aportación empresarial** a las cotizaciones de la Seguridad Social es:

Contingencias comunes + MEI: [55,97 + (1.381,20 x 0,67 %)]	65,22 €
AT y EP:	7,71 €
Desempleo:	75,96 €
Formación Profesional:	2,09 €
FOGASA:	4,25 €
Total Aportación:	**155,23 €**

Cálculo del líquido a percibir:

Importe líquido = 1.202,83 − 34,63 − 24,06 = **1.144,14 €**

Confección del recibo de salario:

Empresa: XXXXXXXXX Domicilio: XXXXXXX CIF: XXXXXXXX CCC: XX/XXXXXXXXX	Trabajador: XXXX XXXX XXXXX NIF: XXXXXXXXX Núm. Afil. Seguridad Social: XX/XXXXXXX Grupo Profesional: OFICIAL 3ª Grupo de Cotización: 9

Período de liquidación: del __1__ de __abril__ al __30__ de __abril__ de 20_XX__   Total días | 30 |

		IMPORTE	TOTALES
I.	DEVENGOS		1.202,83
1.	Percepciones salariales		
	Salario base (33 € X 30 días)	990,00	
	Complementos salariales:		
	Plus convenio	50,23	
	Horas extraordinarias		
	Horas complementarias (Contratos a tiempo parcial)		
	Gratificaciones extraordinarias (5,42 € x 30 días)	162,60	
	Salario en especie		
2.	Percepciones no salariales		
	Indemnizaciones o suplidos		
	Prestaciones e Indemnizaciones de la Seguridad Social		
	Indemnizaciones por traslados, suspensiones o despidos		
	Otras percepciones no salariales		
	A. TOTAL DEVENGADO		1.202,83
II.	DEDUCCIONES		
1.	Aportación del trabajador a las cotizaciones a la Seguridad Social y conceptos de recaudación conjunta		
		%	
	Cont. comunes + MEI	12,95	
	Desempleo	21,41	
	Formación Profesional	0,27	
	Horas extraordinarias		
	TOTAL APORTACIONES		34,63
2.	Impuesto sobre la renta de las personas físicas	2	24,06
3.	Anticipos		
4.	Valor de los productos recibidos en especie		
5.	Otra deducciones		
	B. TOTAL A DEDUCIR		58,69
	LÍQUIDO TOTAL A PERCIBIR (A — B)		1.144,14

__30__ de __abril__ de 20 __XX__

Firma y sello de la empresa   RECIBÍ

XXXXXXXXXXXX   XXXX XXXX XXXXX

DETERMINACIÓN DE LAS BASES DE COTIZACIÓN A LA SEGURIDAD SOCIAL Y CONCEPTOS DE RECAUDACIÓN CONJUNTA Y DE LA BASE SUJETA A RETENCIÓN DEL IRPF Y APORTACIÓN DE LA EMPRESA

	CONCEPTO	BASE	TIPO	APORTACIÓN EMPRESA
1.	Contingencias comunes + MEI			
	Importe remuneración mensual	1.040,23		
	Importe prorratas pagas extraordinarias ...			
	TOTAL	1.381,20		65,22
2.	Contingencias profesionales y conceptos de recaudación conjunta			
	AT y EP			7,71
	Desempleo	1.381,20		75,96
	Formación Profesional			2,09
	Fondo Garantía Salarial			4,25
3.	Cotización adicional horas extraordinarias			
4.	Base sujeta a retención del IRPF	1.202,83		

Por la celebración de este contrato de formación en alternancia, la empresa puede gozar de una bonificación en las cuotas empresariales de la Seguridad

Social por importe de 91 € al mes, durante toda la vigencia del contrato y sus prórrogas. Además, de una bonificación de 28 € al mes en las cuotas de los trabajadores. El artículo 26 del Real decreto-ley 1/2023, también recoge bonificaciones a la formación relacionada con el contrato.

10. Contrato a tiempo parcial

Un trabajador con la categoría de monitor, grupo 5 de cotización a la Seguridad Social, es contratado de forma temporal por una empresa el 1 julio para que preste sus servicios durante 3 h diarias, de lunes a viernes.

- En este mes de su contratación, trabaja 23 días.
- Su salario base es de 623,88 €/mes y el plus por idiomas, asciende a 46 €/mes. Además, la parte proporcional en concepto de descanso y festivos está incluida en dicho salario base.
- La empresa se dedica a la fabricación de fibras artificiales y sintéticas (CNAE 20.6).
- Tiene derecho a 2 pagas extraordinarias de salario base cada una (se prorratean solo a efectos de cotización).
- De acuerdo a su situación personal, le corresponde una retención del 2 % en IRPF.

Con estos datos, se calculará el recibo de salario. Además se mostrará un cuadro indicativo de los costes empresariales correspondientes a este trabajador durante el mes de julio.

10.1. Solución

Cálculo base de cotización mínima y máxima mensual

La base mínima mensual se obtiene multiplicando el número de horas realmente trabajadas por la base mínima horaria, que se fija anualmente para cada grupo de cotización; y que en este caso asciende a 8,32 €/hora para el grupo 5.

- Horas de trabajo efectivo = 23 días x 3 h/día = 69 horas
- Base mínima mensual = 8,32 × 69 = **574,08 €**

Por otro lado, la base máxima, que es común para todos los grupos y categorías profesionales, asciende a **4.909,50 €/mes.**

Cálculo de la base de cotización por contingencias comunes y profesionales

La base de cotización por contingencias comunes de este trabajador viene dada por la remuneración mensual más el prorrateo de las dos pagas extras que le corresponden.

Remuneración mensual = 623,88 + 46 = **669,88 €/mes**

Como tiene derecho a dos pagas extras, compuestas de salario base, la prorrata de las pagas extras asciende, por tanto a:

- 623,88 x 2 = 1.247,76 €
- 1.247,76 / 12 = **103,98 €/mes**

Tal y como se indica en el supuesto, la parte proporcional en concepto de descanso y festivos está incluida en el salario base, por lo que no se debe tener en cuenta en los cálculos.

Base contingencias comunes = 669,88 + 103,98 = **773,86 €**

Al ser superior a la base mínima e inferior a la máxima, se puede tomar esta como base de cotización para el cálculo de las aportaciones a la Seguridad Social, tanto del trabajador como del empresario.

En cuanto a la base de cotización por contingencias profesionales, al no existir horas extras por fuerza mayor, el importe coincide con la base por contingencias comunes.

Cálculo de las cuotas de cotización del trabajador

- Contingencias comunes + MEI: 773,86 x 4,83 % = **37,38 €**
- Desempleo: 773,86 x 1,60 % = **12,38 €**
- Formación Profesional: 773,86 x 0,10 % = **0,77 €**
  Total cuotas = 50,53 €

Cálculo de las retenciones a cuenta del IRPF

La base que está sujeta a retención del IRPF viene dada por la remuneración mensual del trabajador, por tanto:

669,88 € x 2 % = **13,40 €**

Cálculo de los costes empresariales

COSTES EMPRESARIALES	
Contingencias comunes + MEI	773,86 x 24,27 % = 187,82 €
Contingencias profesionales (AT y EP)	Por IT: 773,86 € x 1,50 % = 11,61 €
	Por IMS: 773,86 € x 1,20 % = 9,29 €
Desempleo	773,86 € x 6,70 % = 51,85 €
FOGASA	773,86 € x 0,20 % = 1,55 €
Formación Profesional	773,86 € x 0,60 % = 4,64 €

 Nota

El artículo 16 de la Orden PJC/178/2025, de 25 de febrero, regula la aplicación general del mecanismo de equidad intergeneracional sobre la cotización por contingencias comunes.

Confección del recibo de salario:

Empresa: XXXXXXXXXXXX Domicilio: XXXXXXXXXXXX CIF: XXXXXXX CCC: XX/XXXXXXXXX	Trabajador: XXXXX XXXXXX XXXXX NIF: XXXXXXXX-X Núm. Afil. Seguridad Social: XX/XXXXXXX Grupo Profesional: MONITOR Grupo de Cotización: 5

Período de liquidación: del __1__ de __julio__ al __31__ de __julio__ de 20 __XX__   Total días | 69 h.

I. DEVENGOS		IMPORTE	TOTALES
1. Percepciones salariales			669,88
Salario base..		623,88	
Complementos salariales:			
Plus idiomas		46	
....			
....			
Horas extraordinarias..................................			
Horas complementarias (Contratos a tiempo parcial)			
Gratificaciones extraordinarias...................			
Salario en especie.......................................			
2. Percepciones no salariales			
Indemnizaciones o suplidos			
....			
Prestaciones e Indemnizaciones de la Seguridad Social			
....			
Indemnizaciones por traslados, suspensiones o despidos			
....			
Otras percepciones no salariales			
A. TOTAL DEVENGADO			669,88
II. DEDUCCIONES			
1. Aportación del trabajador a las cotizaciones a la Seguridad Social y conceptos de recaudación conjunta			
	%		
Cont. comunes + MEI	4,83	37,38	
Desempleo	1,60	12,38	
Formación Profesional	0,10	0,77	
Horas extraordinarias.........................			
....			
TOTAL APORTACIONES			50,53
2. Impuesto sobre la renta de las personas físicas............	2	13,40	
3. Anticipos..			
4. Valor de los productos recibidos en especie			
5. Otra deducciones....................................			63,93
B. TOTAL A DEDUCIR			63,93
LÍQUIDO TOTAL A PERCIBIR (A — B)			605,95

31 __de__ __julio__ de 20 __XX__

Firma y sello de la empresa   RECIBÍ

XXXXXXXXXXXX   XXXXX XXXXXX XXXXX

DETERMINACIÓN DE LAS BASES DE COTIZACIÓN A LA SEGURIDAD SOCIAL Y CONCEPTOS DE RECAUDACIÓN CONJUNTA Y DE LA BASE SUJETA A RETENCIÓN DEL IRPF Y APORTACIÓN DE LA EMPRESA

CONCEPTO		BASE	TIPO	APORTACIÓN EMPRESA
1. Contingencias comunes + MEI				
Importe remuneración mensual	669,88			
Importe prorratas pagas extraordinarias ...	103,98			
TOTAL..................		773,86	24,27	187,82
2. Contingencias profesionales y conceptos de recaudación conjunta				
AT y EP			2,70	20,90
Desempleo..........................		773,86	6,70	51,85
Formación Profesional			0,60	4,64
Fondo Garantía Salarial			0,20	1,55
3. Cotización adicional horas extraordinarias.................................				
4. Base sujeta a retención del IRPF		669,88		

11. Nacimiento y cuidado de menor

Una trabajadora con un contrato fijo (clave 100) y categoría profesional de auxiliar administrativa, grupo 7 de cotización a la Seguridad Social, causa baja en la empresa el 9 de agosto, por el nacimiento de un hijo.

Sus retribuciones en el mes de agosto son las siguientes:

- Salario base: 1.390,48 €.
- Incentivos: 125,00 €.
- Plus de actividad: 70,80 €.

Tiene reconocidas 3 pagas extraordinarias de 1.100,66 € cada una de ellas, las cuales se prorratean solo a efectos de cotización.

La empresa se dedica a la fabricación de perfumes y cosméticos (CNAE 20.4).

De acuerdo a su situación personal, se le práctica una retención de IRPF del 8 %.

La base de cotización tanto para contingencias comunes como para profesionales, durante el mes de junio fue de 1.545,02 €.

Con estos datos, se calculará la prestación por nacimiento y cuidado de menor de la trabajadora y su recibo de salario. Además se mostrará un cuadro indicativo de los costes empresariales correspondientes a esta trabajadora durante el mes de agosto.

11.1. Solución

Cálculo del importe de la baja:

- Base reguladora = $\dfrac{\text{Base cotización C. C. junio}}{\text{Días cotizados junio (30 días)}}$

- Base reguladora = $\dfrac{1.545,02}{30}$ = 51,50 €

El importe de la baja por nacimiento y cuidado de menor se devenga desde la fecha en que se inicia la situación de descanso. Los días a pagar por esta situación son desde 9 de agosto al 30 de agosto: 22 días.

- 100 % x 51,50 € = 51,50 €.
- 51,50 € x 22 días = 1.133,00 €.

Este importe, se abona por el INSS, por lo que la empresa no deducirá cantidad alguna.

Cálculo de las bases de cotización:

a. Para contingencias comunes:

1. Por el período trabajado (8 días: del 01-08 al 08-08):

Salario base	
1.390,48 € / 30 = 46,35 € x 8 días =	370,80 €.
Incentivos	
125,00 € / 30 = 4,17 € x 8 días =	33,36 €.
Plus de actividad	
70,80 € / 30 = 2,36 € x 8 días =	18,88 €.
Prorrata pagas extras	
1.100,66 € x 3 pagas = 3.301,98 €.	
3.301,98 € / 12 = 275,16 / 30 € x 8 días =	73,38 €.
Total:	**496,42 €.**

2. Por el período de descanso en agosto (22 días: del 09-08 al 30-08, se cuenta desde el día en que se inicia):
Base cotización = Base reguladora x días situación;
51,50 € x 22 días de baja = **1.133,00 €.**

3. Total base de cotización por CC del mes de agosto:
496,42 € (por los 8 días en activo).
1.133,00 € (por los 22 días de baja).
1.629,42 € (Base cotización contingencias comunes).

b. Para contingencias profesionales (AT y EP), desempleo, FOGASA y FP:

La base de cotización para contingencias profesionales coincide con la base para contingencias comunes (1.629,42 €), porque no existen horas extraordinarias percibidas por esta trabajadora.
La empresa habrá de cotizar los 1.629,42 €, según el epígrafe del CNAE.

Cálculo de las cuotas de cotización:

a. Para contingencias comunes + MEI:

▪ A cargo empresa: 1.629,42 € x 24,27 % = 395,46 €.
▪ A cargo trabajador: (período trabajado).
496,42 € x 4,83 % = 23,98 € (deducidas del salario por la empresa).
▪ A cargo trabajador: (período de descanso).
1.133,00 € x 4,83 % = 54,72 € (deducidas del subsidio por el INSS).

b. Para contingencias profesionales (AT y EP):

▪ A cargo empresa exclusivamente:
IT: 1.629,42 € x 1,50 % = 24,44 €.
IMS: 1.629,42 € x 1,20 % = 19,55 €.

c. Para desempleo:

▪ A cargo empresa: 1.629,42 € x 5,5 % = 89,62 €.

■ A cargo trabajador: (período trabajado).

496,42 € x 1,55 % x = 7,69 € (deducidas del salario por la empresa).

■ A cargo trabajador: (período de descanso).

1.133,00 € x 1,55 % = 17,56 € (deducidas del subsidio por el INSS).

d. Para FOGASA:

■ A cargo empresa exclusivamente: 1.629,42 € x 0,2 % = 3,26 €.

e. Para FP:

■ A cargo empresa: 1.629,42 € x 0,60 % = 9,78 €.

■ A cargo trabajador: (período trabajado).

496,42 € x 0,10 % = 0,50 € (deducidas del salario por la empresa).

■ A cargo trabajador: (período de descanso).

1.133,00 € x 0,10 % = 1,13 € (deducidas del subsidio por el INSS).

Cálculo de las retenciones a cuenta del IRPF:

■ Importe de la retención del mes:

La totalidad de las percepciones del trabajador están sujetas a retención:

423,04 € x 8 % = 33,84 €.

Confección del recibo de salarios y costes empresariales

Empresa: XXXXXXXXXX	Trabajador: XXXXX XXXXXXX XXX
Domicilio: XXXXXXXXXX	NIF: XXXXXXXX-X
	Núm. Afil. Seguridad Social: XX/XXXXXXX
CIF: XXXXXXXX	Grupo Profesional: AUXILIAR ADMINISTRATIVO
CCC: XX/XXXXXXXXX	Grupo de Cotización: 7

Periodo de liquidación: del __1__ de __agosto__ al __31__ de __agosto__ de 20 __XX__   Total días | 30 |

		IMPORTE	TOTALES
I.	DEVENGOS		
1.	Percepciones salariales		423,04
	Salario base...	370,80	
	Complementos salariales:		
	Incentivos	33,36	
	Plus actividad	18,88	
	Horas extraordinarias		
	Horas complementarias (Contratos a tiempo parcial)		
	Gratificaciones extraordinarias		
	Salario en especie		
2.	Percepciones no salariales		
	Indemnizaciones o suplidos		
	Prestaciones e Indemnizaciones de la Seguridad Social		
	Indemnizaciones por traslados, suspensiones o despidos		
	Otras percepciones no salariales		
	A. TOTAL DEVENGADO		423,04
II.	DEDUCCIONES		
1.	Aportación del trabajador a las cotizaciones a la Seguridad Social y conceptos de recaudación conjunta		
		%	
	Cont. comunes + MEI	4,83	23,98
	Desempleo..	1,60	7,69
	Formación Profesional	0,10	0,50
	Horas extraordinarias		
	TOTAL APORTACIONES		32,17
2.	Impuesto sobre la renta de las personas físicas....................	8	33,84
3.	Anticipos..		
4.	Valor de los productos recibidos en especie		
5.	Otra deducciones..................................		
	B. TOTAL A DEDUCIR		66,01
	LÍQUIDO TOTAL A PERCIBIR (A — B)		357,03

30 __ de __agosto__ de 20 __XX__

Firma y sello de la empresa   RECIBÍ

XXXXXXXXXXX   XXXX XXXXXXX XXX

DETERMINACIÓN DE LAS BASES DE COTIZACIÓN A LA SEGURIDAD SOCIAL Y CONCEPTOS DE RECAUDACIÓN CONJUNTA Y DE LA BASE SUJETA A RETENCIÓN DEL IRPF Y APORTACIÓN DE LA EMPRESA

CONCEPTO		BASE	TIPO	APORTACIÓN EMPRESA
1.	Contingencias comunes + MEI			
	Importe remuneración mensual .... (1.133,00 + 423,04)			
	Importe prorratas pagas extraordinarias ... 73,38			
	TOTAL...................................	1.629,42	24,27	395,46
2.	Contingencias profesionales y conceptos de recaudación conjunta			
	AT y EP		2,70	43,99
	Desempleo..........................	1.629,42	5,50	89,62
	Formación Profesional		0,60	9,78
	Fondo Garantía Salarial		0,20	3,26
3.	Cotización adicional horas extraordinarias..			
4.	Base sujeta a retención del IRPF	423,04		

COSTES EMPRESARIALES	
Contingencias comunes + MEI	1.629,42 € x 24,27 % = 395,46 €.
Contingencias profesionales (AT y EP):	- IT: 1.629,42 € x 1,50 % = 24,44 €. - IMS: 1.629,42 € x 1,20 % = 19,55 €.
Desempleo	1.629,42 € x 5,5 % = 89,62 €.
FOGASA	1.629,42 € x 0,2 % = 3,26 €.
Formación Profesional	1.629,42 € x 0,60 % = 9,78 €.

12. Contrato indefinido a persona con discapacidad menor de 45 años

Una empresa contrata por tiempo indefinido y a jornada completa el 1 de agosto, a un trabajador con discapacidad menor de 45 años. Su grado de discapacidad es superior al 65 %.

Este trabajador tiene la categoría profesional de ayudante no titulado, grupo 4 de cotización.

Las retribuciones que tiene durante el mes de junio, son las siguientes:

Salario base: 961,62 €.
Plus de productividad: 120,20 €.
Incentivos: 90,15 €.
Plus de transporte: 60,10 €.
Horas extraordinarias estructurales: 90,15 €.

Tiene reconocidas 2 pagas extraordinarias de 1.081,82 € cada una de ellas prorrateadas a efectos de cotización. De acuerdo a su situación personal, le corresponde hacer una retención del 2 %. La empresa se dedica al comercio al por mayor de animales vivos (CNAE 46.23) y no cuenta con más trabajadores.

Con estos datos se va a realizar el recibo de salario correspondiente a este trabajador, durante el mes de junio.

12.1. Solución

Cálculo de las bases de cotización:

■ Para contingencias comunes:
Conceptos computables: salario base, plus de productividad, plus de transporte e incentivos.
Conceptos no computables: horas extraordinarias.
Cálculo:

Salario base	961,62 €.
Incentivos	90,15 €.
Plus de productividad	120,20 €.
Plus de transporte	60,10 €.
Prorrata pagas extras	180,30 €.

1.081,82 € x 2 pagas = 2.163,64 €.
2.163,64 € / 12 = 180,30 €.

BCCC   **1.412,37 €.**

Los 1.412,37 € están comprendidos entre la base mínima y máxima de su grupo de cotización, por lo tanto esta será la base por contingencias comunes.

■ Para contingencias profesionales (AT y EP):
Cálculo:

Salario base	961,62 €.
Incentivos	90,15 €.
Plus de productividad	120,20 €.
Plus de transporte	60,10 €.
Horas extraordinarias	90,15 €.
Prorrata pagas extras	180,30 €.

1.081,82 € x 2 pagas = 2.163,64 €.
2.163,64 € / 12 = 180,30 €.

BCCP   **1.502,52 €.**

La cuantía anterior está comprendida entre los topes máximos y mínimos y por lo tanto la base de cotización para contingencias profesionales
será de 1.502,52 €.

- Para desempleo, FOGASA y FP:
  La base de cotización también es la misma que para contingencias pro-
  fesionales, 1.502,52 €.
- Para cotización adicional por horas extraordinarias:
  Su base de cotización estará constituida por su importe: 90,15 €.

Cálculo de las cuotas de cotización:

Contingencias comunes + MEI: 1.412,37 € x 4,83 % = **68,22 €.**
Desempleo: 1.502,52 € x 1,55 % = **23,29 €.**
Formación Profesional: 1.502,52 € x 0,10 % = **1,50 €.**
Horas extraordinarias: 90,15 € x 4,70 % = **4,24 €.**

Cálculo de las retenciones a cuenta del IRPF:

Todas las retribuciones de este trabajador durante el mes de junio, son
computables a efectos de retenciones:

Salario base	961,62 €.
Incentivos	90,15 €.
Plus de productividad	120,20 €.
Horas extraordinarias	90,15 €.
Plus de transporte	60,10 €.
Total Devengado	**1.322,22 €.**

La totalidad de las percepciones del trabajador están sujetas a retención:

1.322,22 € x 2 % = 26,44 €.

COSTES EMPRESARIALES	
Contingencias comunes + MEI	1.412,37 € x 24,27 % = 342,78 €
Contingencias profesionales (AT y EP)	Por IT: 1.502,52 € x 1,80 % = 27,04 € Por IMS:1.502,52 € x 1,50 % = 22,54 €
Desempleo	1.502,52 € x 5,50 % = 82,64 €
FOGASA	1.502,52 € x 0,20 % = 3,00 €
Formación Profesional	1.502,52 € x 0,60 % = 9,01 €
Horas extraordinarias estructurales	90,15 € x 23,60 % = 21,28 €

Confección del recibo de salario:

Empresa: XXXXXXXXXXXX	Trabajador: XXXXX XXXXXX XXXXX
Domicilio: XXXXXXXXXXXXX	NIF: XXXXXXXX-X
	Núm. Afil. Seguridad Social: XX/XXXXXXX
CIF: XXXXXXXX	Grupo Profesional: AYUDANTE NO TITULADO
CCC: XX/XXXXXXXXXX	Grupo de Cotización: 5

Período de liquidación: del __1__ de __junio__ al __30__ de __junio__ de 20 _XX_   Total días 30

		IMPORTE	TOTALES
I.	DEVENGOS		1.262,12
1.	Percepciones salariales		
	Salario base	961,62	
	Complementos salariales:		
	Incentivos	90,15	
	Plus productividad	120,20	
	Horas extraordinarias .(Estructurales)	90,15	
	Horas complementarias (Contratos a tiempo parcial) ...		
	Gratificaciones extraordinarias		
	Salario en especie		60,10
2.	Percepciones no salariales		
	Indemnizaciones o suplidos		
	Plus de transporte	60,10	
	Prestaciones e Indemnizaciones de la Seguridad Social		
	Indemnizaciones por traslados, suspensiones o despidos		
	Otras percepciones no salariales		
	A. TOTAL DEVENGADO		1.322,22
II.	DEDUCCIONES		
1.	Aportación del trabajador a las cotizaciones a la Seguridad Social y conceptos de recaudación conjunta		
		%	
	Cont. comunes + MEI	4,83	68,22
	Desempleo	1,55	23,29
	Formación Profesional	0,10	1,50
	Horas extraordinarias .... (Estructurales 90,15 €)	4,70	4,24
	TOTAL APORTACIONES		97,25
2.	Impuesto sobre la renta de las personas físicas..................... 2	26,44	
3.	Anticipos...		
4.	Valor de los productos recibidos en especie		
5.	Otra deducciones..		123,69
	B. TOTAL A DEDUCIR		123,69
	LÍQUIDO TOTAL A PERCIBIR (A — B)		1.198,53

30 de __junio__ de 20 _XX_

Firma y sello de la empresa   RECIBÍ

XXXXXXXXXXXX   XXXXX XXXXXX XXXXX

DETERMINACIÓN DE LAS BASES DE COTIZACIÓN A LA SEGURIDAD SOCIAL Y CONCEPTOS DE RECAUDACIÓN CONJUNTA Y DE LA BASE SUJETA A RETENCIÓN DEL IRPF Y APORTACIÓN DE LA EMPRESA

CONCEPTO		BASE	TIPO	APORTACIÓN EMPRESA
1.	Contingencias comunes + MEI			
	Importe remuneración mensual 1.232,07			
	Importe prorratas pagas extraordinarias ... 180,30			
	TOTAL...................	1.412,37	24,27	342,78
2.	Contingencias profesionales y conceptos de recaudación conjunta			
	AT y EP		3,30	49,58
	Desempleo..........................	1.502,52	5,50	82,64
	Formación Profesional		0,60	9,01
	Fondo Garantía Salarial		0,20	3,00
3.	Cotización adicional horas extraordinarias.................................	90,15	23,60	21,28
4.	Base sujeta a retención del IRPF	1.322,22		

Por el contrato indefinido celebrado con el trabajador le corresponde a la empresa una bonificación en las cuotas empresariales de la Seguridad Social, incluidas las AT y EP y las cuotas de recaudación conjunta de 5.100 €/anuales (425 €/mes) durante toda la vida del contrato.

13. Contrato indefinido con víctima de violencia de género

El 1 de junio, una empresa celebra un contrato indefinido con una mujer víctima de violencia de género.

El grupo de cotización a la Seguridad Social del trabajador es el 5 y las retribuciones durante el mes de junio, son:

Salario base: 1.183,04 €.
Incentivos: 180,30 €.
Plus de distancia: 90,15 €.

También tiene reconocidas 2 pagas extraordinarias de 951,27 € cada una, las cuales se prorratean solo a efectos de cotización. La empresa se dedica a las actividades deportivas y recreativas (CNAE 93) y cuenta con un trabajador más en su plantilla. De acuerdo a su situación personal, no le corresponde retención de IRPF.

13.1. Solución

Calculo de las bases de cotización:

- Para contingencias comunes:
  Conceptos computables: salario base, incentivos y plus de distancia.

Cálculo:

Salario base	1.183,04 €.
Incentivos	180,30 €.
Plus de distancia	90,15 €.
Prorrata pagas extras	158,54 €.
951,27 € x 2 / 12 = 158,54 €.	
BCCC	**1.612,03 €**

Los 1.612,03 € están comprendidos entre la base mínima y máxima de su grupo de cotización (5), por lo tanto esta será la base por contingencias comunes.

■ Para contingencias profesionales (AT y EP):
La base de cotización será la misma que la calculada para contingencias comunes **(1.612,03 €)**, ya que no existe retribución por horas extraordinarias y las retribuciones computables son las mismas que las tenidas en cuenta para calcular la base de cotización por contingencias comunes.

■ Para desempleo, FOGASA y FP:
La base de cotización también es la misma que para contingencias profesionales, 1.612,03 €.

Cálculo de las cuotas de cotización:

Contingencias comunes + MEI: 1.612,03 € x 4,83 % = 77,86 €.
Desempleo: 1.612,03 € x 1,55 % = 24,99 €.
Formación Profesional: 1.612,03 € x 0,10 % = 1,61 €.

Cálculo de las retenciones a cuenta del IRPF:

Por su situación personal, no procede practicar retención alguna.

COSTES EMPRESARIALES	
Contingencias comunes	1.612,03 € x 24,27 % = 391,24 €
Contingencias profesionales (AT y EP)	Por IT: 1.612,03 € x 1,70 % = 27,40 € Por IMS: 1.612,03 € x 1,30 % = 20,96 €
Desempleo	1.612,03 € x 5,50 % = 88,66 €
FOGASA	1.612,03 € x 0,20 % = 3,22 €
Formación Profesional	1.612,03 € x 0,60 % = 9,67 €

Por la celebración de este contrato indefinido con una mujer que acredita ser víctima de violencia de género, la empresa tiene derecho a una deducción en la cotización a la Seguridad Social de 128 €/mes durante 4 años.

Confección del recibo de salario:

Empresa: XXXXXXXXXXX	Trabajador: XXXXX XXXXXX XXXXX
Domicilio: XXXXXXXXXXXX	NIF: XXXXXXXX-X
	Núm. Afil. Seguridad Social: XX/XXXXXXX
CIF: XXXXXXXX	Grupo Profesional: MONITOR
CCC: XX/XXXXXXXXX	Grupo de Cotización: 5

Período de liquidación: del __1__ de __junio__ al __30__ de __junio__ de 20 _XX_   Total días [30]

		IMPORTE	TOTALES
I.	DEVENGOS		1.363,34
1.	Percepciones salariales		
	Salario base..	1.183,04	
	Complementos salariales:		
	Incentivos	180,30	
	....		
	....		
	Horas extraordinarias............................		
	Horas complementarias (Contratos a tiempo parcial)		
	Gratificaciones extraordinarias..................		
	Salario en especie................................		90,15
2.	Percepciones no salariales		
	Indemnizaciones o suplidos		
	Plus de distancia	90,15	
	Prestaciones e Indemnizaciones de la Seguridad Social		
	Indemnizaciones por traslados, suspensiones o despidos		
	Otras percepciones no salariales		
	A. TOTAL DEVENGADO		1.453,49
II.	DEDUCCIONES		
1.	Aportación del trabajador a las cotizaciones a la Seguridad Social y conceptos de recaudación conjunta		
		%	
	Cont. comunes + MEI	4,83	77,86
	Desempleo	1,55	24,99
	Formación Profesional	0,10	1,61
	Horas extraordinarias..................		
	TOTAL APORTACIONES		104,46
2.	Impuesto sobre la renta de las personas físicas..............		
3.	Anticipos...		
4.	Valor de los productos recibidos en especie		
5.	Otra deducciones.......................................		104,46
	B. TOTAL A DEDUCIR		104,46
	LÍQUIDO TOTAL A PERCIBIR (A — B)		1.349,03

                                                                30 de __junio__ de 20 _XX_

Firma y sello de la empresa   RECIBÍ

XXXXXXXXXXXX   XXXXX XXXXXX XXXXX

DETERMINACIÓN DE LAS BASES DE COTIZACIÓN A LA SEGURIDAD SOCIAL Y CONCEPTOS DE RECAUDACIÓN CONJUNTA Y DE LA BASE SUJETA A RETENCIÓN DEL IRPF Y APORTACIÓN DE LA EMPRESA

CONCEPTO		BASE	TIPO	APORTACIÓN EMPRESA
1. Contingencias comunes + MEI				
Importe remuneración mensual	1.453,49			
Importe prorratas pagas extraordinarias ...	158,54			
TOTAL....................		1.612,03	24,27	391,24
2. Contingencias profesionales y conceptos de recaudación conjunta				
AT y EP			3,00	48,36
Desempleo........................		1.612,03	5,50	88,66
Formación Profesional			0,60	9,67
Fondo Garantía Salarial			0,20	3,22
3. Cotización adicional horas extraordinarias..............				
4. Base sujeta a retención del IRPF		1.453,49		

14. Extinción del contrato por dimisión del trabajador

Un trabajador con categoría de auxiliar administrativo, grupo 7 de cotización, dimite el 10 de abril.

Sus retribuciones son las siguientes, durante el mes de abril:

Salario base: 981,32 €.
Antigüedad: 78,13 €.
Incentivos: 360,61 €.

También tiene reconocidas 3 pagas extraordinarias de 981,32 € cada una de ellas. Las dos primeras (julio y Navidad) se perciben por semestre completo de trabajo, mientras que la tercera (beneficios) es de periodificación anual. Las vacaciones consistirán en 30 días de descanso por año de servicio retribuidas en salario real, que ya han sido disfrutadas. La empresa se dedica a la fabricación de perfumes y cosméticos (CNAE 20.4) y cuenta con otro trabajador en plantilla. De acuerdo a su situación personal, se le práctica una retención de IRPF del 7 %.

El finiquito se hará en una nómina aparte.

14.1. Solución

Cálculo de la liquidación del trabajador por los 10 días (de 1 de abril a 10 de abril):

Salario base   **327,10 €.**
981,32 € / 30 = 32,71 €.
32,71 € x 10 días = 327,10 €.

Antigüedad   **26,00 €.**
78,13 € / 30 = 2,60 €.
2,60 x 10 días = 26,00 €.

Incentivos   **120,20 €.**

360,61 € / 30 = 12,02 €.

12,02 x 10 días = 120,20 €.

Pagas extraordinarias (parte proporcional):

- **Paga de julio:** De 1 de enero (inicio del devengo) a 10 de abril (fecha de la dimisión): 100 días.

$$\frac{\text{Importe de la paga extra x N}^\circ \text{ días transcurridos}}{\text{N}^\circ \text{ días totales del semestre}}$$

$$\frac{981,32 \text{ € x 100 días}}{180 \text{ días}} = 545,18 \text{ €}$$

- **Paga de Navidad:** no le corresponde ningún importe por ser la prorrata semestral, y presentar la dimisión dentro del primer semestre.
- **Paga de beneficios:** de 01 de enero (inicio del devengo) a 10 de abril (fecha de la dimisión): 100 días.

$$\frac{981,32 \text{ € x 100 días}}{360 \text{ días}} = 272,59 \text{ €}$$

Cálculo de las bases de cotización:

- Para contingencias comunes:
  Conceptos computables: salario base, antigüedad, incentivos y la parte proporcional de las pagas de julio y de beneficios (10 días).
  Conceptos no computables: paga de julio y paga de beneficios (se ha venido cotizando en prorrateo mensual).

Cálculo:

Salario base	327,10 €.
Antigüedad	26,00 €.
Incentivos	120,20 €.
Prorrata pagas extras	81,78 €.

Paga Julio = 981,32 € / 6 = 163,55 €;

(163,55 / 30) x 10 = 54,52 €.

Paga diciembre no corresponde por ser devengo semestral.

Paga beneficios = 981,32 / 12 = 81,78 €;

(81,78 / 30) x 10 = 27,26 €.

Total pagas = 54,52 + 27,26 = 81,78 €.

BCCC   **555,08 €.**

Este importe está comprendido entre la base mínima y máxima de su grupo de cotización (7) correspondientes a los 10 días, por lo tanto esta será la base por contingencias comunes.

- Para contingencias profesionales (AT y EP):
La cuantía de 555,08 € será la base de cotización para contingencias profesionales, ya que no existe ninguna retribución por horas extraordinarias. Los 555,08 € está comprendido entre tope máximo y mínimo.

- Para desempleo, FOGASA y FP:
La base de cotización será la misma que para las contingencias profesionales 555,08 €.

Cálculo de las cuotas de cotización:

Cont. com. + MEI: 555,08 € x 4,83 % = **26,81 €.**

Desempleo: 555,08 € x 1,55 % = **8,60 €.**

Formación Profesional: 555,08 € x 0,10 % = **0,55 €.**

Cálculo de las retenciones a cuenta del IRPF:

Salario base	327,10 €.
Antigüedad	26,00 €.
Incentivo	120,20 €.
Total devengado	**473,30 €.**

La totalidad de las percepciones del trabajador están sujetas a retención:

473,30 € x 7 % = **33,13 €.**

COSTES EMPRESARIALES	
Contingencias comunes + MEI	555,08 € x 24,27 % = 134,72 €
Contingencias profesionales (AT y EP)	Por IT: 555,08 € x 1,50 % = 8,33 € Por IMS: 555,08 € x 1,20 % = 6,66 €
Desempleo	555,08 € x 5,50 % = 30,53 €
FOGASA	555,08 € x 0,20 % = 1,11 €
Formación Profesional	555,08 € x 0,60 % = 3,33 €

Confección del recibo de salario:

Empresa: XXXXXXXXXXXX Domicilio: XXXXXXXXXXXX CIF: XXXXXXXX CCC: XX/XXXXXXXXX	Trabajador: XXXXX XXXXXX XXXXX NIF: XXXXXXXX-X Núm. Afil. Seguridad Social: XX/XXXXXXXX Grupo Profesional: AUX. ADMINISTRATIVO Grupo de Cotización: 7

Período de liquidación: del __1__ de __abril__ al __10__ de __abril__ de 20__XX__   Total días [10]

	IMPORTE	TOTALES
I. DEVENGOS		
1. Percepciones salariales		473,30
Salario base ..(32,71 € x 10 días)	327,10	
Complementos salariales:		
Antigüedad	26,00	
Incentivos	120,20	
Horas extraordinarias		
Horas complementarias (Contratos a tiempo parcial)		
Gratificaciones extraordinarias		
Salario en especie		
2. Percepciones no salariales		
Indemnizaciones o suplidos		
Prestaciones e Indemnizaciones de la Seguridad Social		
Indemnizaciones por traslados, suspensiones o despidos		
Otras percepciones no salariales		
A. TOTAL DEVENGADO		473,30

	%	IMPORTE	
II. DEDUCCIONES			
1. Aportación del trabajador a las cotizaciones a la Seguridad Social y conceptos de recaudación conjunta			
Cont. comunes + MEI	4,83	26,81	
Desempleo	1,55	8,60	
Formación Profesional	0,10	0,55	
Horas extraordinarias			
TOTAL APORTACIONES			35,96
2. Impuesto sobre la renta de las personas físicas	7	33,13	
3. Anticipos			
4. Valor de los productos recibidos en especie			
5. Otra deducciones			
B. TOTAL A DEDUCIR			69,09
LÍQUIDO TOTAL A PERCIBIR (A — B)			404,21

__10__ de __abril__ de 20__XX__

Firma y sello de la empresa   RECIBÍ

XXXXXXXXXXXX   XXXXX XXXXXX XXXXX

DETERMINACIÓN DE LAS BASES DE COTIZACIÓN A LA SEGURIDAD SOCIAL Y CONCEPTOS DE RECAUDACIÓN CONJUNTA Y DE LA BASE SUJETA A RETENCIÓN DEL IRPF Y APORTACIÓN DE LA EMPRESA

CONCEPTO	BASE	TIPO	APORTACIÓN EMPRESA
1. Contingencias comunes + MEI			
Importe remuneración mensual	473,30		
Importe prorratas pagas extraordinarias	81,78		
TOTAL	555,08	24,27	134,72
2. Contingencias profesionales y conceptos de recaudación conjunta			
AT y EP		2,70	14,99
Desempleo	555,08	5,50	30,53
Formación Profesional		0,60	3,33
Fondo Garantía Salarial		0,20	1,11
3. Cotización adicional horas extraordinarias			
4. Base sujeta a retención del IRPF	473,30		

Empresa: XXXXXXXXXXX	Trabajador: XXXXX XXXXXX XXXXX
Domicilio: XXXXXXXXXXX	NIF: XXXXXXXX-X
	Núm. Afil. Seguridad Social: XX/XXXXXXX
CIF: XXXXXXXX	Grupo Profesional: AUX. ADMINISTRATIVO
CCC: XX/XXXXXXXXX	Grupo de Cotización: 7

Período de liquidación: del _____ de FINIQUITO al _____ de _____ de 20____   Total días [   ]

		IMPORTE	TOTALES
I.	DEVENGOS		817,77
1.	Percepciones salariales		
	Salario base..	_____	
	Complementos salariales:		
	....	_____	
	....	_____	
	....	_____	
	Horas extraordinarias	_____	
	Horas complementarias (Contratos a tiempo parcial)	_____	
	Gratificaciones extraordinarias (Paga Julio 545,18 €; Paga Benef. 272,59 €)	817,77	
	Salario en especie	_____	
2.	Percepciones no salariales		_____
	Indemnizaciones o suplidos		
	....	_____	
	Prestaciones e Indemnizaciones de la Seguridad Social		
	....	_____	
	Indemnizaciones por traslados, suspensiones o despidos		
	....	_____	
	Otras percepciones no salariales		
	....	_____	
	A. TOTAL DEVENGADO		817,77
II.	DEDUCCIONES		
1.	Aportación del trabajador a las cotizaciones a la Seguridad Social y conceptos de recaudación conjunta		
	%		
	Cont. comunes + MEI	_____	
	Desempleo	_____	
	Formación Profesional	_____	
	Horas extraordinarias	_____	
	TOTAL APORTACIONES		_____
2.	Impuesto sobre la renta de las personas físicas.................... 7	57,24	
3.	Anticipos...	_____	
4.	Valor de los productos recibidos en especie	_____	
5.	Otra deducciones..	_____	
	B. TOTAL A DEDUCIR		57,24
	LÍQUIDO TOTAL A PERCIBIR (A — B)		760,53

10 de abril de 20 XX

Firma y sello de la empresa   RECIBÍ

XXXXXXXXXXXX   XXXXX XXXXXX XXXXX

DETERMINACIÓN DE LAS BASES DE COTIZACIÓN A LA SEGURIDAD SOCIAL Y CONCEPTOS DE RECAUDACIÓN CONJUNTA Y DE LA BASE SUJETA A RETENCIÓN DEL IRPF Y APORTACIÓN DE LA EMPRESA

CONCEPTO	BASE	TIPO	APORTACIÓN EMPRESA
1. Contingencias comunes + MEI			
Importe remuneración mensual .... _____			
Importe prorratas pagas extraordinarias ... _____			
TOTAL...................................	_____	_____	_____
2. Contingencias profesionales y conceptos de recaudación conjunta			
AT y EP	_____	_____	_____
Desempleo...............................	_____	_____	_____
Formación Profesional	_____	_____	_____
Fondo Garantía Salarial......		_____	_____
3. Cotización adicional horas extraordinarias...............................	_____	_____	_____
4. Base sujeta a retención del IRPF	817,77		

Glosario

Art.
Artículo.

AT
Accidente de trabajo.

AT y EP
Accidente de trabajo y enfermedad profesional.

BCCC
Base cotización contingencias comunes.

BCCP
Base cotización contingencias profesionales.

BOE
Boletín Oficial del Estado.

CCAA
Comunidad Autónoma.

Convenios de la OIT
Convenios de la Organización Internacional del Trabajo.

CT
Contrato de trabajo.

DA
Disposición adicional.

DT
Disposición transitoria.

EC
Enfermedad común.

EP
Enfermedad profesional.

ERE
Expediente de regulación de empleo.

ET
Estatuto de los Trabajadores, Real Decreto Legislativo 2/2015.

FOGASA
Fondo de Garantía Salarial.

FP
Formación profesional.

IAE
Impuesto sobre Actividades Económicas.

IMSERSO
Instituto de Mayores y Servicios Sociales.

INSST
Instituto Nacional de Seguridad y Salud en el Trabajo.

INSS
Instituto Nacional de la Seguridad Social.

IMS
Invalidez, muerte y supervivencia.

IPREM
Indicador Público de Renta de Efectos Múltiples.

IRPF
Impuesto sobre la Renta de la Persona Física.

ISM
Instituto Social de la Marina.

IT
Incapacidad Temporal.

LGSS
Ley General de la Seguridad Social, Real Decreto Legislativo 8/2015.

LIRPF
Ley del Impuesto sobre la Renta de la Persona Física, Ley 35/2006.

LIS
Ley del Impuesto sobre Sociedades, Ley 27/2014.

NAF
Número afiliación a la Seguridad Social.

LPG
Ley de Presupuestos Generales del Estado.

RD
Real Decreto.

RETA
Régimen Especial Trabajadores Autónomos.

RIRPF
Reglamento del Impuesto sobre la Renta de la Persona Física.

SA
Sociedad Anónima.

SL
Sociedad Limitada.

SMI
Salario Mínimo Interprofesional.

SEPE
Servicio Público de Empleo Estatal.

TGSS
Tesorería General de la Seguridad Social.

Bibliografía

Monografías

❙ FERRER López, M. A.: *Cómo confeccionar nóminas y seguros sociales.* Barcelona: Deusto S. A. Ediciones, 2023.

Legislación

❙ Ley 35/2006, de 28 de noviembre, del Impuesto sobre la Renta de las Personas Físicas y de modificación parcial de las leyes de los Impuestos sobre Sociedades, sobre la Renta de no Residentes y sobre el Patrimonio.

❙ Real Decreto 439/2007, de 30 de marzo, por el que se aprueba el Reglamento del Impuesto sobre la Renta de las Personas Físicas y se modifica el Reglamento de Planes y Fondos de Pensiones, aprobado por Real Decreto 304/2004, de 20 de febrero.

❙ Real Decreto Legislativo 2/2015, de 23 de octubre, por el que se aprueba el texto refundido de la Ley del Estatuto de los Trabajadores.

❙ Real Decreto Legislativo 8/2015, de 30 de octubre, por el que se aprueba el texto refundido de la Ley General de la Seguridad Social.

❙ Orden PJC/178/2025, de 25 de febrero, por la que se desarrollan las normas legales de cotización a la Seguridad Social, desempleo, protección por cese de actividad, Fondo de Garantía Salarial y formación profesional para el ejercicio 2025.

Textos electrónicos, bases de datos y programas informáticos

❚ Agencia Tributaria, de: https://sede.agenciatributaria.gob.es/

❚ Servicio Público de Empleo Estatal, de: https://www.sepe.es/HomeSepe/

❚ Seguridad Social, de: https://www.seg-social.es/wps/portal/wss/internet/Inicio